잉여의 미학

사르트르와 플로베르의 미학 이중주

잉여의 미학

발행일 초판 1쇄 2014년 5월 10일
인쇄일 초판 2쇄 2014년 11월 30일
지은이 박정자
펴낸이 안병훈
에디터 김세중
디자인 김정환
펴낸곳 도서출판 기파랑
등록 2004년 12월 27일 제300-2004-204호
주소 서울시 종로구 대학로8가길 56(동숭동 1-49) 동숭빌딩 301호
전화 02)763-8996 편집부 02)3288-0077 영업마케팅부
팩스 02)763-8936
이메일 info@guiparang.com
홈페이지 www.guiparang.com

ISBN 978-89-6523-886-7 03100

잉여의 미학

사르트르와 플로베르의 미학 이중주

박정자 지음

기파랑 에크리Ecrit

잉여의 미학, 비실재의 미학으로
우리에게 되돌아 온 사르트르

왜 잉여인가?

요즘 젊은이들 사이에서 '잉여'라는 말이 유행이라고 한다. '남아나는', '여분의', '쓸모없는' 것을 의미하는, 결코 쉽지 않은 잉여(剩餘)라는 단어가 왜 젊은이들의 공감을 자아내는가? 대학시절 손창섭의 『잉여인간』을 읽고 크게 공감한 이래 사르트르의 de trop를 줄곧 '잉여'로 번역해 온 필자도 이 단어의 숨겨진 저작권자가 아닐까 생각하며, 새삼 잉여의 철학적 의미와 기원을 알리고 싶어졌다.

　　미래가 불안정한 젊은이 특유의 감수성을 '잉여'로 지칭한 최초의 철학자는 사르트르였다. 그의 소설 『구토』에서 '잉여'는 존재의 우연성과 무상성(無償性)에 대한 실존적 자각의 계기일 뿐만 아니라 아직 사회에 진입하지 못한 젊은이의 소외감을 나타내는 키워드였다. 작가 플로베르도 어린 시절 혹은 젊은 시절에 자신의 잉여성을 고통스럽게 자각하고 있었음이 글 속에 무수히 나타나고 있다.

사르트르의 미학을 말하면서 플로베르만 이야기한 이유

사르트르의 미학을 논하면서 웬 플로베르? 하고 의문을 품을 독자들이 대부분일 것이다. 한 사람은 『보바리 부인』을 쓴 19세기의 작가이고, 또 한 사람은 『문학이란 무엇인가?』로 참여문학을 주창한 20세기의 철학자·작가이기 때문이다. 그러나 두 사람의 차이는 20세기와 19세기라는 백 년간의 시차만은 아니다. 문학은 개인의 소유물이 아니라 사회적 현상이며, 작가는 피억압자와 연대하여 혁명적 의식을 고취해야 할 사회적 책임이 있다고 주장한 것이 사르트르이고, 문학은 개인의 구원이며, 작가의 사명은 오로지 아름다움의 추구라고 생각했던 것이 플로베르였기 때문이다. 참여문학과 순수문학의 대척점이고, 극좌와 보수의 양극점이며, 문학사회학과 형식미학의 대결이다.

사르트르는 『문학이란 무엇인가?』에서 직접 플로베르를 거론하며 그를 형편없는 작가라고 깎아내리기까지 했다. 그런 그가 1971년과 1972년 2년간에 걸쳐 총 3천여 페이지에 달하는 3권짜리 책 『집안의 백치』제1~3권을 출간했다. 장르를 결정짓기 모호한 책이었다. 플로베르의 일생을 꼼꼼히 추적한 전기이기도 하고, 플로베르의 문학 비평 혹은 미학이론의 소개서인가 하면, 한편으로는 플로베르가 살았던 19세기의 사회상과 당시 작가들의 정신적 지평을 보여 주는 방대한 책이었다. 사르트르 자신의 온갖 사상이 녹아 있는, 한마디로 플로베르에 관한 모든 것이고, 동시에 사르트르의 모든 것이었다.

혁명 투사의 대부로서 그를 존경하던 좌파 지식인들, 혹은 비현실적 혁명이론에 못마땅해 하던 온건한 보수 독자들 모두가 경악했다. 형편없는 작가라고 경멸해 마지않던 1세기 전의 보수 반동 작가에 대한 사르트르의 이 치열한 관심과 연구는 도대체 무엇이란 말인가? 그는 이 책의 집필을 위해 15년간을 준비했다고 밝혔다. 1950년대 중반부터 1970년까지의 시기라면 사르트르가 가장 격렬하게 실천적 투쟁을 벌이던 시기이다. 그렇다면 낮에는 경찰의 최루탄에 맞서 노동자와 학생의 단결을 외치고 밤에는 집에 돌아와 사회문제에 아무 관심도 없었던 플로베르의 세계를 헤집고 다녔단 말인가?

하기는 일반 독자들에게만 낯설 뿐 플로베르에 대한 사르트르의 선망과 존경심은 이미 그의 청년기 때부터 형성되어 있었다. 1930년대에 나온 철학서 『상상계』라든가 대표적인 소설 『구토』에 보이는 예술관과 미학은 플로베르의 미학을 그대로 계승한 것이다. 문학은 신성한 것이고, 문학에 의해 인간은 구원받을 수 있다는 것이 『구토』의 주제이며, 미(美)의 본질은 비실재성이고, 예술의 모든 가치는 형식에만 있다는 것이 『상상계』의 결론적 테마인데, 이것들은 플로베르의 예술 개념과 그대로 일치하기 때문이다. 그러나 1940 년대 후반 마르크시즘을 채택하면서 사르트르는 청년기의 문학관이나 예술론을 완전히 부정했다. 문학은 혁명의 수단이 되어야 하고, 그렇지 못한 문학은 한갓 소비문학에 불과하며, 따라서 플로베르 같은 작가는 일고의 가치도 없는 한심한 작가라고 목소리를 높였다. 그의 참여미학은 전 세계의 젊은이들을 매혹시켰다.

그리고 마침내 말년의 방대한 플로베르론(論)이 나왔다. 그의 초기 예술 개념들이 체계적으로 확대되고 심화되어 고스란히 다시 나타난 것이다. 미적 오브제를 시각적으로 보여 주는 물질적 매개체로서의 아날로공(analogon)의 개념도 명칭만 바뀌었을 뿐 다시 나타났고, 자신의 비실재화와 세계의 탈실재화라는 미적 태도(attitude esthétique)도 다시 강조되었다. 『집안의 백치』에서 플로베르를 묘사하는 무수한 감정, 심리 상태, 예술관, 미학이론 등은 글자 그대로 사르트르 자신의 것이라 해도 무방하다. 사르트르는 거의 플로베르의 분신이었다. 그렇다면 이 책은 플로베르의 전기나 연구서라기보다는 차라리 사르트르의 자기고백 혹은 미학적 성찰이라고 하는 것이 옳겠다. 어떤 평자들은 그의 이런 미학적 전환을 인식론적 단절로 규정했고, 또 어떤 평자들은 그가 평생 억눌러 없애려 했으나 완전히 억누르지 못하고 되살아난, 그의 일관된 문학관이라고 주장한다. 일생 동안 플로베르에 대한 사르트르의 생각은 동일시, 부정, 그리고 재차 동일시의 세 단계를 거쳤다는 것이다. 헤겔식으로 말하자면 의식이 자기를 부정하고 자기 밖으로 나갔다가 그 부정을 다시 부정하고 자기 안으로 돌아오는, 소위 외화(外化)와 자기복귀의 변증법인 것이다.

왜 분신인가?

우선 예술의 본질은 상상이라는 점에 두 사람의 견해가 일치한다. 여기 키 큰 나무들 사이로 화사한 핑크색 혹은 보라색의 길이 나 있는 그림이 있다. 헝겊(캔버스)과 나무 액자로 이루어졌다는 점에서 이 그림은 여느 거실에 있는 탁자, 또는 전등갓과 조금도 다르지 않은 하나의 물건(objet)이다. 탁자나 전등갓 앞에서 우리는 아무 감동이 없지만 이 풍경화 앞에 시선이 머물면 의식 속에 뭔지 모를 잔잔한 파문이 일어난다. 슬픔 같은 쓸쓸함 같은 아련한 느낌이 가슴 속에 서서히 차오르면서 눈물이 핑 돌기도 한다. 그 그림은 우리에게 미적 즐거움을 준다.

왜 다른 물체에서 느끼지 못했던 감동을 우리는 예술작품이라는 물체에서 느끼는 것일까? 사르트르는 사물(objet)의 이원론을 편다. 현실 속의 실용적인 물체는 그냥 철두철미하게 겉과 속이 똑같은 하나의 물체일 뿐이다. 탁자는 겉도 나무지만 그 내면도 나무다. 이때 내면이란 물질적인 내부를 뜻하는 것이 아니라 비물질적, 비가시적인 관념적 내면을 뜻한다. 그런데 예술작품의 구조는 두 개의 물체가 한데 합쳐진 형상이다. 예술작품은 물질적 물체(objet matériel)와 상상의 물체(objet imagé)가 합쳐져 있는 오브제이다. 즉 겉은 여느 사물과 다름없이 나무, 종이, 헝겊, 물감 등으로 되어 있지만, 그 내부에는 비실재적인 물체(objet irréel) 즉 상상의 물체(objet imaginaire)가 들어 있다. 눈에 보이지 않고, 만져지지 않는 이 비실재의 물체를 사르트르는 미적 대상(objet esthétique) 또는 미적 감상의 대상(objet d'appréciation esthétique)이라고 부른다.

미적 대상은 우리 눈에 보이지 않는 것이므로, 그것이 우리 눈에 보이도록 만들어 주는 물질적 물체가 필요하다. 그것이 캔버스나 물감 같은 물질적 오브제였다. 이 물질적 오브제가 바로 아날로공(analogon)이다. 그러니까 물질적 물체는 상상의 물체와 똑같은 형태로 우리 눈앞에 나타나 우리를 그 너머 상상의 세계로 인도한다. 바로 이 똑같다는 점에서 아날로공(유사물)이라는 명칭이 나왔다. 사르트르는 초기의 『상상계』에서는 아날로공이라는 용어를 썼으나 말년의 『집안의 백치』에서는 똑같은 개념을 '비실재화의 실제적 중심'이라는 용어로 바꾸었다. 여하튼 상상에 절대적 가치를 부여한다는 점에서 사르트르는 플로베르의 충실한 계승자이다.

플로베르는 문학에 입문한다는 것은 곧 상상에 입문하는 것이고, 문학을 선택한 것은 곧 상상을 선택한 것이라고 생각한 작가였다. 상상은 현실의 반대 개념이므로 상상 속에 들어간다는 것은 현실에서 도피한다는 의미이다. 사르트르는 그 상상 입문의 방법을 '세계의 탈실재화(脫實在化)를 위한 자신의 비실재화(非實在化), 또는 자신의 비실재화를 위한 세계의 탈실재화(s'irréaliser pour déréaliser le monde et déréaliser le monde pour s'irréaliser)'라는 공식으로 표현했다. 상상의 세계 속으로 들어가기 위해, 즉 상상적인 세계를 구축하기 위해서는(이것이 세계의 탈실재화) 자신이 먼저 비실재적인 상태가 되어야 하고, 또 한편으로 자신이 상상적인 태도를 갖기 위해서는(즉 자신의 비실재화) 이 세계를 탈실재화해야 한다.

구체적으로 말해 보면 예술가는 의도적으로 자신의 머릿속을 텅 비우고 상상으로 가득 채워야 한다. 이때 이 사람의 정신은 물론 상상적이다. 그러나 머릿속만 상상의 세계에 들어갔을 뿐 그의 몸과 감각기관은 여전히 현실 속에 위치해 있다. 머리는 상상의 세계에서 노닐고 있지만 그가 만지는 물체, 그가 듣는 소리는 모두 실재의 대상들이다. 하지만 아무리 실재의 대상들이라 해도 상상의 침입을 받은 몽롱한 정신에 의해 바라보여지는 세계는 현실 그대로의 세계가 아닐 것이다. 아무리 우리가 실재적으로 감각하는 경험적 세계라 해도 상상적 의식 앞에 놓인 세계는 어쩐지 꿈 속 같은 몽환적 세계일 것이다. 너무나 사실적인 실물대 조각상이 여기저기 서 있는 미술 전시를 관람하다 보면 갤러리 안에서 걸어 다니는 실재의 인간들이 모두 플라스틱 인간으로 보이는 순간적인 환각 현상이 일어날 때가 있다. 이것이 바로 세계의 탈실재화이다. 우선 주체가 미술 작품을 보면서 자신을 비실재적 상태로 만들었고, 그 비실재적 의식 앞에 있는 실재의 세계가 탈실재화한 것이다.

예술가는 현실을 상상화하는 사람이고, 예술의 기능은 사람들을 상상 속에 끌어넣는 것이라고 플로베르는 말했는데, 사르트르는 이 미학 개념을 전적으로 지지한다. 그런데 상상이란 무엇일까? 그것은 실재가 아니라 비실재(irréel)이다. 우리 눈앞 현실 속에 실제로 존재하지 않는 것이다. 그렇다면 미의 실체는 '비실재'이고, 예술작품은 철두철미하게 비실재라는 이야기가 된다. 사르트르는 아예 "실재는 결코 아름답지 않다"고 단정적으로 말한다.

우리 주변의 하찮은 생활 집기들은 현실 속에서 전혀 아름답다고 느껴지지 않지만 그것의 실재성을 죽여서, 다시 말해 그것을 무화(無化)시켜 상상의 세계로 옮겨 놓으면, 즉 캔버스 위에 그림으로 그리면 비로소 그때부터 오지그릇이니 물병이니 하는 사소한 물건들이 아름다움으로 빛난다. 이제야 우리는 그 마술 같은 물질의 변화를 이해할 수 있다. 사르트르의 미학에서 아름다움은 상상에만 적용되는 가치이다. 그런데 상상이란 실재가 아니고 허상이며 따라서 무(無)이다. 여기서 플로베르의 미학은 사르트르의 존재론으로 승화된다.

친부살해의 도식

친부살해(parricide)의 도식에서도 두 사람의 생각은 완전히 일치한다. 플로베르는 엄격하고 가부장적인 아버지를 두었고, 하기 싫은 법학 공부를 하다가 세 번이나 사법시험에 낙방했으며, 결국 뇌전증(간질) 발작을 일으킨 후 법학 공부를 중단했다. 그 후 소설 쓰기에 전념하여 19세기의 위대한 작가가 되었다. 이처럼 아들의 장래를 자기 뜻대로 결정하려는 아버지의 행태를 사르트르는 '아버지의 저주'라고 불렀다. 그는 플로베르의 뇌전증이 아버지의 저주를 피하기 위한 아들의 고의적인 전략이라고 해석한다. 물론 가짜로 발작을 일으켰다는 이야기가 아니라, 마치 학교 가기 싫은 아이가 정말로 배가 아파지듯이, 심리적 요인에 의한 실제 증상의 발병이라는 것이다. 아버지가 사망한 이후 플로베르의 병이 나았다는 것을 그는 증거로 제시한다.

캄캄한 밤 마차를 몰고 퐁 레베크를 지나던 22세의 청년 플로베르가 처음으로 뇌전증의 발작을 일으킨 1844년의 사건은 역설적으로 문학사상 가장 위대한 작가 중의 하나를 탄생시킨 중요한 사건이었다. 사르트르는 이것을 프로이트적 친부살해의 도식으로 해석한다. 아들을 변호사로 만들겠다는 아버지의 권위에 도전하여 아들은 뇌전증의 발작이라는 치명적인 방식으로 반기를 들었다. 몸이 딱딱하게 굳어 땅바닥에 넘어지는 뇌전증은 죽음을 닮았다. 아버지의 억압에 자신의 죽음으로 항거한 아들이 아버지의 권위에 치명적인 손상을 입혔다는 점에서 이것은 아들의 죽음인 동시에 아버지의 죽음이다. 뇌전증 자체가 진짜 죽음이 아니라 죽음의 모방, 또는 상상적인 실행이듯이 아버지의 살해도 물론 진짜 살해가 아니라 상징적, 형식적이다. 사르트르는 이것을 '의례적(儀禮的) 친부살해(le meurtre rituel du père)'라고 명명한다. 친부살해의 원형은 고대 그리스의 오이디푸스 신화이다. 프로이트는 이 신화에서 아들의 무의식적 욕망이 어머니를 향하고 있다는 오이디푸스 콤플렉스의 이론을 끌어냈지만, 또 한편으로는 이것을 인류 전체의 역사로 확대시켜 역사 발전 단계의 한 요인으로 삼았다. 『모세와 일신교』가 바로 그것이다.

프로이트는 또 「도스토옙스키와 친부살해(Dostoevsky and Parricide)」에서 도스토옙스키의 뇌전증을 친부살해의 욕구로 해석한 바 있다.

사르트르의 플로베르 분석은, 신경증 및 아버지와의 관계에 관한 한 프로이트의 이 두 저서를 대상만 바꿔 그대로 옮긴 듯한 인상이다. 그는 기본적으로 프로이트의 무의식을 인정하지 않는다고 거듭 밝혔고, 『집안의 백치』에서도 플로베르와 어머니의 관계에 오이디푸스 삼각형의 이론을 전혀 적용하지 않고 있다. 그러나 유독 친부살해의 부분에서만은 프로이트의 두 저서를 그대로 따르고 있다.

사르트르가 가장 바람직하게 생각하는 부자 관계는 아버지를 부정하고 지양하는 것, 다시 말해서 상징적 친부살해이다. 그러나 그것은 그렇게 쉽지 않다. 아들의 출생과 아버지의 죽음이 비슷하게 이루어진 자신의 경우는 친부살해가 쉽게 일어났지만, 작가 귀스타브 플로베르는 뇌전증이라는 크나큰 모험과 함께 친부살해가 어렵게 이루어졌다. 아버지의 인생을 그대로 되풀이한 작가 귀스타브의 형 아실 플로베르는 친부살해에 완전히 실패한 전형적인 사례이다.

잉여적 인간 사르트르 그리고 플로베르

친부살해의 도식에서 사르트르와 플로베르의 생각이 완전히 일치한다고 했지만 두 작가의 가정적 상황은 전혀 다르다. 플로베르가 권위주의적 아버지 밑에서 은밀한 친부살해의 욕구를 품고 있었다면, 사르트르는 태어나자마자 아버지가 사망하여 아버지의 존재를 몰랐고, 어머니와 함께 외가에서 어린 시절을 보냄으로써 아예 친부살해의 욕구를 느낄 여지가 없었다. 근본적으로 아들을 억압하는 존재인 아버지가 일찍 죽어 참으로 다행이었다고 그는 자서전인 『말들』에서 쓰고 있다. 그러나 다행인 건 다행이라 하더라도 아버지의 부재는 그의 존재에 큰 공허감을 남겨 놓은 것이 사실이다. 권위에 복종해 본 사람만이 타인에게 명령을 내릴 수 있고, 남을 부릴 줄 아는 사람만이 당당한 권리 의식을 갖게 마련이다.

아버지가 아버지 노릇을 할 사이도 없이 죽었으므로 그는 싸우지 않고 어머니를 독차지할 수 있었다. 그러나 투쟁의 과정이 없었다는 것은 그를 불완전한 오이디푸스로 만들어 주었다. 가장 심각한 것은 자신을 무(無, néant)와 동일시하게 된 것이다. 프로이트의 도식에 의하면 모든 정상적인 인간은 상징적 친부살해 이후 아버지와 자기를 동일시하게 되는데, 사르트르는 자신과 동일시해야 할 아버지를 한번도 본 적이 없다. 아버지는 처음부터 부재였다. 그렇다면 부재와 동일시를 이루는 자기 자신 또한 당연히 부재의 존재가 된다.

사르트르의 실존주의적 존재론의 근거인 잉여(剩餘, de trop)의 개념이 바로 여기서 나온다. 잉여란 '쓰고 난 나머지'라는 뜻이다. 사르트르의 철학에서는 도저히 정당화되지 않는 실존적 인간의 존재 양식을 뜻한다. 길가에 구르는 돌멩이는 세상에 생겨나 존재하고 있을 하등의 이유도 없고, 실현해야 할 어떤 목적도 없다. 거기에 있어도 좋고, 없어도 좋은 잉여물이다. 인간도 무신론적 관점에서 본다면 이 세상에 태어나야 할 필연적인 이유나 목표가 없다. 괜히 우연하게 태어나, 왜 사는지도 모르고 목적 없이 표류하다가, 출생만큼이나 우연하게 또 갑자기 죽는다. 그것이 우리의 인생이다. 어떤 목적이나 소명을 띠고 세상에 태어난 것이 아니라 그저 우연히 한갓 사물처럼 세상에 던져진 것이 인간의 운명이라면 우리는 모두 별 쓸모없는 잉여적 존재에 불과하다.

잉여와 짝을 이루는 것이 무상성(無償性)의 개념이다. 아무런 가치 없이 공짜로 주어졌다는 점에서 나의 생은 무상성이다. 자기원인도 없고, 정당화될 수도 없는 존재라는 뜻이다. 흔히 인생이 허무하다고 할 때 '인생무상'이라는 말을 쓰지만 사르트르의 무상성은 그런 무상(無常)이 아니라 공짜로 주어져 쓸데없는 인생이라는 의미의 무상(無償, gratuit)이다. 초등학교에서 모든 학생들에게 공짜로 점심을 주는 무상급식의 바로 그 무상이다. 공짜로 주어진 물건을 우리는 별로 귀중하게 생각하지 않는다. 그것은 있어도 좋고 없어도 좋은 값없는 물건이다. 즉 잉여물이다.

모든 인간존재는 이처럼 잉여적이고 무상적이라는 것이 실존주의의 기본 개념이다. 따라서 누구도 인생을 살아갈 당당한 권리는 없다. 그런데 지배계급인 부르주아들은 마치 자기들의 존재는 정당화된다는 듯이, 마치 자기들은 당당하게 살아갈 권리가 있다는 듯이 행동한다. 사르트르가 부르주아 계급을 격렬하게 비판하는 이

유가 그것이다. 이와 같은 부르주아 비판에서부터 그의 실존철학은
실천적 계급이론과 접목된다.

잉여성, 무상성 등이 아버지와 아들의 관계에서 비롯된 것이고
보면 부자관계의 문제는 사르트르 철학의 기본 개념이라고까지 말
할 수 있다. 자서전인 『말들』은 말할 것도 없고 그의 거의 모든 소설
과 희곡에서 부자 관계는 큰 중요성을 차지하고 있다.

'지는 자가 이기리라(Qui perd gagne)'

세 번째 사법시험을 앞두고 극심한 불안과 고통에 시달렸던 플로
베르는 퐁 레베크의 발작 이후 일단 정신적, 육체적 평온을 되찾았
다. 이 평온은 피비린내 나는 싸움을 통해 얻어진 값진 승리였다.
이 승리는 그로 하여금 부르주아적 존재에서부터, 혹은 자기 운명
에서부터, 그리고 시간에서부터 빠져나오도록 허락해 주었다. 보통
인간들의 일반적인 목표를 포기함으로써 그는 수치심에서 해방될
수 있었다.

보통 인간들과 목표를 같이할 때, 그 목표를 이루지 못한다는
것은 크나큰 인간적 수치이다. 그러나 아예 그 목표를 포기해 버리
고 목표의 차원을 달리할 때, 그는 인간적인 수치심에서 해방될 뿐
만 아니라 오히려 자신이 남보다 더 우월한 인간이라는 선민(選民)
의식까지 갖게 된다. 그런데 보통 인간들과 달리 선택된 인간이 되

기 위해서는 보통 인간들의 목표를 포기해야만 한다. 이것도 저것도 모두 다 가질 수는 없다. 자신이 원하는 어떤 것을 갖기 위해서는 다른 어떤 것의 희생이 있어야만 한다. "y가 태어나기 위해서 x는 죽어야 한다(x se meurt pour que y naisse)." 이것이 그 유명한 사르트르의 '패자승(敗者勝)'(지는 자가 이기리라, Qui perd gagne)의 도식이다. 플로베르의 경우 잃은 것은 실재이고 얻은 것은 비실재이다. 또는 잃은 것은 현실이고 얻은 것은 상상이다. 다시 말하면 현실 생활에서 패배하고 문학에서 승리하는 것이다. 현실에 적응하지 못하는 인간의 이와 같은 '패자승'의 관념은 당연히 신경증(névrose)으로 이어진다.

사르트르는 신경증이 19세기 낭만주의 후기 작가들의 공통적인 현상이었음을 『집안의 백치』 제3권에서 제시하고 있다. 그들은 순수문학, 혹은 절대예술을 얻어 내기 위해 일부러 인간으로서의 실패, 작가로서의 실패, 작품의 실패라는 3중의 실패를 자초했다. 실패(échec)를 일부러 선택하는 것인데, 이러한 예술관을 해석하는 유용한 도구가 바로 '패자승'의 도식이다. 사실 오늘날에도 우리는 막연히 위대한 작가는 정신병자와 가깝고, 순수예술가는 생활에서 실패하고 인생에서 낙오해야 한다는 등의 생각을 하고 있는 게 사실이다. 예술과 현실이 함수관계를 이루고 있다는 관념은 인생이 하나의 전체를 이루고 있으며, 그 정해진 크기의 전체 안에 각개의 부분들이 배분된다는 생각에서 나왔을 것이다. 그러므로 생활에서 실패하고 인생에서 낙오하는 것은 더 큰 것을 얻기 위한 전략적 패배이다. 그것이 플로베르를 비롯한 19세기 후기 낭만주의 작가·시인들의 전략이었다.

그러나 인생에서 실패를 자초한 플로베르는 과연 예술에서 승리했는가? 우리의 기대와는 달리 사르트르의 답은 부정적이다. 1870년 9월 2일 스당 전투에서 프랑스가 프로이센에 패배함에 따라 제2제정이 몰락하고 제3공화정이 들어섰다. 플로베르는 '제2제정의 가장 위대한 작가'라는 칭호를 받을 만큼 제2제정기에 문학적인 성공을 거두었고 또 그 시대의 지배층과 밀착되어 있던 작가였다. 고향인 크루아세에 칩거해 살면서도 1년에 석 달은 파리에 와서 나폴레옹 3세의 궁정이라든가 마틸드 공주의 살롱에서 고급의 사교생활을 즐겼다. 자신과 밀착되어 있었던, 그리고 영원히 존속할 것이라고 믿었던 체제의 붕괴 앞에서 플로베르의 충격과 절망감이 어떠했으리라는 것을 우리는 쉽게 짐작할 수 있다.

그는 스물두 살 나이에 뇌전증의 발작으로 자신의 인생을 죽이고 동시에 아버지를 죽였으며, 아버지가 상징하는 과학을 죽였다. 그리고 절대예술에 몰입하여, 마침내 상상이 과학을 이긴 것으로 생각했다. '지는 자가 이기리라'라는 금언이 적중한 것으로 생각했다. 그러나 스당의 패배 이후 자신의 영광으로 생각되던 과거의 20년이 한꺼번에 와르르 무너지며 자신의 삶이 완전히 환상·신기루·꿈에 불과했다는 것을 알게 되었다. 현실에서 도망칠 수 있다고 생각했고, 상상을, 다시 말해서 불가능을 선택할 수 있다고 생각했었는데, 모든 것이 틀렸다. 아버지와 과학이, 그리고 현실이 최종적으로 승리한 것이다.

예술에서 승리했다고 믿었던 것은 한갓 꿈에 불과했고, 문학에 바쳐진 일생은 쓸데없는 것으로 판명되었다. 예술가는 상상을 유지하려고 애쓰지만, 상상은 언제나 현실의 침입을 받고 현실에 패배한다. 상상에 대한 현실의 우위성은 견고하고 끈질기다. 그러니까 '지는 자가 이기리라'의 전략은 그냥 '지는 자가 지는' 게임으로 끝나고 만다.

『집안의 백치』제3권의 이와 같은 결론은 상상에 대한 현실의 견고한 우위에 깊이 좌절했던 집필 당시의 사르트르의 심리상태를 반영하고 있는지 모른다. 이것을 상상에 대한 실재의 승리 또는 예술에 대한 현실의 승리로 읽을 것인지 아니면 사르트르 자신의 더욱 고차원적인 친부살해의 의도로 읽을 것인지는 전적으로 독자의 몫이다.

이 책은 필자의 1988년 서울대 박사논문을 수정하고 일부 가필한 것이다. 사르트르의 사회주의 사상에만 경도되어 있던 한국 독자들에게 그의 순수예술론은 아직 낯설고 생경하기만 하던 때였다. 지배 대 피지배의 경직된 사회사상이 더 이상 유효하지 않게 된 오늘에 이르러서야 독자들은 두런두런 그의 비실재 미학을 받아들일 채비를 하고 있는 듯하다. 그래서 이제야 사르트르는 혁명이니 억압이니 하는 아나크로닉(시대착오적)한 도식에서 벗어나 잉여니 상상이니 하는 새로운 감각의 언어로 젊은 여러분들 앞에 등장하였다.

논문의 중심 자료인 *L'Idiot de la famille* (Family Idiot)는 '집안의 천치'로도 번역이 되지만 필자는 '집안의 백치'로 쓰기로 했다. 도스토옙스키의 소설 *Idiot*의 한국어 제목이 『백치』이고, 사르트르가 자신의 제목에 idiot를 넣은 것은 순전히 도스토옙스키를 염두에 둔 것이므로, 우리도 그 연관성에 따라 '집안의 백치'라고 번역하는 것이 좋겠다고 생각했다. 모든 단어에는 한 사회에서 사용된 역사성이 가미되어 있기 때문이다.

학위논문을 실질적으로 지도해 주셨고, 늘 학구적인 열기로 끊임없이 필자를 자극하고 격려해 주셨던 사르트르학회의 정명환 회장님께 깊은 감사의 말씀을 드린다. 한 달에 한 번씩 만나 고급의 학술 정보를 교환하며 함께 공부하는 강초롱, 강충권, 변광배, 심정섭, 오은하, 윤정임, 이재룡, 정경위, 장근상, 조영훈, 지영래 등 후배 교수들에게도 마음으로부터 깊은 감사의 말씀을 드린다. 그들의 학문적 열정이 나의 지속적인 공부를 가능케 한 자극제였다. 학위논문 집필시 많은 자료를 제공해 주고 심리적인 격려를 아끼지 않았던 따뜻한 친구 전성자 교수에게 뒤늦은 고마움을 전하고 싶다. 강의 틈틈이 꼼꼼한 읽기와 확인 작업 그리고 깊은 인문학적 이해로 졸고에 향취를 더해 준 김세중 교수에게 깊이 감사드린다. 덕분에 책은 디테일과 포괄적 전망을 동시에 획득하였다. 세련된 디자인으로 책을 매혹적인 오브제로 만들어 주신 김정환 작가에게 "역시 김정환!"이라는 감탄과 함께 감사를 드린다. 까다로운 용어

들의 숲 속에서 길을 헤치듯 힘든 작업을 해준 박은혜 에디터에게
도 고마운 마음 전한다. 이 모든 고마운 분들 덕분에 읽고 싶고 갖
고 싶은 책이 탄생하였다. 이제 최종적으로 고마운 분은 독자인
당신이다!

2014년 4월

제2부 플로베르에 적용된 상상 이론

제3부 순수예술

제4부 참여미학에서 상상의 미학으로

Prologue
la Chute
퐁 레베크의 발작

사르트르의 미학을 알기 위해서는 플로베르 미학에 대한 이해가 필수적이다. 플로베르에 대한 해석은 역설적으로 사르트르 자신의 초상화이기 때문이다. 플로베르 미학을 통한 사르트르 미학의 이해, 이 두 가지 문제를 풀기 위해서는 플로베르의 신경증(névrose, 독 Neurose) 연구가 필수적이다. 플로베르의 신경증은 그의 문학이 시작되는 분기점이고, 또한 사르트르의 은밀한 근원이기 때문이다.

나중에 『보바리 부인(Madame Bovary)』(1857)으로 불후의 작가가 될 스물두 살의 귀스타브 플로베르는 1844년 1월 어느 날 밤, 형 아실(Achille)과 함께 마차를 타고 파리로 가는 중이었다. 당시 파리의 법과대학생이던 귀스타브는 1842년과 43년 두 차례에 걸쳐 사법시험에 떨어져 세 번째 시험을 준비중이었다. 아홉 살 위의 형 아실은 우수한 머리로 순조롭게 학업을 마치고 아버지의 뒤를 이어 루앙(Rouen) 시립병원의 어엿한 외과의사였다. 두 형제는 아버지가 도빌(Deauville)에 새로 구입한 별장을 둘러보고 오는 길이었다. 마차는 플로베르가(家)의 자가용차였으므로, 귀스타브가 말고삐를 잡고 차를 몰았다. 말의 귀도 보이지 않을 정도로 캄캄한 밤이었다. 멀리 어둠 속에 외딴 집의 불빛이 보였다. 마차가 레베크 다리(Pont l'Evêque)를 막 지나왔을 때 짐마차 한 대가 갑자기 어둠 속에서 나와 그들의 마차 옆으로 나란히 지나갔다. 옆으로 나란히 갔을 뿐 충돌의 위험은 전혀 없었다. 그런데 그 순간 귀스타브는 갑자기 말고삐를 놓치고 마차의 마룻바닥, 형의 발밑에 쓰러져 몸이 딱딱하게 굳었다. 시체처럼 경직된 채 쓰러진 동생의 모습을 보고 형은 동생이 이미 죽었거나 아니면 곧 죽을 것이라고 생각했다. 형은 곧 귀스타브를 멀리 불빛이 보이는 외딴집에 데리고 가 응급 치료를 했다. 귀스타브는 몇 분 동안 이렇게 경직된 상태로 있었는데, 그동안에도 의식은 고스란히 살아 있었고, 수만 개의 상념과 환상이 불꽃처럼 눈앞에서 터졌다고 했다.[01]

그가 눈을 떴을 때 경련이 있었는지는 알려져 있지 않다. 하여튼 형은 그길로 동생을 루앙의 집으로 데리고 갔다. 아버지는 처음에 뇌의 충혈로 진단했다. 그러나 발작이 자주 반복되고 또 회복도 쉽게 되는 것을 보고는 병의 해석을 달리 해야 했다. 즉, 뇌 충혈이

---

01 Gustave Flaubert, *Correspondance* (Gallimard, 1973-2007), t. III, p. 70 (Jean-Paul Sartre, *L'Idiot de la famille: Gustave Flaubert de 1821 à 1857*, II, Gallimard, 1971, p. 1842에서 재인용). 이하, 앞의 책은 '*Correspondance*'로 표시하고 수신자와 날짜만 밝히며, 뒤의 책을 출처로 인용할 때는 '*L'Idiot II*, 1842'처럼 표시한다.

나 뇌일혈이 아니라 신경병, 더 정확히 말해서 간질[02]이라고 진단했다. 그의 병이 히스테리성 신경병이었는지 아니면 간질이었는지는 정확히 알 수 없다. 오늘날 정신의학자들은 히스테리가 원인이 되어 간질을 일으킨다고 말하기도 한다.

여하튼 이 병의 발작으로 플로베르의 인생은 완전히 뒤바뀌었다. 발병하지 않고 법학 공부를 계속하여 사법시험에 붙었다면 그는 변호사 또는 공증인이 되어 루앙의 한가한 부르주아로서 일생을 마쳤을지도 모른다. 간질이 아니었다면 19세기 프랑스의 가장 위대한 소설가인 귀스타브 플로베르는 이 세상에 존재하지 않게 되었을지도 모른다. 그런 점에서 퐁 레베크 사건은 작가로서의 플로베르를 탄생시키는 결정적인 요인이다. 퐁 레베크의 발작을 이야기하지 않고는 플로베르의 문학과 인생을 이해하지 못할 것이다.

그러나 우리에게 좀 더 흥미로운 것은 이 사건을 해석하는 사르트르의 관점이다. 플로베르의 간질 발작에 대한 사르트르의 해석은 사르트르 자신의 모든 문제를 보여 주는, 아주 중요한 단서이기 때문이다.

그는 우선 이 사건을 '전락(轉落, la Chute)'이라고 이름 짓는다. 전락의 일차적 의미는 위에서 아래로 떨어진다는 추락, 또는 낙하이므로, 몸이 딱딱하게 굳어져 물체처럼 마차 바닥에 쓰러진 플로베르의 상태를 일차적으로 묘사하는 말이 된다.

---

02   요즘은 '뇌전증(腦電症)'으로 순화하여 쓴다.

그러나 에덴동산에서 하느님의 말씀을 어기고 선악과를 따먹은 아담과 이브의 타락도 전락이다. 성서의 '원죄'도 불어로는 '최초의 전락(la *Chute* originelle)'이다. '아담의 타락(la *Chute* d'Adam)'이니, '원죄(la *Chute* originelle)'니, '원죄 이전의 에덴동산(l'Eden avant la *Chute*)'이니 등의 말에서 볼 수 있듯이 전락에는 '인간의 원죄'라는 성서적인 의미가 있다. 최초의 인간인 아담이 신의 세계에서 인간의 세계로 굴러[轉]떨어졌다[落]는 의미이다. 그러고 보면 사르트르가 선택한 전락이라는 용어가 그의 모든 의도를 한마디로 보여 주고 있다고 할 수 있다.

사르트르는 플로베르의 15세 때 작품인 『퀴드퀴드 볼뤼리스(Quidquid volueris)』(1837)를 분석하는 글에서 파스칼(Pascal)이 전락에 부여한 절대적 시작의 기능을 조명한다.

> 이 원숭이 인간[…]은 파스칼이 말한 전락 이후의 인간과 매우 흡사하다. […] 아담은 규정이 불가능하다. […] 전락 이전에 우리 인류는 존재하지 않았다. 아담은 죄를 저질러 신의 저주를 받음으로써 인간이 되었다. 15세에 귀스타브는 파스칼이 전락에 부여한 기능을 드잘리오(Djalioh)의 탄생에 부여하고 있다. 그것은 절대적 시작의 기능이다. (*L'Idiot I*, 209)

파스칼은 '원죄' 이후의 인간이 천사도 짐승도 아니라고 했다. 다시 말해서 새로운 종류의 시작이라는 것이다. 그런데 『퀴드퀴드 볼

뤼리스』의 주인공 드잘리오는 인간의 여자와 원숭이 사이에서 태어난 원숭이 인간이다. 그 역시 인간도 짐승도 아닌 것이다. 새로운 종류의 시작이라는 점에서 드잘리오와 파스칼적 인간은 똑같다. 여기서 '새로운 시작'이라는 말이 중요하다. 아담은 신이 금하는 죄를 저질렀기 때문에 신의 저주를 받아 인간의 세계로 떨어졌다. 낙원인 에덴동산에서 추방되고 고통스러운 인간의 생활이 시작되었다. 치욕과 불행 바로 그것이었다. 그러나 치욕과 불행이라는 것은 신의 관점일 뿐이다. 에덴동산이 제아무리 행복한 곳이라 할지라도 그곳에서 살던 아담과 이브는 결코 인간이 아니었다. 아담이 죄를 저지르기 이전, 즉 전락 이전에는 이 세상에 인간이라는 것이 존재하지 않았다. 아담의 원죄 이후에 비로소 인간이 존재하게 되었다.[03]

아무리 고통스럽고 불행한 것이라 해도 우리 인간은 인간의 삶을 사랑하는 것이지 천사의 삶, 또는 신의 삶을 선망하지 않는다. 인간의 관점에서 본다면 인간의 탄생을 도운 아담의 원죄는 다행스러운 죄(Felix Culpa)[04]가 아닐 수 없다. 파스칼적 개념의 전락이 이처럼 절대적 시작의 기능을 갖듯이 사르트르는 1844년 1월 플로베르의 전락도 절대적 시작의 기능을 갖고 있다고 생각한다. 절대적 시작이란, 다시 말하면 절대적인 단절이기도 하다. 플로베르는 이때까

---

03 Blaise Pascal, *Ecrits sur la Grâce*, XIII/590 (Jean Mesnard, *Les Pensées de Pascal*, Société d'édition d'enseignement supérieur, 1976, p. 154에서 재인용).

04 Josette Pacaly, *Sartre au miroir: Une lecture psychanalytique de ses écrits biographiques* (Librairie Klincksieck, 1980), p. 395. 이하, '*Miroir*, 395'처럼 표시.

지의 자기 자신, 즉 글을 늦게 깨우치고, 학교 성적도 좋지 않고, 소극적이고 신경쇠약 증세가 있고, 사법시험에 두 번이나 떨어져 가정의 수치였던 과거의 자신과 단절하고 이제까지와는 전혀 다른 새로운 사람이 되었다. 그 새로운 사람은 위대한 작가 귀스타브 플로베르일 것이다. 조제트 파칼리(Josette Pacaly)는 "백치의 뒤에 미래의 위대한 인물을 감추고 있었다"고 표현했다.

> 쓰러지면서 플로베르는 인간을 내보내고, 백치의 뒤에 미래의 위대한 인간을 감추고 있었다. 그는 마침내 자기 자신을 귀스타브 플로베르로 만들었다. (*Miroir*, 396)

사르트르가 플로베르의 병을 전략으로 규정한 것은 그것을 철저하게 이분법(dichotomie)의 시각으로 본다는 것을 의미한다. 다시 말하면 전략을 분기점으로 해서 전혀 상반되는 두 존재, 두 인생, 두 인간이 나누어진다는 것이다. 사르트르는 그것을 죽음과 부활이라고 표현했다.

> 다시 말해서 22세까지의 플로베르의 인생은 자신이 희생자, 하수인으로서 이끌려 가는, 그리고 마침내 비극적인 종말로 그를 이끌고 가는 과정인 것처럼 보였다. 왜냐하면 그는 끊임없이 죽음과 부활을 동시에 준비하고 있었기 때문이다. (*L'Idiot II*, 1800)

희생자이며 하수인이라는 것은 아버지에의 복종, 진절머리 나는 법학 공부, 그를 기다리는 하찮은 부르주아의 미래에 반항하지 못하고 질질 끌려가는 상태를 뜻한다. 그런데, 이 절망적인 인생은 전락이라는 절정에 이르러 폭발해 버리고 만다. 그리고 비극적인 이 종말의 뒤에 새로운 인생이 부활한다. 그러면 죽은 것은 무엇이고 살아난 것은 무엇인가? 간단히 말하면 죽은 것은 젊음이고, 소생한 것은 늙음이었다. 플로베르는 22세에 젊음이 끝났다. 그의 간질 발작은 젊음의 종지부인 동시에 마감이었다.

병은 결론이며 마감이었다. 젊음은 간단히 자신을 요약하면서 스스로를 소멸시켰다. (L'Idiot II, 1799)

병의 발작을 분기점으로 하여 판이하게 다른 두 사람이 생겨났다. 귀스타브는 두 번째 사람을 살리기 위해 첫 번째 사람을 죽였다. 1844년 1월의 편지에서부터 늙음의 주제가 다시 활발하게 되살아남을 우리는 볼 수 있다. 두 번째의 늙은이는 이미 죽어 버린 첫 번째의 젊은이를 우두커니 바라본다. 그 두 인간은 서로 너무나 다르다. 1846년 연인 루이즈 콜레(Louise Colet)에게 보낸 편지에 그는 이렇게 썼다.

이 모든 것[슐레징거(Schlesinger) 부인이나 윌랄리(Eulalie)에 대한 옛 사랑]은 이미 잊혀진 옛 이야기가 되었다. 기억조차 희미하다. 마치 딴 사람의 인생에서 일어난 것 같은 착각이 들 정도이다. 지금 살고 있는 현재의 나는 이미 죽은 또 다른 나를 바라보기만 할 뿐이다. 나는 아주 판이한 두 개의 존재를 갖고 있다. 외부적 사건은 첫 번째 인생의 종말, 두 번째 인생의 탄생을 상징하는 것이다. 이 모든 것은 수학처럼 정확하다.[05]

결국 1844년 이후 플로베르는 자기 자신이면서 동시에 타인을 느끼는 자아의 이중 분열 현상을 겪는다. 퐁 레베크의 발작은 그 이전의 인생을 완전히 제거했지만 그러나 그 겉껍데기 즉 유해는 간직하고 있었다. 다시 말하면 외관은 똑같지만 그 속의 유일한 차이점은 정신 연령이 달라졌다는 것이다. 그토록 많이 울고, 절규하고, 고민하던 젊은이는 죽어 없어지고 일체의 정열이 사라져 버린 늙은이가 새로 생겨났다. 플로베르가 루이즈 콜레에게 "나는 둘이다" 또는 "내 정열의 인생은 스물두 살에 끝났다"[06]라고 쓴 것은 그의 이분법적 자아를 잘 보여 주는 것이다.

죽은 것은 아버지의 저주에 시달렸던 건강한 젊은이이고 살아난 것은 젊음의 정열을 완전히 포기한 젊은 신경증 환자라고 사르트르는 말한다.

죽은 것은—귀스타브는 루이즈에게 보낸 편지, 또는 첫 번『감정 교육

---

05 *Correspondance*, A Louise Colet, 27 août 1848 (*L'Idiot II*, 1799 재인용).
06 Ibid. (*L'Idiot II*, 1720 재인용).

(L'Education sentimentale)』에서 이 주제를 백 번도 넘게 다루었다—
아직 건강한, 그러나 아버지의 저주에 시달렸던 젊은이였다. 소생한
것은, 그리고 반복되는 발작에 의해 그 의미가 규정되는 것은 한 젊
은 신경증 환자였다. 우리가 앞으로 보게 되겠지만 이 신경증 환자의
감수성은 철저하게 변모하여 그는 영원히 자기 청춘의 '정열적, 능동
적 생활'을 포기하게 될 것이다. (L'Idiot II, 1861)

여기서 '아버지의 저주'라는 말은 아버지가 시켰던 법학 공부, 그
리고 프로이트(Freud)적 의미의 부자관계를 이중적으로 함축하고 있
다. 이에 대해서는 제2장 '아버지 죽이기'에서 다시 자세하게 다루기
로 하자. 사르트르는 플로베르의 이러한 이분법적 현상이 그의 청년
기의 마지막 작품인 『11월(Novembre)』에 이미 예고되어 있다고 말한
다. 1840년에 쓰기 시작하여 1842년에 완성한 『11월』에서 플로베르
는 자신을 두 겹으로 분리(dédoubler)하려는 꿈을 나타내고 있다. 그
해 2월에 쓰기를 중단했다가 첫 번째 사법시험에 낙방한 8월에 다
시 쓰기 시작했는데, 이때부터 소설의 화자가 바뀌는 갑작스러운 단
절이 일어난다. 원래 그는 루소(Rousseau)의 『고백록(Les Confessions)』
과 비슷한 소설을 쓰겠다는 목표로, 이 작품 안에서 자신의 진실을
성실하게 드러내 보이려고 애썼다. "나는 죽음의 욕망과 함께 태어
났다(je suis né avec le désir de mourir)"(L'Idiot II, 1714)라는 말과 함께 이
소설에는 죽음의 관념이 도처에 깔려 있었다.

그런데 소설의 후반부에, 1인칭으로 말하던 전반부의 주인공이

죽었다는 것을 알리는 두 번째의 주인공이 나타나고, 소설은 3인칭의 서술로 이어진다. 1인칭 주인공의 친구라는 이 두 번째 화자는 이미 죽어 버린 첫 번째 사람을 마구 비난한다. 이처럼 한 인생에 두 인간이 달려 있고, 첫 번 인간의 갑작스러운 침묵과 죽음에 이어 그의 미완의 작품에 주(註)를 달아 출판하기 위해 두 번째 사람이 새롭게 떠오른다는 점에서 사르트르는 이 소설이 1844년 1월에 일어난 '단절'의 예고편과도 같다고 주장한다.

> 그에게 있어서 『11월』의 단절은 44년 1월에 결정적으로 일어나게 될 단절의 예고와도 같다. [⋯] 새로 온 사람은 기억에 의해 죽은 젊은이를 소유한다. 마치 2년 뒤 늙은 귀스타브가 청년 귀스타브의 보호자, 소유자가 되듯이. [⋯] 두 인간 중에서 첫 번째 사람은 완전히 폐쇄적이 되어, 완전히 사물이 되었다. (*L'Idiot II*, 1714)

그러나 『젊은 베르테르의 슬픔』 또는 대니얼 디포(Daniel Defoe)의 『로빈슨 크루소』의 경우에서 볼 수 있듯이 1인칭 주인공의 이야기를 제3자가 우연히 발견하여 책으로 출판한다는 식의 플롯이 그 당시 유럽에 유행했던 소설 기법인 것을 감안하면, 사르트르의 이 주장은 좀 지나친 것 같기도 하다. 사르트르도 물론 이것을 언급했다. 그러나 그는 이런 장르의 소설이 흔히 "나는 그날 혼자 있었는데, 누가 문을 두드려 나가 보니 이상한 사람이 손에 원고 뭉치를 들고⋯" 등등의 도입부를 거치는 등 엄격한 구도를 갖고 있다는 점을 지적한다. 그런데 이미 『베르테르의 슬픔』을 읽은 바 있는 플로베르가 이런 구도를 쓰지 않았다는 것은 그의 분신(dédoublement)의 욕구를 나타내는 것이라고 주장한다(*L'Idiot II*, 1712-13). 그는 플로베르가 『11월』에서 꿈꾸던 이분법을 1844년 1월 현실 속에서 실현시켰다고 말한다.

> 『11월』의 이분법이 44년 1월의 가짜 죽음으로 실현되었다. 이 작전이 성공하기 위해서는 그가 자신의 죽음을 철저하게 믿어야만 했다. (*L'Idiot II*, 1868)

플로베르에게 죽음과 늙음은 동일하다. 그러니까 그의 죽음은 진짜 죽음이 아니라 가짜 죽음이다. 그는 『11월』의 주인공에게 정신적인 죽음을 주었었다.

> 마침내 지난 12월에 그는 죽었다. 그러나 아주 천천히 조금씩 죽었다. 마치 사람이 슬픔에 의해서 죽듯이, 신체 기관에 병이 하나도 없는데 순전히 생각에 의해 죽어갔다.[07]

여기서 생각(pensée)이라는 것은 그의 『한 미치광이의 추억(Les Mémoires d'un fou)』(1838)에 나오는 "내 인생, 그것은 생각일 뿐이다

---

07 Gustave Flaubert, *Novembre* (*L'Idiot II*, 1747 재인용).

(Ma vie, c'est une pensée)"라는 말의 '생각'과 같은 의미이다. 이 생각에 의한 죽음을 플로베르는 간질에 의해 실현시켰다고 사르트르는 주장한다. 그러니까 이번에는 병(crise)에 의한 죽음인 셈이다. 그런데, 이처럼 가짜 죽음에 의해서 얻은 것은 늙음이다. 플로베르는 17세에 이미 『한 미치광이의 추억』에서 "늙은이가 되고 싶다(Je voudrais être déjà vieux)"고 썼을 정도로 어릴 때부터 늙음을 선망했다. 그런데, 노인의 특징은 과거 지향성과 미래의 부재이다. 노인에게는 미래가 없다. 그들은 언제나 과거만 돌아보며 추억을 반추하며 산다. 그것은 결국 시간성의 구조를 해체시키는 것이다. 플로베르의 간질 발작이 파괴한 것도 시간성의 구조이다. 그는 발병 후 극도의 의존 상태에 놓이게 되었고, 그것은 그가 죽는 날까지 계속되었으므로 퐁 레베크 사건은 그를 영원한 미성년자로 만들어 주었다고 해도 과언이 아니다. 수동성과 의존성이라는 점에서 여성적인 조건을 갖게 되었다고 말할 수도 있다.

fils de ses oeuvres

'자기 작품의 아들'

Chapter 1

Qui perd gagne

'지는 자가 이기리라'

1. 시간성의 파괴

퐁레베크 사건은 시간 개념에 대한 그의 투쟁[01] 중 가장 중요
한 사건이다. 그는 어릴 때부터 늘 자신의 미래를 파괴하려
는 욕구를 갖고 있었다. 그것은 고공(高空)의식(conscience de survol)을
통해 인간적인 시간에서 빠져나와 영원 속에 자리 잡으려 한다거
나, 또는 의도적 명한 상태(hébétude)나 향락주의적 태도에 의해 미
래를 잊고 현실 속에 침잠하려는 기도(企圖, projet)를 통해 나타났었
다. 그러나 그것들은 모두 쓸데없는 일이었다. 영원은 도저히 도달
하기 힘든 것이고, 도취에 빠져 보아도 여전히 현재는 미래의 조건
에 의해 구조화되는 것이었다. 고공의식을 취하건 자기암시적 부재

---

01 Flaubert, *Novembre* (*L'Idiot II*, 1747 재인용).

주의를 취하건 간에 그의 인생은 어김없이 정해진 미래를 향해 달려가고 있었던 것이다. 그러한 일시적인 처방을 통해 그는 미래를 잠시 잊을 수는 있었으나 그것을 완전히 없애 버릴 수는 없었다. 미래를 완전히 없애 버리기 위한 단 하나의 방법, 그것을 그는 퐁 레베크에서 실행했다. 그것은

미래를 지닌 소년을 죽이고, 미래가 없는 어른을 태어나게 하는 것이다. 죽음 이외에는 아무것도 일어나지 못하도록 했으므로 이제 그에게는 결코 아무 일도 일어나지 않을 것이다. (*L'Idiot II*, 1868)

그러니까 퐁 레베크에서 일어난 가짜 죽음은, 사는 것도 최소화, 변화도 최소화시키려는 그의 수동적인 선택이다.

현재의 자기 자신으로 영원히 남아 있기 위해서 그는 44년에 교묘한 일을 저질렀다. 그의 가짜 죽음은 변화를 최소한으로 줄이기 위해 최소한의 인생을 살려는 그의 선택의 상징인 동시에 또 그 실현이다. (*L'Idiot II*, 1875)

변화를 최소한으로 줄이고 생명을 최소한으로 유지한다는 것은 즉자(卽自, l'être-en-soi)를 선택하는 것이다. 즉자는 사물의 상태이다. 인간존재는 매순간 자신의 기도(projet)에 의해 지양되고 보존되는 우연성(contingence)이다. 인간존재가 '세계-내-존재(l'être-dansle-monde)'라면 사물의 존재는 그저 '세계의-한가운데-있음(l'être-au-milieu-du-monde)'이다. 그런데 인간이 자신의 미래를 지향하는 기도를 거부한다면 그의 존재는 단지 세계의 한가운데에 위치하게 될 것이다. 즉 대자(對自, l'être-en-soi)가 아니라 즉자일 것이다. 다시 말해 사물의 속성이 될 것이다. 전락이 왜 그 속에 딱딱한 물질성을 갖게 되는지의 철학적 근거가 바로 여기에 있다.

> 즉자의 선택은, 모험으로서의 인생이 하나의 운명이 될까 봐 두려워 아예 그 인생의 실현을 거부하는 소극적인 행동이다. 그러므로 이 선택은, 지양을 규정하는 '세계-내-존재'를 사물의 특성인 '세계의-한가운데-있음'으로 바꿔치기하려는 자기암시적 시도로서 나타날 것이다. 인간 기도에 의해 끊임없이 지양되고 보존되는 우연성은—이것이 인간의 버팀대인데—만일 인간 기도가 거부된다면, 물질적인 지위로 전락할 수밖에 없을 것이다. (L'Idiot II, 1875)

전락 이후 그의 시간은 영원한 현재의 연속이었다. 역사성의 시간은 소멸되고 반복의 시간이 대신 들어섰다. 그는 한 집안 속에서 가족들과 생활하는 영원히 반복되는 세계 속으로 빠져 들어갔다. 정해진 시간에 가족과 함께 식사하기, 의례적인 농담, 공동체적인 관습, 명절, 생일 등 모든 것이 반복되는 것뿐이었다. 이런 반복의 생활은 그가 언제나 바라고 있던 것이었다. 그것은 아무런 책임이 없고 수동적인 유년으로의 회귀를 뜻하기 때문이다. 사르트르는 그것을 '시간 속에 침입한 영원'이라고 표현했다.

어린 시절부터 원했고, 선언했으며 퐁 레베크에서 마침내 실현시킨 불
변성은 어떤 의미에서, 시간 속에 침입한 영원이다. 따라서 그것은 시
간성의 폭파이다. (*L'Idiot II*, 1871)

시간화의 조건 속에 얽매여 있는 인간존재에서 벗어나 그저 세
계 안에 위치해 있는 사물이 되고 싶다는 욕구는 플로베르의 전략
속에 감추어진 또 하나의 무의식적 동기이다. 퐁 레베크에서 첫 번
발작을 일으켰을 때 그는 말 못 하고, 보지 못하고, 온몸이 마비되
었었다. 영락없는 물체였다. 그는 쓰러져 물질의 덩어리가 되었고 마
치 곡식 자루처럼 사람들은 그를 이웃집으로 옮겼다. 이처럼 쓰러
져 하나의 물체가 되고 싶다는 생각은 그가 어릴 때부터 품어 온 소
망이었다. 그것은 그를 세상의 모든 책임에서부터 해방시켜 줄 것이
기 때문이다. 넘어지고 싶다는 생각, 땅이나 물로 되돌아가고 싶다
는 꿈, 즉 최초의 물질적 수동성이나 광물성에 합류하고 싶다는 욕
구는 그의 작품에 자주 등장하는 주요한 주제이다. 『성(聖) 앙투안
의 유혹(La Tentation de Saint Antoine)』의 마지막 구절은 물질성에 대
한 욕구를 보여 주는 가장 전형적인 구절이다.

오 행복! 행복! 생명이 태어나고 움직임이 시작되는 것을 나는 보았
다. […] 나에게도 날개가, 감각이, 껍질이 있으면 좋겠다. 김을 내뿜

고, 긴 코를 갖고, 몸을 비비 꼬았으면 좋겠다. 나를 잘게 부수어 사
방 군데에 흩뜨리고, 전체가 되고, 냄새를 뿜고 싶다. 나무처럼 자라
고, 물처럼 흐르고, 소리처럼 떨리고, 빛처럼 빛났으면 좋겠다. 마음
대로 빚어 모든 형태가 되고, 모든 원자 속에 스며들어 가고, 물질의
맨밑바닥까지 내려가고 싶다─물질이 되고 싶다.[02]

물질이란 생명이 없는 것이므로, 물질이 되고 싶다는 것은 다시
말하면 죽음의 충동이다. 그의 청년기 작품에 가끔 자살의 충동이
엿보이기도 했다. 그러나 그것은 실제의 자살이기보다는 정신적인
죽음의 수준에 머물러 있었다. 그는 자살을 할 수도 없었고 사실
할 마음도 없었다. 그렇다면 실제로 죽지 않으면서 죽는 것과 똑같
은 효과를 내는 것은 무엇일까? 죽음은 인간을 딱딱한 물질성으로
만들어 주고, 모든 책임과 미래로부터 해방시켜 주고, 지금까지의
인생을 칼로 베듯 단절시키는 것이 아닌가? 그런데, 만일 정신병에
걸려 정상적인 생활을 영위할 수 없는 상태가 된다면 그의 인생은
남의 보살핌을 받는 수동의 상태가 되고, 과거의 인생이 완전히 중
단되며, 일체의 책임과 미래가 없어질 것이다. 광기와 죽음은 똑같
이 불가역성이고, 시간 구조의 파괴이며, 부동(不動)의 물질성이다.
플로베르의 병에서 죽음과 광기는 불가분의 두 측면이다. 쓰러지는
순간 그의 몸은 시체의 경직성을 닮았다. 다시 말해 그의 히스테리

---

02   Gustave Flaubert, *La Tentation de Saint Antoine* (Garnier, 1968), tome I, p. 164.

성 경직은 죽음의 모방이다.

그는 쓰러지면서, 시체의 상태를 닮은 히스테리성 경직에 걸려들었
다. [⋯] 이 기절은 죽은 사람을 가장 완벽하게 모방한 것이다. (*L'Idiot
II*, 1842)

그래서 사르트르는 플로베르의 병을 신경증(névrose)이며 동시에
탈저(脫疽, nécrose)라고 말한다. 탈저란 신체 조직의 한 부분이 활력
을 잃고 영양 공급 및 혈액 순환이 두절됨으로써 그 부분이 썩어 문
드러지는 병이다. '네브로즈(névrose)'와 '네크로즈(nécrose)'라는 발음
의 유사함과 'necr-'가 암시하는 죽음의 이미지[03]를 교묘하게 이용한
일종이 언어 게임이라 할 수 있다. 만일 플로베르의 병이 탈저라면,
그 탈저의 부위는 아마도 정신일 것이다. 그의 신경증은 죽음을 닮
았다. 그는 죽음처럼 살았다. 그의 병이 정신적인 것이냐, 육체적인
것이냐를 판별하는 관건이 여기에 있다(*L'Idiot II*, 1848). 그의 신경증이
죽음의 모방이라면 그것은 무의식적인 고의성을 의미하기 때문이다.
　마차에서 쓰러진 최초의 발작 순간을 다시 생각해 보면, 그것
은 마치 죽음이 그렇듯이 모든 것을 포기한 허물어짐이었다. 그의
머릿속에서는 이 쓰러짐의 행위가 곧 죽음의 행위라는 자기암시가
있었을 것이다. 실제로 죽지 않으면서 죽는 것과 똑같은 효과를 내

03　불어 'necr(o)-'는 '죽음'을 뜻하는 접두어.

는 것, 그것은 다름 아닌, 그가 『11월』에서 예고했던 정신적인 죽음
이 아닌가.

2. 즉자성에 대한 강박

플로베르가 가짜 죽음(fausse mort)에 이른 것은 정말 죽기 위해서가
아니라 가족의 손 안에 자기 몸을 내맡기기 위한 것이었다. 이것이
그의 수동적 선택(option passive)(L'Idiot II, 1865)의 깊은 의미이다. 벌
거벗고 허약하고 무방비 상태의 이 병적인 무기력성은 갓난아기 시
절의 무기력성을 그에게 되돌려 줄 것이다. 결국 죽음-광기를 통해
자신의 선사시대(유아 시절)로 퇴행하고자 하는 욕구가 신체적 증상
으로 나타난 것이다. 병자로서 받는 가족들의 보살핌은 마치 갓난
아기 시절 어머니로부터 받았던 보살핌과 똑같을 것이다.
　여기서 우리는 다시 물체-갓난아기-시체의 등가성을 상기할 필
요가 있다. 『집안의 백치(L'Idiot de la famille)』에는 어머니가 갓난아기
를 손으로 다루고(une mère manie un nourrisson), 아버지가 시체를 다
루고(un père manipule des cadavres), 귀스타브가 시체를 둥글게 감는
(Gustave saucissonne un macchabée) 장면이 무수하게 반복되어 나온다.
조제트 파칼리는 이것을 '끊임없이 되풀이되어 나오는, 스테레오타
이프화한 상상의 장면(une scène imaginaire, stéréotypée, inlassablement
reprise)'(Miroir, 395), 또는 『집안의 백치』의 키워드의 장면(scènes-clés

de *L'Idiot de la famille*)'(365)이라고 말한다. 이것은 어쩌면 인간-물체에 대한 사르트르 자신의 강박관념을 나타내 주는 것인지도 모른다.

물론 플로베르의 글에 인간-물체의 강박관념을 나타내는 부분이 많은 것은 사실이다. 예를 들면 1849년 12월과 1850년 1월 사이의 이집트 여행중 커다란 공중목욕탕에서 아랍인의 마사지를 받으면서 시체의 이미지를 떠올린다든가, 친구 알프레드 르푸아트뱅(Alfred Le Poittevin)의 시체에 수의(壽衣)를 입히는 장면 같은 것이다.

그러나 우리는 물질성의 강박관념이 단순히 사르트르가 플로베르를 해석하는 과정에서 언급된 주제가 아니고 사르트르 자신의 강박관념이라는 것을 그의 다른 글들의 검토를 통해 알 수 있다. 예컨대 『말들(Les Mots)』에 나타나는 책의 물신화(物神化, fétichisme)가 그것이다. 그는 사후(死後)에 남을 자신의 책을 자기 시체와 동일시한다.

나는 손으로 움직일 수 있는 무서운 물신이다.[04]

사람들은 내 몸을 잡고, 절개를 하고, 손등으로 문지르기도 하고 가끔 삐걱거리게도 한다.05

딱딱한 물체 또는 화석에 대한 향수는 희곡 『네크라소프 (Nekrassov)』의 대사에도 나온다.

---

04 Jean-Paul Sartre, *Les Mots* (nrf, Gallimard, 1967[1964]), p. 162.
05 Ibid., p. 161.

조르주 [⋯] 그건 돌의 꿈이다. 그 꿈은 화석에 대한 향수(鄕愁)를 가
진 모든 사람들을 매혹시킨다.[06]

물체(objet)에 대한 사르트르의 강박관념이 가장 잘 나타나 있는
것은 『성 주네, 코메디언 혹은 성자(Saint Genet, comédien et martyr)』
의 다음 구절이다.

주네는 우선 성적(性的)으로 강간 당한 어린아이이다. 그 첫 번 강간
은, 그를 갑자기 덮쳐 그의 몸에 뚫고 들어와 그를 영원히 물체로 변
형시켜 버린, 타인의 시선이다. 내 말은 그의 최초의 위기가 강간을
닮은 것이 아니라 바로 강간 그 자체라는 뜻이다. [⋯] 진짜 강간은 우
리의 의식 속에서, 부당하지만 피할 수 없는 유죄 선고처럼 느껴질
수 있고, 반대로 유죄 선고는 마치 강간처럼 느껴지기도 한다. 유죄
선고건 강간이건 간에 공통적인 것은 피고인/피해자를 물체로 변형
시킨다는 점이다. 강간의 피해자는 자신의 물체화를 마음속에서 수
치로 느끼고, 유죄 선고의 피고인은 자신의 유죄 판결을 강제로 당
한 섹스로서 느낀다.[07]

여기에 사르트르의 모든 강박관념이 다 들어 있다. 『존재와 무

---

06 Jean-Paul Sartre, *Nekrassov* (folio Gallimard, 1980[1956]), p. 116.
07 Jean-Paul Sartre, *Saint Genet, comédien et martyr* (nrf Gallimard, 1969[1952]),
　　pp. 81-82.

(L'Etre et le néant)』의 상당 부분을 시선(regard)의 고찰에 할애하는 데서 보듯 사르트르는 우선 남의 시선을 견디지 못한다. '남에게 바라보임(être regardé)'은 사르트르에게 거의 공포에 가까운 감정을 일으킨다. 특히 뒤에서 바라보이는 것은 치욕적이다. 그것은 마치 호모섹스의 강간(possedé-par-derrière)과도 같은 수치심을 유발한다. 『지도자의 유년 시절(L'Enfance d'un chef)』의 주인공 뤼시앵(Lucien)은 교실에서 뒤에 앉은 급우들이 자기 뒷목을 바라볼 것이라는 생각에 전율하고, 『내밀(L'Intimité)』의 주인공 뢸뤼(Lulu)는 남이 자신의 등을 본다는 생각에 안절부절못한다. 사르트르에게 '뒤에서부터 바라보임(être-vu-par-derrière)'은 '수치 속에서 바라보임(être-vu-dans-la-honte)'과 같은 의미이다(*Miroir*, p. 246).

왜 타인의 시선은 이토록 수치심을 유발하는가? 그것은 대타(對他) 관계라는 존재론적 구조 속에 이미 들어 있는 문제이다. 우리의 시선 앞에 나타나는 타인은 우선 물체로서 우리 의식에 의해 포착된다. 저 앞에서 내 쪽으로 걸어오고 있는 여자, 길에 지나가고 있는 저 남자, 역 광장 앞에 앉아 있는 저 노숙자는 모두 내게 있어서 하나의 물체일 뿐이다. "물체성은 내 앞에 제시되는 타인의 존재 양식이다(Ainsi est-il vrai qu'une, au moins, des modalités de la présence à moi d'autrui est l'objectité)."[08] 물론 타인의 존재가 내게 제시되는 양식이 물체성만이라고는 할 수 없다. 그는 대자 또는 자유 등 다른 여러 가

---

08 Jean-Paul Sartre, *L'Etre et néant* (nrf Gallimard, 1973[1943]), p. 310.

지 양식으로 내게 제시된다. 그러나 최소한 "남과 내가 만나는 최초의 순간만은, 타인이 내게 물체로서 제시된다(la relation première par quoi autrui se découvre est l'objectité)."[09]

남이 내게 물체인 것과 마찬가지로 나도 남에게 물체일 뿐이다. 타인-물체(autrui-objet)의 등식은 나와 남에게 동시에 적용되는 상태이다. "노예는 주인의 진실이다"라는 헤겔의 유명한 구절에 대입하여 패러디해 보자면 "'타인에게 바라보임'은 '타인을 바라봄'의 진실이다(l'"être-vu-par-autrui' est la vérité du 'voir-autrui')."[10] 그러니까 내 자신이 물체가 되었다는 것을 내가 느끼는 것은 타인의 시선 속에서이다.

내가 책상 앞에 앉아 있는 모습은 타인에게 있어서는 컴퓨터 본체와 조금도 다를 것 없는 물체성이다. 타인의 시선은 나를 물체로 만들어 준다. 물체가 되었다는 것은 무엇인가? 그것은 즉자 상태로 되었다는 뜻이다. 그러나 인간의 존재양식은 대자이다. 대자란 자유, 투사(projet), 무화(無化, néantisation) 등의 성질을 가진 존재 방식이다. 그러한 대자존재가 타인의 예리한 시선 밑에서 단숨에 딱딱한 물건이 되어 버렸다. 마치 머리칼이 뱀으로 된 희랍 신화의 메두사가 자신을 바라보는 사람들을 돌로 만들어 버리듯, 타인의 시선도 나를 돌로 만들어 버린다. 나는 타인의 시선 앞에서 몸 둘 바를 모르고, 한갓 딱딱한 물건이 되어, 심한 수치심을 느낀다. 타인의 시

09 Ibid.
10 Ibid., p. 313.

선은 이처럼 형벌과도 같다. 사르트르는 "타인의 존재야말로 우리의 최초의 전락(ma chute originelle, c'est l'existence de l'autre)"[11]이라고 말한다. '최초의 전락'이 곧 '원죄'로 번역된다는 것은 앞에서 이야기한 바 있다. 그렇다면 타인의 존재는 바로 나의 원죄인 것이다. 원죄는 내가 피할 수 없는 운명이다.

그러나 또 한편으로 인간은 물질성을 한없이 동경한다. 매순간 자신의 기도(企圖)를 앞으로 밀고 나아가면서 자신의 결단으로 모든 것을 선택해야만 하는 '자유'는 너무나 괴로운 것이다. 차라리 아무런 감정도, 의식도 없는 돌멩이의 상태가 얼마나 평온하고 행복할까? "그래서 [대자를 속성으로 갖고 있는] 인간존재는 즉자를 한없이 동경한다(Ainsi la réalité humaine est désir d'être-en-soi)."[12] 여기서 물체에 대한 사르트르의 복합적인 강박관념이 생겨난다. 내 자유를 말살하는, 따라서 내 존재를 완전히 묵살하는 물체성을 증오하면서도 다른 한편으로 그 상태를 한없이 그리워하는 것이다. 이 모순적인 강박관념이 사르트르로 하여금 물질성으로 자꾸만 되돌아오게 한 요인이었을 것이다.

파칼리는 인간-물체에 대한 이와 같은 사르트르의 강박관념에 대해 거세 공포, 또는 항문기적 남근 콤플렉스로 해석한다. 그리고 도저히 불가능한 즉자-대자의 통합 욕구로 보기도 한다(Miroir, p. 448).

---

11 Ibid., p. 321.
12 Ibid., p. 653.

사르트르의 글에서 손으로 조작하기, 딱딱하게 만들기, 딱딱한 것과 관련된 manier, maniable, manipuler, manipulation, rigide, pétrifier, pétrification 등 물체를 연상시키는 단어들이 나오는 모든 문장들을 파칼리는 이 거세 공포, 또는 남근 콤플렉스에 돌린다. 플로베르가 친구 알프레드의 시체에 수의를 입히는 장면에는 '알프레드의 냉혹한 부동성(不動性)(impassible immobilité d'Alfred)' 또는 '미라처럼 된 알프레드의 딱딱한 시체(rigidité cadavérique d'Alfred momifié)'라는 말이 나오고, 예술에 대한 예술가의 소외를 논할 때는 '견고한 소외(aliénation rigide de l'Artiste à l'Art)'라는 표현을 쓰기도 했다. 플로베르의 집필 계획을 설명하는 대목의 '사막에 세워진 선돌'이라는 표현도 심상치 않다.

> 그의 책들이, 마치 죽은 사람들에 의해 사막에 세워진 단순하고 완벽한 선돌처럼 힘차고 외롭게 서 있기를 그는 꿈꾸었다. (L'Idiot II, 2090)

3. 의도된 신경증

사르트르는 플로베르의 간질 발작에 두 개의 가설을 제시한다. 첫 번째는, 그것이 우연한 히스테리 발작이었는데, 플로베르가 나중에 이 병에 의미를 부여하고, 이 우연한 불행을 이용하여 자신의 인생 진로를 바꾸는 방편으로 삼았다는 것이다. 두 번째는, 아예 처음부터 의도적이었다는 것이다. 사르트르는 두 번째 가설을 지지한다. 퐁 레베크 사건이 우연한 발병이 아니고 많은 의미를 함축한 하나의 필연적 귀결이라는 것이다. 이것은 정신 상태의 심화가 마침내 신체 증상으로 나타난다는 심인성(心因性, somatisation) 이론이다. 학교 가기 싫은 어린아이가 학교에 가지 않기 위해 정말로 배가 아파지는 것과 같은 것이다. 그래서 사르트르는 플로베르의 병을 '해결책으로서의 신체 증상(somatisation-réponse)', '적응(adaptation)', '신경병의 선택(option névrotique)' 등으로 표현한다. 우연이 아니라 필연이라는 이야기이다.

> 정반대의 가설: 병은 애초부터 의도에 따라 형성된 것이다. 퐁 레베크에서의 발작은 우연한 사실이 아니라 의미를 지닌 하나의 필연성이다. (*L'Idiot II*, 1786)

『집안의 백치』 제2권의 부제 '급박한 문제에 대한 전술적, 부정적, 즉각적인 해결책으로서의 전락(La Chute envisagée comme réponse immédiate, négative et tactique à une urgence)'은 플로베르의 간질에 대한 사르트르의 해석을 단적으로 요약해 주고 있다.

복종과 반항은 모순적인 두 항이다. 복종을 하거나 아니면 반항을 하거나 해야지, 복종도 반항도 할 수 없다는 것은 뚫고 나갈 길이 없는 궁지이다. 이 궁지는 다름 아닌 법학 공부, 그리고 그 연장선상에 있는 변호사의 직업이다. 더 나아가 아버지나 형과 같은 부르주아의 인생이다. 과학을 신봉하는 유능한 부르주아이면서 한 편으로는 장자권(長子權)을 인정하는 등 봉건적, 가부장적이었던 아버지 아실클레오파스 플로베르(Achille-Cléophas Flaubert)는 자신의 과학을 장남에게 물려주었다. 머리가 좋은 장남은 아버지의 기대에 어긋나지 않았다. 가능하면 차남에게도 자신의 직업을 물려주고 싶었을 것이다. 그러나 차남은 글을 늦게 깨우치는 등 일찍이 아버지를 실망시켰다. 그래서 아버지는 귀스타브에게 법학 공부를 시키기로 했다.

뒤메닐(Dumesnil)은 아버지 플로베르가 차남을 검사로 만들고 싶어 했다고 말한다(L'Idiot I, 107 주1). 사르트르는 이것이 플로베르 박사의 장자권 사상을 반영하는 것이라고 말한다. 왜냐하면 아실클레오파스는 오로지 과학에 대해서만 모든 정열과 자부심을 가졌고, 과학만이 가치 있는 것으로 여겼기 때문에 자신의 장남에게 과학을 상속하였다는 것이다. 그가 신흥 부르주아지의 한 전형이 될만큼 순전히 자기 힘으로 사회적 상승을 이루어 일가를 이룬 것은 바로 이 과학에 의해서, 그리고 과학의 토대 위에서였다. 이 볼테르(Voltaire)적 합리주의자는 정확하고 엄격한 과학 이외의 모든 것을 경멸했다. 더군다나 법정에서 이루어지는 이현령비현령식의 모호한 궤변들은 그에게 몹시 혐오감을 주었을 것이다. 그러한 그가 차남에게 법학 공부를 시키기로 결정한 것은 차남에게 애정이 없었다는 증거라고 사르트르는 말한다.

그가 애초부터 귀스타브에게 법학 공부를 시키기로 결정했다면 그것은 아마도 틀림없이 그의 아들에게 깊은 거부감을 느꼈기 때문이다. 그런 점에서 귀스타브는 나면서부터 순교자의 인생을 걸머진 것이다.

(*L'Idiot I*, 107 주1)

그러나 불행하게도 귀스타브는 법학 공부에 전혀 취미가 없었다. 귀스타브는 1840년 8월에 바칼로레아(대학 입학 자격시험)에 합격하고 그 후 약 16개월 동안 집에서 라틴어와 그리스어 공부를 했으며, 1842년(20세) 1월에 파리의 법과대학에 등록했다. 법학 공부를 시작한 지 3개월 만에 벌써 '극도의 혐오감'을 느끼며 책을 집어던졌다. 그는 "법학이 나를 죽인다(Le droit me tue)!"(*L'Idiot II*, 1709)고 절규하며, 그러나 법학 공부에 처절하게 매달렸다. 그리고 그해 8월에 1차 사법시험에 낙방했다. 함께 시험을 치러 합격한 친구 에르네스트(Ernest)에게 그는 법학을 조롱하는 다음과 같은 편지를 보냈다.

법보다 더 바보 같은 것은 없다. [⋯] 사법은 세상에서 가장 웃기는 것이다. 한 인간이 다른 인간을 재판하는 것은 나를 죽도록 웃게 만드는 광경이다. 재판의 근거로 삼는 그 바보 같은 일련의 법조문들을 내가 공부해야만 하다니.[13]

---

13 *Correspondance*, A Ernest Chevalier, 2 septembre 1842 (*L'Idiot II*, 1706 재인용).

1843년 8월의 두 번째 시험도 또 떨어졌다. 42년과 43년의 두 번의 실패로 귀스타브는 이미 고향인 루앙에서 플로베르가의 자랑스러운 아들이 아니었다. 사법시험 낙방만이 아니었다. 바칼로레아에 합격한 1840년 8월부터 법과대학에 등록한 1942년 1월까지 약 16개월간 귀스타브는 아무것도 하지 않고 집에 있었다. 한창 공부해야 할 나이의 청소년이 1년 반 동안 아무 일도 안 하고 집에 있었다는 것은 무엇을 뜻하는가? 사르트르는 그 기간중에 플로베르가 모종의 신경 증세를 보였을 것이라고 추측한다. 이 기간 동안 그의 신경병과 집에서의 칩거를 짐작케 하는 글들이 일기와 편지에 보인다.

권태롭다. 권태롭다. 권태롭다. 나는 바보, 천치, 무기력하다. [···] 종이 석 장을 채울 만큼의 기운도 없었다. 트루빌에 머무른 한 달 동안 먹고 마시고 잠자고 담배 피우는 일 이외에 아무것도 한 것이 없다.[14]

1843년 8월 두 번째 시험에 낙방을 했을 때 플로베르는 고향 집에 돌아가 사람들의 조롱과 동정을 받을 것을 겁내고 루앙이라는 도시와 그 주민들을 저주하는 편지를 쓴 바 있다. 퐁 레베크 사건이 일어나는 1844년 1월에도 플로베르는 파리로 돌아가 다시 법학 공부를 시작하고, 사법시험에 세 번째로 도전해야 했다. 이미 두 번의 실패와 좀 수상한 신경 증세 때문에 플로베르 가문의 명예에 한

---

14 Ibid. (*L'Idiot II*, 1653 재인용.)

껏 먹칠을 한 상태였다. 이번에는 꼭 합격을 해야만 한다. 그러나 합격할 자신이 있는가? 도저히 합격할 자신이 없는데, 그러나 아버지와 가문의 명예를 위해서는 꼭 합격을 해야 한다. 이 팽팽한 긴장의 압박 속에서 폭발하듯 그의 신경조직이 와해되었다. 그리고 이것은 단숨에 그의 모든 것을 해결해 주었다. 여기에 플로베르의 암암리의 의도가 숨어 있다고 사르트르는 본다. 소소한 실패를 거듭하여 사람들의 조롱을 받을까 마음 졸이느니, 차라리 철저하게 구제불능의 실패를 저질러 만천하에 자신이 낙오된 인간임을 드러낸다는 것이다.

> 일시적이고 만회할 수 있는 실패를 여러 번 겪을 것이 아니라, 남들에게, 그리고 자기 자신에게 아예 자기가 실패한 인간이라고 드러내 보여 주는 것이다. (*L'Idiot II*, 1812)

이 실패의 행동(conduite d'échec)을 사르트르는 카프카(Kafka)의 소설 『변신』과 비교한다. 가족의 부양을 책임지고 세일즈맨으로 힘겹게 돈벌이를 하고 있는 주인공 그레고르 잠자(Gregor Samsa)는 중압감을 견디지 못해 징그러운 벌레로 변신한다. 수치심으로 죽어 가며 자기 가정을 치욕 속에 몰아넣은 이 죄인은 그러나 사실 자기 가정의 무고한 희생자이다. 자기 가정에 치욕을 안겨 주고 자기 인생은 파멸했지만 그 자신은 내리누르는 중압감에서 벗어날 수 있었다. 즉 변신은 구원이었다. 이 변신의 운명이 바로 플로베르의 것이었다.

뭔가가 그에게 일어나려고 하고 있었다. 뭔가 끔찍한 것이—죽음, 늙음, 그 이름은 무엇이라도 좋다. 문제의 본질은 그가 다른 사람이 될 것이라는 사실이다. 전락하여 딱딱한 물체처럼 된 다른 사람. […] 귀스타브는 자신이 벌레로 변신하는 장소와 순간이 점점 다가오고 있는 것을 공포에 질려 바라보고 있었다. (*L'Idiot II*, 1753)

『변신』의 징그러운 벌레에 해당하는 것이 귀스타브의 간질이었다. 그는 자기 가정의 명예를 더럽히고 남들의 손가락질을 받는 흉측한 병자가 되었지만, 그러나 이러한 변신을 이루지 않고는 도저히 가정의 요구에서 벗어날 수 없었다.

참을 수 없는 진실이 여기에 있다. 이 젊은이는 영원히 가족의 요구를 수행할 능력이 없음을 입증하지 않고는 결코 가족의 요구에서 벗어날 수 없을 것이다. (*L'Idiot II*, 1753)

그는 법학을 멸시하고, 부르주아를 경멸했으며, 자신은 그것 또는 그들 위에 존재하는 초인으로 생각했다. 그렇게 되려면 초인을 입증할 만한 재능이 필요했다. 그러나 병의 발작 당시에 쓴 『11월』은 그의 마음에 전혀 들지 않았다. 그는 자신의 재능을 의심하기 시작했다. 이제 부르주아의 위쪽으로 빠져나오는 길은 막혔다고 생각했다. 위로 빠져나갈 수 없다면 아래로 빠져나와야 하지 않겠는가? 그래서 그는 지옥, 집안의 백치, 인간쓰레기, 무능력자, 오발탄, 괴물,

낙오자를 선택한 것이다.

다시 말해서, 출구는 천국이 아니라 지옥 쪽에 나 있었다. 밑으로 가라앉아야만 한다. 그는 가라앉을 것이다. (*L'Idiot II*, 1753)

유일한 출구: 집안의 백치가 되는 것. (1738)

그를 실제로 쓰러지게 하고, 영원히 인간쓰레기의 상태 속에 처넣는 것. (Ibid.)

여하튼 플로베르의 차남은 아버지의 오발탄, 괴물, 헛수고, 실패작이었다. (1819)

그렇다면, 그의 전락은 왜 하필 마차 여행중에 일어났을까? 사르트르는 플로베르가 여행의 도정을 자주 자기 인생과 동일시했다는 것을 발견했다. 19세 때 앙델리스(Andelys)에서 부활절 휴가를 마치며 친구 에르네스트에게 보낸 편지에 다음과 같은 묘사가 있다. 여기에는 실생활의 하찮음에 대한 경멸, 과거에의 집착, 또는 죽음의 유혹이 강하게 시사되어 있다.

나는 합승 마차의 지붕 위 좌석에 앉아 있었다. 조용히, 머리를 바람 속에 내맡기고, 말발굽의 리듬에 따라 몸이 흔들리는 채, 나의 밑으로 빠르게 도망쳐 뒤로 가는 도로를 바라보며 나의 모든 젊은 시절도 저렇게 재빨리 흘러간다고 생각했다. 전에 앙델리스에 왔던 기억들을 더듬었다. 나는 목까지 추억 속에 잠겼다. [···] 루앙에 가까워 올수록 현실 생활과 현재가 그 일상적인 일거리들, 그리고 하찮은 생활과 함께 한꺼번에 나를 엄습했다. [···] 저주 받은 시간들 [···] 절대로 과거는 생각하지 말아야 한다. [···] 미래를 바라보고, 지평선을 보기 위해 목을 쑥 내밀고, 앞으로 뛰어가고, 머리를 숙이고 재빨리 전진해야만 한다. 영원한 고뇌의 계곡을 불러일으키는 달콤한 추억의 불평 소리에는 귀 기울이지 말아야 한다. 심연을 들여다보아서는 안 된다. 왜냐하면 그 밑바닥에는 우리를 잡아끄는, 형언할 수 없는 매력이 있기 때문이다.[15]

여기에 그의 정신 상태의 모든 주제가 다 들어 있다. 우선 공간이 시간으로 환치되는 현상이다. '빠르게 [···] 가는 도로(la route qui fuit)'는 '나의 젊은 시절(mes jeunes années)'과 일치하고, 재빠르게 흘러가는 그 시간은 잃어버린 시간을 연상시킨다. '하찮은 생활'은 루앙에 대한 혐오를 나타내고, '과거는 생각하지 말아야 한다(c'est de ne pas penser au passé)'는 자신의 생각을 짐짓 정반대로 이야기하는 반어법이다. 달콤한 추억의 목소리를 듣지 말고 미래만을 바라보며 전진해야 하는 것은 당위이지만 그러나 자신은 그렇게 되지 않는다는 고백이다. 이 '달콤한 추억(tendres souvenirs)'은 미래의 반대인 과거

---

15 *Correspondance*, A Ernest Chevalier, 21 avril 1840.

이다. 그런데 이 과거는 영원한 고뇌의 계곡 속에서의 추억을 상기시켜 준다. 영원한 고뇌의 계곡이란 죽음이 아닐까? 다음 줄의 '심연'이라는 말이 더욱 우리의 심증을 굳혀 준다. 그렇다면 과거는 곧 죽음과 일치한다. 그런데 그 죽음은 뭐라 형언할 수 없는 매혹으로 우리를 잡아끌고 있다. 결국 죽음의 유혹인 것이다.

이처럼 여행의 도정은 그에게 인생 그 자체와 중첩된다. 1849년에서 1851년 사이의 많은 편지들, 그리고 『동방 여행기(Voyage en Orient)』에서 여행은 자주 그의 인생 전체를 지시하는 유사물로 묘사된다. 여기서 사르트르는 퐁 레베크 사건이 일어난 그날 밤의 마차 여행도 플로베르에게는 그의 인생의 유사물로 보였을 것이라고 짐작한다. 그리고 이것이 전락의 직접적인 원인이었을 것이라고 한다. 이 여행의 종착점은 파리였고, 그것은 법학 공부의 재개를 뜻했다. 플로베르는 이 여행의 목적과 자기 인생의 목적이 일치됨을 느꼈을 것이다. 소극적인 성격이었으므로, 법학이 자기 천성에 맞지 않는데도 마지못해 아버지에 동의하여 그 길로 가고 있었다. 캄캄한 밤중에 말을 모는 것은, 비록 행위 주체자가 자신이기는 하지만, 남이 정해 준 목표에 내키지 않는 마음으로 동의한, 겁에 질린 행위일 수도 있었다. 이때 그는 자기 손에 쥐고 있는 말고삐가 자기 인생의 고삐라는 순간적인 착각을 가졌을 것이다.

말을 모는 것과 법학 공부를 하는 것은 똑같은 일이었다. (*L'Idiot II*, 1823)

귀스타브에게 있어서 마차를 모는 행위는 복종, 동의된 강제 노동, 부르주아적 미래를 뜻한다. (1827)

그래서 이제까지의 복종에서 벗어나기 위해, 또 자신이 마지못해 동의한 강제 노동을 거부하기 위해, 그리고 이 강제 노동의 종착점인 부르주아적 미래를 피하기 위해 그는 순간적으로 말고삐를 놓고 히스테리성 경직 증세를 보였다. 이것이 플로베르의 간질 발작에 대한 사르트르의 진단이다.

4. '지는 자가 이기리라'

플로베르는 여섯 살 때부터 아버지의 병원에서 아버지가 시체 해부를 하는 모습을 보았다고 한다. 루앙의 정신병원에 수용되어 있는 정신병자를 본 기억도 있다. 그는 선천적으로 정신이 약하게 태어난 듯하다. 법학 공부라는 참을 수 없는 긴장 속에서 이 섬약한 청년의 신경 조직은 삐걱거리기 시작했다. 그러나 그것은 신경과민일 뿐 정신착란은 아니었다. 그러니까 신경과민에서 정신착란으로 이어진 것이 아니라, 정신착란이 의도적으로 먼저 있었다는 것이 사르트르의 생각이다. 그는 플로베르가 상상의 메커니즘 속에 너무 깊이 들어갔다가 상상에게 덥석 잡혔다고 말한다.

정신착란이 먼저 있었다. 그는 자기 의지로 정신착란 상태를 만들었다. […] 그는 상상의 메커니즘 속에 너무 깊이 들어갔기 때문에 상상의 손에 덥석 잡히고 말았다. (*L'Idiot II*, 1802)

상상의 심화로 간질 발작을 일으키게 되었고, 쓰러지는 순간 그는 완전히 상상의 세계로 돌입했다. 이렇게 현실의 벽을 뛰어넘어 상상의 세계로 들어간 플로베르를 사르트르는 '실패한 거인(le Grand homme manqué)'으로 표현한다.

실패한 거인은 모든 장애에도 불구하고 현실의 벽을 뛰어넘어 완전히 스스로 상상적이 되었다. (*L'Idiot II*, 1847)

거인(Grand homme)은 플로베르의 인간혐오(misanthropie), 고공의식 등의 성향을 말할 때 나왔던 초인(surhomme)과 같은 표현이다. 사르트르는 플로베르를 프로메테우스에 비교한다. 그러나 넘어진다는 것은 일차적으로는 전락과 치욕의 상징이다.

넘어진다는 것은 전락을 의미한다. […] 넘어지는 것은 치욕의 상징일 뿐이다. (*L'Idiot II*, 1859)

넘어지는 것은 결국 실패(échec)의 상징이다. 그런데 플로베르의 실패는 프로메테우스의 형벌과 같은 것이다. 신의 전유물인 불을 갖고 놀았기 때문에 형벌을 받은 프로메테우스처럼 자기 분수에 넘게 엄청난 야망을 가졌기 때문에 플로베르는 신경조직이 와해되는 벌을 받은 것이다. 그의 죄는 다름 아닌, 인간의 저급성에서 몸을 빼내어, 자신의 자연까지도 거슬러 가면서 초인의 자리에 오르려 했던 야망이었다.

고공의식, 그리고 수직성의 도식은 플로베르의 작품에 자주 등장하는 테마이다. 소설 『스마르(Smarh)』(1839)에서 스마르의 전략과 재상승, 가르시아(Garcia)의 기절 같은 것들에서 우리는 높이 오르는가 하면 한없이 밑으로 떨어지는 상승-하락의 수직성을 발견한다.[16] 오만하게 인간들의 위로 수직상승했으므로 급전직하, 아래로 곤두박질치는 형벌이 따르는 것이다. 그런데 '실패한 거인'이 상상적으로 되었다는 것은 무엇을 의미하는가? 거인은 작은 일을 하지 못한다. 다시 말해서 위대한 사람은 하찮은 일을 하지 못한다. 초인의 꿈을 갖고 있는 거인에게 보통 인간들의 세상사는 하찮은 일이다. 거인은 그것에 실패할 수밖에 없다. 이때 하찮은 것에서의 실패는 선택된 인간의 상징이다. 그의 위대함을 증명하는 것이기 때문이다. 그 거인의 초인성을 증명해 주는 것이 바로 '상상'이다. 상상이란, 허구의 세계에 뛰어들어 허구의 세계를 창조하는 것, 다시 말해 예술이다. 여기서 비로소 우리는 예술가의 탄생을 목도하게 된다. 플로베

---

16 사르트르는 플로베르가 칩거해 살면서 글을 썼던 크루아세(Croisset)의 2층 서재가 그의 수직상승의 한 상징이라고까지 말한다. 정원과 센 강 맞은 편 강둑까지 내려다 보이는 이곳에서 그의 절대적 시각이 싹텄다는 것이다(*L'Idiot II*, 1879).

르의 전략은 그의 문학의 시작이었던 것이다.

　세 번째 사법시험을 앞두고 극심한 불안과 고통에 시달리던 플로베르는 퐁 레베크의 발작 이후 일단 정신적, 육체적 평온을 되찾았다. 이 평온은 피비린내 나는 싸움을 통해 얻어진 값진 승리였다. 이 승리는 그로 하여금 부르주아적 존재에서부터, 자기 운명에서부터, 그리고 시간에서부터 빠져나오도록 허락해 주었다. 보통 인간들의 일반적인 목표를 포기함으로써 그는 수치심에서 해방될 수 있었다. 보통 인간들과 목표를 같이할 때, 그 목표를 이루지 못한다는 것은 크나큰 인간적 수치이다. 그러나 아예 그 목표를 포기해 버리고 목표의 차원을 달리할 때, 그는 인간적인 수치심에서 해방될 뿐만 아니라 오히려 자신이 남보다 더 우월한 인간이라는 선민 의식까지 갖게 된다. 그런데, 거꾸로 보통 인간들과는 달리 선택된 인간이 되기 위해서는 보통 인간들의 목표를 포기해야만 한다. 인간은 이것도 저것도 모두 다 가질 수는 없다. 자신이 원하는 어떤 것을 갖기 위해서는 다른 어떤 것의 희생이 있어야만 한다. "y가 태어나기 위해서 x는 죽어야 한다(x se meurt pour que y naisse)"(*Miroir*, 399). 이것이 그 유명한 사르트르의 패자승(敗者勝), '지는 자가 이기리라(Qui perd gagne)'의 도식이다. 이때 잃은 것은 실재이고 얻은 것은 비실재이다. 다시 말해서 잃은 것은 현실 생활이고 얻은 것은 문학이다. 사르트르는 플로베르의 첫 번『감정 교육』이 '패자승'의 주제를 담고 있음을 발견하고, 플로베르와 예술과의 관계야말로 그의 신경증의 수수께끼를 푸는 열쇠라고 보았다.

첫 번『감정 교육』의 '패자승(Qui perd gagne)'이 바로 그것이다. 즉, 현실의 차원에서 패하지만 곧 비실재의 차원에서 승리하게 된다는 뜻이다. 이것이야말로 플로베르가 1845년에 자신의 신경병에 부여하게 될 깊은 의미이다. [⋯] 플로베르와 예술과의 관계는 그의 신경병의 신비를 푸는 열쇠이다. (*L'Idiot II*, 2009)

그러니까 실패의 행동은 '패자승'의 도식을 성사시키기 위한 필수적 과정이다. 삶에서의 실패는 문학에서의 승리를 의미한다. '사느냐 죽느냐'의 햄릿적 도식은 플로베르에서 '사느냐 쓰느냐(écrire ou vivre)'의 도식으로 바뀐다.

그러나 쓰느냐, 사느냐 중에서 하나를 선택해야만 한다. (*Miroir*, 149)

파칼리는 사르트르에게서도 플로베르와 마찬가지로 '패자승' 개념이 순수문학을 위한 전략임을 밝혀낸다. 그녀에 의하면『구토(La Nausée)』에서 질병과 글쓰기는 같은 값을 지니고 있다.

처음부터, 비록 부정적인 형태이기는 하지만, 글쓰기와 질병의 관계는 서로를 존중하는 관계로 나타난다. (*Miroir*, 126)

예컨대, 병에서 치유되었기 때문에 일기 쓰는 일을 포기했다는『구토』의 다음 구절은 '글쓰기＝질병(écriture=maladie)'의 관계를 보여 주는 좋은 예이다.

나는 치유되었다. 그래서 예쁜 새 공책에 일기를 쓰는 소녀처럼 그날 그날의 인상을 적는 일을 포기했다.[17]

또 『말들』에서 사르트르는 글쓰기의 욕구가 삶의 거부를 내포하고 있다고 말함으로써 사는 것과 쓰는 것이 정반대의 사실임을 보여 주었다.

글쓰기의 욕구는 삶의 거부를 내포하고 있다.[18]

구토를 일종의 신경증, 즉 병으로 본다면 『구토』의 로캉탱 (Roquentin)이 자주 구토증을 느꼈다는 것은 벌써 문학과의 관계를 의미하는 것이다. 로캉탱이 구토증의 침입을 받았다는 것은 그가 예술을 선택했다는 의미라고 파칼리는 말한다.

로캉탱이 벤치 위에서 구토의 침입을 받았을 때, 그는 그것을 의식했 건 아니건 간에 벌써 예술을 선택한 것이다. (Miroir, 177)

'패자승'의 도식은 『집안의 백치』 제3권에서 19세기 낭만주의 후

17 Jean-Paul Sartre, La Nausée (folio Gallimard, 1972[1938]), p. 7.
18 Sartre, Les Mots, p. 159.

기 작가들의 실패의 선택을 해석하는 데 유용한 도구로 사용된다. 그들은 순수문학, 절대예술을 얻어 내기 위해 일부러 인간으로서의 실패, 작가로서의 실패, 작품의 실패를 자초했다는 것이 사르트르의 생각이다. 사실 오늘날에도 우리는 막연히 위대한 작가는 정신병자와 가깝고, 순수예술가는 생활에서 실패하고 인생에서 낙오해야 한다는 등의 생각을 하고 있는 게 사실이다. 예술과 현실이 함수 관계를 이루고 있다는 관념은 인생이 하나의 전체를 이루고 있으며, 그 정해진 크기의 전체 안에 각개의 부분들이 배분된다는 생각에서 나왔을 것이다.

그렇다면 생활에서 실패하고 인생에서 낙오하는 것은 더 큰 것을 얻기 위한 전략적인 패배가 된다. 그것이 플로베르의 전략이었다. 그러나 그는 인생에서 실패함으로써 예술의 승리를 이루었던가? 플로베르가 위대한 소설가로 자리매김된 문학사적 상식을 거스르며 사르트르는 부정적인 결론을 내린다. 예술에서 승리했다고 믿었던 것은 한갓 꿈에 불과했고, 문학에 바쳐진 일생은 쓸데없는 것으로 판명되었다. 예술가는 상상을 유지하려고 애쓰지만, 상상은 언제나 현실의 침입을 받고 현실에 패배한다. 상상에 대한 현실의 우위는 견고하고 끈질기다. 그러니까 '지는 자가 이기리라'의 전략은 그냥 '지는 자가 지는' 게임으로 끝나고 말았다. 사르트르는 플로베르를 숭배하던 젊은 날의 자신의 속마음을 애써 억제하고 있는지도 모른다. 그러나 차라리 이 결론은 상상에 대한 현실의 견고한 우위에 깊이 좌절감을 느꼈던 집필 당시의 심리 상태를 반영하고 있다는 것이 정확한 판단일 듯싶다.

　작가 플로베르의 인생에서 가장 중요한 분기점의 역할을 하고 있는 신경증을 사르트르가 어떻게 해석하고 있는지를 고찰하는 것은 사르트르 자신의 예술관을 아는 데에도 매우 중요한 지표가 된다. 플로베르를 그리고 있으면서 실은 자기 자신을 그리고 있는 사르트르의 모습이 발견되기 때문이다. 그는 플로베르의 간질 발작이 작가의 인생을 둘로 가르는 분수령이 되었다고 보고, 거기에 새로운 시작의 의미를 부여했다. 이 사건을 단순히 작가의 탄생의 계기로만 보는 것이 아니라, 작가 스스로가 전략적으로 선택한 의도적 실패라고 했다. 즉 '지는 자가 이기리라'의 의도적 행동으로 본 것이다. 따라서 그는 플로베르의 병이 기절적인 간질의 발작이라기보다는, 자신 없는 일 앞에서 그 일을 하지 않기 위해 무의식적으로 고안해 내는 어떤 신체 증상, 즉 자기방어 기제(mécanisme d'auto-défense)라고 생각한다. 이어서 그는 플로베르의 간질 발작에 숨어 있는 욕구들, 즉 물질성이나 수동성에 대한 향수, 죽음의 유혹, 시간성의 거부 같은 것들을 밝혀냈다. 그러나 우리는 아직 플로베르의 전략 속에 감추어진 가장 은밀하고도 강력한 욕구, 즉 친부살해의 욕구를 언급하지 않고 있다. 이것은 사르트르의 정신 구조 속에서도 역시 가장 깊고 중요한 테마인 것이다.

Chapter 2

Parricide

아버지 죽이기

1. 아버지의 저주

앞에서 전략의 이분법적 성격을 고찰하면서, "죽은 것은 [⋯] 아직 건강한, 그러나 아버지의 저주에 시달렸던 젊은이였다"(*L'Idiot II*, 1861)라는 사르트르의 문장을 제시한 바 있다. 아버지의 저주라는 것은 무슨 뜻일까? 그것은 모든 책임을 아버지에게 돌리는 관점이다. 플로베르의 극단적인 소극성, 우울증, 인간혐오, 행동 기피, 그리고 간질 발작의 신경 증세에 이르기까지 모든 것이 아버지 때문이라는 시각의 단적인 표현이다. 사르트르는 수동성과 아버지의 저주가 플로베르의 숙명이었다고 단정한다.

> 귀스타브의 숙명은, 죽을 때까지 그의 인생을 결정지은 아버지의 저주와 후천적 수동성이라는 두 근원을 갖는다. (*L'Idiot I*, 780)

아버지 플로베르는 차남의 진로를 법학으로 정해 주었다. 그는 자기 자녀들, 또는 자기 가문에 대해 빈틈없는 계획을 세워 놓았다. 자기 자신은 연구를 게을리하지 않는 유능한 외과의사였고, 그 직업이 돈을 많이 벌게 해 주어 여기저기 땅을 사고 별장도 구입했다. 자신은 가난한 시골 수의사의 아들로 태어났지만, 자기 자신에게서부터 명문 플로베르가가 시작될 것이다. 가문의 영속성을 위해서는 자식들을 가문의 영예에 합당한 인물로 키워 놓아야 한다. 그것을 위해서는 치밀한 계획이 필요하다. 그래서 그는 장남에게 의사, 차남에게 변호사라는 직업을 미리 선택해 놓았다. 그러나 자식에 대해서 아버지가 어떤 계획을 세울 때, 그것은 아버지의 입장에서는 단순한 계획이지만 자식에게는 그대로 운명이 된다(*L'Idiot I*, 107).

운명이라는 것은 미래가 완전히 결정되었다는 의미이다. 자기 의지로 아무것도 변경시킬 수 없으므로 그것은 자유와 정반대의 개념이다. 아버지가 강요하는 법학 공부는 단순히 법학 공부 자체만을 의미하는 것이 아니다. 그것은 그의 미래, 그의 가능성의 한계를 결정짓는 것이다. 다시 말해서 그의 운명, 그의 존재가 영원히 하나의 모습으로 굳어지는 것이다. 그 모습은 다름 아닌 부르주아로서의 삶이다. 18세 때 그는 친구 에르네스트에게 보낸 편지에서 자신의 정해진 미래에 대해 다음과 같이 말했다.

그러니까 나는 이 사회의 구멍을 틀어막는 사람이 될 것이다. 나는 거기서 내 자리를 채울 것이다. 점잖고, 교양 있고, 여하튼 좋다는 것은 뭐든지 될 것이다. 나는 다른 모든 사람들과 똑같은, 예의 바른 사람이 될 것이다. 변호사, 의사, 군수, 공증인, 소송대리인, 판사 등등. […] 나는 법학을 공부할 것이다. 그것은 나를 모든 것에 인도하기는 커녕 아무것에도 인도하지 않을 것이다.[19]

'구멍을 틀어막는 사람', 즉 '틈막이(bouch-trou)'라는 단어에 유의할 필요가 있다. 이 말은 어떤 빈자리를 메우기 위해 임시변통으로 갖다 놓은 물건, 또는 사람을 가리킨다. 빈자리가 먼저 있고, 그것을 채우기 위해 사람이 나중에 온다. 사람은 빈자리를 메우기 위한 수단에 불과하다. 자리에 대한 사람의 소외이다. 사르트르는 이것을 부르주아의 운명이라고 보고 부르주아 혐오의 한 근거로 삼는다. 플로베르는 의사, 변호사, 검사, 소송대리인, 공증인, 군수, 판사 중에서 어떤 것이 반드시 되어야만 했다.

그는 자신을 기다리고 있는 이 부르주아의 운명을 참을 수가 없었다. 어떤 개념의 틀 속에 갇혀 정형화되는 것을 두려워하고 규정 불가의 자유 상태를 갈망하던 플로베르에게는 특정의 직업을 가져야 한다는 결정이 마치 커다란 모암(母岩) 속에 갇히는 것만큼이나 갑갑하고 숨 막히는 일이었다. 그 직업들의 기능과 관습이 자신의 미래를 영원히 규정해 놓는다는 것에 그는 분노했다. 부르주아들에

---

19 *Correspondance*, A Ernest Chevalier, 23 juillet 1839.

게 미래는 결코 가슴 떨리고 희망찬 미지의 불가능성이 아니다. 그것은 아버지 또는 다른 부르주아들의 인생의 답습일 뿐이다. 이 반복의 타성태(惰性態)를 그는 참을 수 없었다. 형 아실은 이런 의식이 전혀 없었지만 귀스타브는 일찍이, 자기가 가고 있는 길의 끝에서 자기를 기다리고 있는 '이미 굳어진 목표(inerte objetif)'(*L'Idiot II*, 1478)를 간파했다. 그러니까 그를 기다리고 있는 부르주아로서의 미래이고, 부르주아의 직업들은 그 자체가 아버지의 저주였다. 왜냐하면 그것은 아버지가 미리 결정해 놓은 것이므로.

> 그것은 새로운 형태의 아버지의 저주이다. 귀스타브는 공증인이 될 것이다. 사실은 지금 이미 되어 있는 것과 다름없다. 왜냐하면 그것은 아실클레오파스의 의지에 의해 예정되었기 때문이다. (*L'Idiot II*, 1480)

2. 전략과 친부살해

아버지의 저주에 대한 반항이 간질 발작으로 나타났다는 것이 사르트르의 가설이다. 감히 드러내 놓고 말로 반항을 표명할 수 없으므로 그것을 몸으로 표현했다는 것이다. 그러니까 병의 발작은 아버지와의 대화의 한 특이한 형태인 셈이다.

전략은 아버지와의 대화, 바로 그것이다. 입 밖으로 발설할 수 없는 말이 신체 증상으로 대신 나타난 것이다. (*L'Idiot II*, 1920)

그가 입 밖으로 발설할 수 없었던 말을 사르트르는 다음과 같이 상상해 본다.

"당신이 나를 이렇게 만들어 놓았소." (*L'Idiot II*, 1883)

"당신은 나를 고문한다. 그러나 나는 당신이 내게 부과한 운명을 위해 태어나지 않았다. 당신도 나와 똑같은 꼭두각시일 뿐이다." (1884)

그러니까 플로베르의 간질 발작은 아버지의 권위를 파괴하겠다는 은밀한 의도를 숨기고 있다. 이런 점에서 퐁 레베크 사건은 아버지의 권위 실추의 상징이다. 아들은 아버지의 권위에 도전하고 감히 아버지에게 반기를 들었다. 그러나 수동적 인간인 귀스타브는 그것을 공공연하게 말로 표현할 수 없었다. 그래서 우선 자기를 죽임으로써 자기를 만들어 놓은 아버지에게 치명타를 가하는 우회의 방법을 썼다. 마치 엄마를 벌주기 위해 밥 먹기를 거부하는 어린아이의 방법과 같은 것이다. 그래서 사르트르는 플로베르의 병이 복수를 위한 자기징계의 성격을 띤다고 말한다.

복수를 위한 자기징계의 주제는 당연히 44년 1월 그의 신경증 행동의

주요 주제 중의 하나가 되었다. (*L'Idiot II*, 1889)

사르트르는 플로베르가 청소년기에 자주 보였던, '정신 나간 멍한 상태(hébétude)'에서도 이러한 자기 파괴 현상을 본다. 그가 '자기 암시적 부재주의(absentéisme pithiatique)'라고 이름 붙인 이 망연자실의 근본적 의미를 그는 원한에 찬 복종이라고 본다. 즉 반항을 할 수 없어 복종은 하지만, 그러나 더 이상 상식적 의미로서의 삶을 살지 않겠다는 의미라고 했다. 사르트르는 플로베르의 망연자실의 의도를 다음과 같이 가상한다.

당신은 내게 불가능한 인생을 주었다. 좋다. 당신에게 복종하겠다. 그러나 나는 살기를 그치겠다. (*L'Idiot II*, 1201)

그러나 여기서 살기를 그친다는 것은 정말 죽는다는 이야기가 아니라 엑스터시의 상태에서 유사 죽음을 이룬다는 뜻이다. 따라서 이것은 진짜 자기 파괴가 아니라 상상 속에서 수행되는 자기파괴이다.

이 씁쓸한 도취 상태는 그러니까 자기파괴의 상상적인 수행이다. (Ibid.)

1844년 1월의 사건도 자기파괴의 상상적 수행이기는 마찬가지이다. 사건의 치명적인 성격으로 자기파괴의 강도가 한층 높아졌고, 따라서 아버지에게 치명타를 가하게 된 것이 다를 뿐이다. 플로베르에게 있어서 신경증은 은밀한 자살의 기도였다. 그런데 인간 심리에서 모든 자기징계가 타인에 대한 원한의 발로이듯이 자살도 대부분은 타인을 죽이고 싶은 살해 욕구의 반영이다. 사르트르가 플로베르의 간질 발작을 위장된 살해, 또는 이중의 암살로 보는 이유가 여기에 있다.

44년 1월의 자살 모방은, 다른 모든 실제의 자살이 그렇듯이, 위장된 살해이다. [···] 이중 암살의 희생자인 청년 귀스타브와 그의 아버지. (*L'Idiot II*, 1909)

이제 드디어 친부살해의 주제가 떠오른다. 간질 발작 자체가 진짜 죽음이 아니라 죽음의 모방, 또는 상상적인 실행이듯이 아버지의 살해도 물론 진짜 살해가 아니라 상징적, 형식적이다. 사르트르는 이것을 '의식적(儀式的) 친부살해(le meurtre rituel du pére)'(*L'idiot I*, 119; *II*, 1899)라고 명명한다.

친부살해의 원형은 고대 그리스의 오이디푸스 신화이다. 프로이트는 이 신화에서 아들이 어머니를 사랑한다는 오이디푸스 콤플렉스의 이론을 끌어냈지만, 또 한편으로는 이것을 인류의 역사 발전에까지 확대시켜 역사 발전 단계의 한 요인으로 삼았다. 『모세와 일신교』[20]의 내용이 그것이다.

---

20 Sigmund Freud, *Moïse et le monothéisme*, tr. Anne Berman (Gallimard, 1948).

프로이트는 「도스토옙스키와 친부살해(Dostoevsky and Parricide)」[21]라는 글에서 도스토옙스키의 간질도 이 친부살해 욕구의 도식으로 설명했다. 사르트르의 플로베르 분석은, 신경증 및 아버지와의 관계에 관한 한 프로이트의 이 두 저서를 대상만 바꿔 그대로 옮긴 듯한 인상이다. 그는 플로베르와 어머니의 관계를 과소평가함으로써 오이디푸스 삼각형을 무시했고, 프로이트의 무의식도 인정하지 않았다. 그러나 유독 친부살해의 부분에서만은 프로이트의 두 저서와 너무나 일치하고 있다. 『집안의 백치』에 나오는 친부살해의 예화들은 마치 프로이트의 『모세와 일신교』의 개념들을 대중화하기 위한 시도로까지 보일 정도이다. 모세라는 용어의 선택이 우선 프로이트를 강하게 연상시킨다. 『말들』에서 할아버지를 모세로 비유했듯이 플로베르의 아버지에게도 모세라는 호칭을 자주 쓰고 있다 (예컨대 L'Idiot II, 1909).

사르트르는 플로베르의 친부살해가 세 가지 방식으로 전개되었다고 말한다. 첫째 아버지를 여성화하고, 둘째 의사로서의 아버지를 웃음거리로 만들고, 마지막으로 아버지 사후에 아버지의 자리를 차지한다는 것이다.

아들이 쓰러져 병자가 된 후 중세의 영주처럼 권위주의적이고 독선적인 무서운 아버지는 아들을 따뜻하게 보살폈다. 그것은 갓난아기를 다루는 어머니의 손길 같은 여성적인 보살핌이었다. 이처럼

---

21 Sigmund Freud, "Dostoevsky and Parricide," in Ernest Jones, ed., *Collected Papers* (New York: Basic Books, 1959), pp. 222-42.

'생식자(géniteur)를 생식녀(génitrix)로' 바꾸어 가부장(pater familias)의 지위를 박탈하는 것, 이것이야말로 전략의 첫 번째 의도라고 사르트르는 생각한다.

자식에게 소홀하고 부당한 이 무섭고도 남성적인 모세를 어머니처럼 만드는 것, 그래서 마치 플로베르 부인이 하듯이 자기 아들을 섬세하게 손으로 보살피게 하는 것이 전략의 한 의도였다. [⋯] 생식자를 생식녀로 바꾸는 것, 이것은 결코 작은 문제가 아니다. (L'Idiot II, 1899)

두 번째로, 아들의 병에 대한 플로베르 박사의 진단이 자꾸 어긋났고, 병을 잘 고치는 유명한 의사라는 명성이 아들의 병 앞에서는 속수무책이 되었다. 그러므로 아들의 전략은 그 자체로 아버지에 대한 치명타였다.

세 번째, 아들은 아버지의 자리를 대신 차지했다. 아버지의 죽음 후 귀스타브가, 앓고 있는 누이를 보살피고 형의 병원장 취임을 위해 고위 관리나 원로 의사들을 만나는 등 동분서주했다는 사실이 이것을 뒷받침한다. 아버지의 죽음 직후에 왕성한 활동을 했다는 것은 가장의 역할을 스스로 떠맡아 자기가 아버지의 자리를 차지했음을 의미한다. 죽음으로 딱딱하게 굳어진 아버지를 대신하여 그가 아버지의 피와 살이 된 것이다.

며칠간이나마 자기가 아버지를 대신함으로써 귀스타브는 아버지에게서 해방될 수 있었다. 죽어서 땅속에 묻힌 아버지는 1844년

1월의 귀스타브처럼 딱딱하게 몸이 굳어 누워 있는 한갓 횡와상(橫臥像, gisant)에 불과했다. 가학적이고 난폭하던 아버지의 의지는 이제 요람 속에 누워 있는 어린아이의 변덕만큼이나 아무런 중요성이 없다. 그래서 아들은 아버지의 자리를 대신 차지하고 마치 갓난아기처럼 되어 버린 자기 아버지의 아버지가 된 것이다. 이것을 사르트르는 '의식적 친부살해'라고 부른다.

> 다시 말해서 오래 기다려 왔던 이 주요한 사건은 그에게는 의식적인 친부살해로서 체험되었다. 모든 인간의 아들들처럼 그에게도 자기를 낳은 아버지를 죽이고, 그를 제거하기 위해 한 순간이나마 그의 자리를 차지하는 일이 필요했다. (Ibid.)

아버지가 죽은 것은 귀스타브가 퐁 레베크에서 간질 발작을 일으킨 지 만 2년 후인 1846년 1월 15일이다. 플로베르는 아버지의 장례식 직후에 자기 병이 나았다고 선언하면서, 아버지의 죽음이 마치 무사마귀를 없애 주는 화상(火傷)과도 같았다고 했다. 그리고 평소의 폐쇄적 성격에 어울리지 않게, 출산 후유증을 앓고 있는 동생 카롤린(Caroline)과, 병원장 승계 문제를 앞에 둔 형 아실을 걱정하며 그들 문제로 활발하게 움직이고 있음을 시사했다. 친구 에르네스트에게 보낸 편지 속에서였다.

> 모든 것[아버지의 장례]이 보름 전에 끝났다. [⋯] 여기저기 쫓기는

일이 많아 마음이 몹시 조급하다. [···] 카롤린은 딸을 낳았다. 그러
나 산후에 지독한 열병에 걸렸다. [···] 형의 문제도 매우 힘든 일이
다. [···] 이 모든 일을 내가 맡아 하고 있다. 그 속에서 내 신경은 너
무나 혹사되어 차라리 둔감해질 지경이다. 그것[아버지의 죽음]은 아
마도 내게는, 무사마귀를 제거해 주는 화상과 같은 효과가 있었나
보다.[22]

아버지가 죽은 지 2개월 후에는 사랑하는 누이동생 카롤린이
출산 후유증으로 죽었는데 그는 슬픔을 표시하기는커녕 해방감과
의욕을 나타냈다. 그리고 아버지의 죽음 6개월 이후부터는 고급 창
녀 루이즈 콜레를 연인으로 삼아 성생활을 재개했다.

아버지 사망 후 경미한 발작은 있었으나 별 심각한 것이 아니
었고, 빈도도 차츰 줄어서 1847년에는 1년 동안 겨우 세 번의 가벼
운 발작만이 있었다. 병세가 호전되어 몇 년 만에 병은 완전히 나았
다. 그런데 중요한 것은 왜 그가 아버지의 장례를 치르고 나자마자
병이 나았다고 자신 있게 선언했느냐 하는 것이다. 누이 카롤린의
죽음에 대한 그의 반응도 매우 수상하다. 카롤린은 그의 누이동생
이라기보다는 어릴 때부터 함께 놀던 소꿉동무와도 같은 사이였다.
그 누이동생이 자기 친구인 아마르(Hamard)와 결혼하기로 했을 때
그는 심한 질투를 느꼈다. 그의 간질 발작은 두 사람의 약혼 발표와

---

22 *Correspondance*, A Ernest Chevalier, fin janvier 1846 (*L'Idiot II*, 1979 재인용).

비슷한 시기여서 사르트르는 카롤린도 플로베르의 전략의 한 요인일 것으로 간주하고 있다. 그러한 누이동생이 아버지가 죽은 지 2개월 만인 1846년 3월 21일 딸을 분만한 직후에 죽었다. 그런데 그는 한 달 후 친구 막심 뒤캉(Maxime Du Camp)에게 보낸 편지에서 마치 승리의 고함소리라도 치듯 일의 의욕을 보인 것이다.

최근의 불행들은 나를 슬프게 했다. 그러나 나를 놀라게 하지는 않았다. 내 감정을 조금도 흐트러뜨림이 없이 나는 그 불행을 예술가로서 분석해 보았다. […] 나는 이제 일을 할 수 있을 것 같다. 마침내! 마침내! 이제부터는 오랫동안 미친 듯이 일에만 열중하고 싶다.[23]

이 의기양양한 어조를 사르트르는 친부살해의 시각에서 해석한다. 형과 어머니가 남았지만 형은 찬탈자, 어머니는 대변인에 불과하므로 전혀 두려워할 필요가 없다. 다시 말하면 정신병의 트릭 같은 것은 쓸 필요가 없다.

아버지가 그의 신경증의 원인이었다는 더 분명한 증거는 루이즈 콜레와의 관계이다. 1844년 발작 이래 플로베르는 성관계를 가질 수가 없었다. 히스테리적 거세였다. 45년 여름에 조각가 프라디에(Pradier)가 플로베르에게 정부(情婦)를 하나 두고 '정상적인 생활'을

---

23 *Correspondance*, A Maxime Du Camp, 7 avril 1946; *Extraits de la Correspondance ou Préface à la vie d'écrivain* (Editions du Seuil, 1963), p. 36. 이하, 뒤의 책은 '*Préface*, 36'처럼 약함.

할 것을 권고했으나 그는 그 제의를 거절했다. 그런데 46년 1월 아버지가 세상을 뜨자 플로베르는 6개월도 채 못 되어서 프라디에의 아틀리에를 찾았고 7월 말에 루이즈 콜레가 그의 정부가 되었다. 아버지가 거세 공포의 대상이라는 프로이트의 가설에 그대로 들어맞는 현상이다.

> 모든 것이 마치 아실클레오파스가 정말 거세자라도 된다는 듯이 진
> 행되었다. (*L'Idiot II*, 1896)

그러나 모든 것이 프로이트의 도식에 너무나 잘 들어맞는 것이 오히려 사르트르의 가설의 작위성을 느끼게 한다. 그는 친부살해라는 흥미로운 도식에 맞추기 위해 플로베르의 에피소드들을 지나치게 왜곡하여 해석한 것은 아닐까? 헤이즐 반스(Hazel Barnes)의 반론은 그런 점에서 설득력이 있다. 그는 플로베르의 아버지가 아들의 치료를 위해 어머니처럼 상냥하게 되었다는 것, 이처럼 생식자를 생식녀로 바꾼 것이 전락의 친부살해적 의도라는 것 등 사르트르가 세운 가설에 이의를 제기한다. 역할의 전환은 남성에서 여성으로의 전환이 아니라, 단순히 일반 환자를 치료하던 의사가 자기 아들을 치료하는 부모로 바뀌었을 때의 상태가 아니겠느냐는 것이다.

> 나는 이 견해에 동의할 수 없다. 역할의 전환은 남성에서 여성이 아
> 니라, 환자를 치료하는 존경 받는 의사에서 자기 아들을 치료하는 부

모로 돌아왔다는 의미이다.[24]

아버지와 누이동생의 죽음 후에 슬픔보다는 해방감을 표시했다는 점에 있어서도 반스는 우리 누구나 가까운 사람의 죽음에서 순수한 슬픔과 동시에 해방감을 느낀다는 사실을 제시한다.

해방감과 안도감은 순수한 슬픔과 양립불가능한 것이 아니라는 사실을 우리는 상기할 필요가 있다.[25]

반스의 해석이 훨씬 더 사실적으로 들린다. 아버지의 죽음에서 느끼는 해방감이 친부살해의 욕구를 증명한다는 사르트르의 주장은 지나치게 프로이트의 도식에 맞추려는 무리한 주장인 듯 보이기도 한다.

3. 『수도사 성 쥘리앵』

사르트르는 다른 연구가들이 별로 주목하지 않았던 플로베르의 청소년기의 작품을 자세히 분석함으로써 플로베르 연구에 크게 기여

---

24 Hazel E. Barnes, *Satre and Flaubert* (Chicago: University of Chicago Press, 1981), p. 320.
25 Ibid., p. 231.

했다. 그러나 그는 플로베르의 성인기의 작품들을 거의 묵살했다. 『보바리 부인』을 『집안의 백치』 제4권에서 다루겠다고 예고한 것이 성인기 작품에 대한 유일한 관심 표명이었다. 그러나 그것도 실현되지 않았다. 그런데 유일한 예외가 있으니, 그것은 『수도사 성 쥘리앵의 전설(La Légende de Saint Julien l'hospitalier)』이다. 그는 이 작품에 대해서는 많은 부분을 할애하여 분석을 시도하고 있다. 이유는, 이 작품이 친부살해의 주제를 담고 있기 때문이다. 사르트르는 수도사 성 쥘리앵을 플로베르와 동일 인물로 본다. 그리고 플로베르의 간질 발작과 쥘리앵의 친부살해를 똑같은 것으로 본다.

> 그것은 성 쥘리앵 전설의, 그리고 앞으로 우리가 보겠지만, 플로베르
> 의 간질 발작의 또 다른 의미이다. 즉 귀스타브가 어떻게 구원을 받는
> 가를 보여 주는 일이다. [⋯] 다시 말해서 플로베르의 새로운 상징인
> 쥘리앵은 친부살해에도 불구하고가 아니라 이 친부살해 덕분에 자
> 신을 구원할 것이다. (*L'Idiot II*, 1906)

친부살해'에도 불구하고'가 아니라 친부살해 '덕분에' 쥘리앵이 성자가 되었다는 해석은 사르트르의 숨은 의도를 잘 보여 준다. 플로베르와 쥘리앵을 동렬에 놓음으로써, 성자가 되기 위해서는, 즉 작가가 되기 위해서는 친부살해가 선행해야 한다는 강한 암시이기 때문이다. 그리고 '구원(salut)'이라는 말에서 볼 수 있듯이 사르트르가 문학을 구원으로 생각한다는 것도 동시에 확인할 수 있어 흥미롭다.

단편『성 쥘리앵』의 줄거리는 다음과 같다. 사냥을 몹시 좋아하던 쥘리앵에게 어느 날 죽어가는 사슴이 사람의 목소리로 예언을 한다. "너는 네 아비와 어미를 죽일 것이다." 그 후 쥘리앵은 이 장면이 자꾸만 떠올라 고통스럽다. 걸려 있는 램프가 흔들리는 것을 보고도 커다란 검은 사슴이 눈앞에 떠올라 가슴이 철렁하곤 했다. 사슴의 예언이 그를 괴롭혔다. 그는 그 예언에 반박하여 소릴 질렀다. "아니야! 절대 그럴 리 없어! 나는 우리 부모를 도저히 죽일 수 없는 거야!" 그러나 이어서 이런 생각이 들었다 "하지만 만일 내가 그것을 원한다면?" 그는 악마가 그에게 이런 욕구를 불어넣어 주지 않을까 두려워졌다.[26]

사르트르는 이 대목에 큰 의미를 부여한다. 그리스 신화의 오이디푸스는 자기 아버지라는 사실을 전혀 모르고 아버지를 죽였지만 현대의 오이디푸스는 아버지 살해라는 범죄에까지 이르지는 않지만 마음속으로는 이미 살인을 저지른 죄인이다. 신화의 오이디푸스가 결백한 범죄자라면 현대의 오이디푸스는 결백한 외관에도 불구하고 실질적인 범죄자인 셈이다. 이것이 프로이트의 오이디푸스 콤플렉스이다.

플로베르는 마치 프로이트를 예고하기라도 하듯이 자기 주인공의 숨겨진 욕구를 정확히 간파하고 있다. 사슴의 예언에 시달리던 쥘리앵에게 그 예언을 실현시킬 뻔한 우연한 사건이 여러 번 일어난

---

26 Gustave Flaubert, *La Légende de Saint Julien l'hospitalier* (Pléiade Gallimard, 1975) 참고.

다. 벽에 걸린 칼을 잡으려다 놓친 것이 아버지의 목을 자를 뻔한 적도 있고, 날아가는 새를 향해 쏜 화살이 어머니의 보닛 모자에 꽂힌 적도 있다. 이 우연들이 그의 어두운 욕구를 반영하는 것이 아니라고 누가 자신 있게 말할 수 있을까? 쥘리앵은 그래서 아예 사냥을 하지 않으려고 했다. "짐승에 손을 대지 않으면 내 부모의 생명도 안전할 것이다." 하지만 갑작스럽게 살육의 충동이 되살아나는 순간들을 어떻게 해석해야 할까?

그는 마침내 원인을 알 수 없는 이상한 병에 걸려 몸져눕는다. 3개월 동안 그의 어머니는 비탄에 잠겨 아들의 침대 머리맡에 앉아 기도했고, 아버지는 신음 소리를 내며 복도를 왔다갔다 걸어 다녔다. 그는 유명한 의사들을 불렀고, 그들은 약을 많이 처방해 주었다. 쥘리앵의 병은 불길한 바람을 맞았거나 아니면 상사병이라고 그들은 진단했다. 그러나 청년은 무슨 질문에도 머리를 흔들기만 했다.

이 원인을 알 수 없는 병을 사르트르는 친부살해의 욕구로 해석한다. 그리고 쥘리앵의 이 이해할 수 없는 신경병을 플로베르의 그것과 동일시한다.

우리는 이 이해할 수 없는 신경병을 어디선가 본 적이 있다. 그것은 어떤 무서운 밤이 지난 후 플로베르를 갉아먹기 시작한 병이 아닌가. (*L'Idiot II*, 1905)

마침내 쥘리앵은 집을 나간다. 아버지의 집을 영원히 떠나 다른 나라 왕의 사위가 된 쥘리앵은 심한 우울증에 빠진다. 아마도 사냥을 하지 못해서인 것 같다. 그는 사냥에서 완전히 손을 떼었는데, 그것은 '짐승의 운명에 양친의 운명이 달려 있기' 때문이었다. 그는 이 무서운 생각을 아내에게 이야기했다. 그런데 짐승을 죽이고 싶다는 생각이 너무나 커져서 그는 도저히 그것을 참고 견딜 수가 없었다. 그렇다고 양친을 죽게 할지도 모른다는 두려움이 감소한 것은 절대로 아니었다. 그 공포는 마음 한구석을 여전히 차지하고 있었다. 어느 날 밤 그는 다시 한 번 살육의 충동을 이기지 못해 사냥을 떠났다. 마음은 어둡고, 벌써 어떤 죄의식을 느꼈으나 이미 자신의 충동을 거역할 수가 없었다.

이 사냥에서 돌아와 그는 자기 부모를 죽이게 된다. 집을 나간 아들을 늘 못 잊어 하던 쥘리앵의 부모는 마침내 쥘리앵이 사는 성을 찾아내고, 그가 사냥 떠나고 없는 사이에 성으로 들어간다. 며느리에게 자신들의 신분을 밝히자, 며느리는 그들을 공경하는 마음에서 자신들의 부부 침대를 그들에게 내어준다. 난폭한 사냥으로 극도의 흥분 상태가 되어 들어온 쥘리앵은 자기 아내의 입술에 키스하기 위해 침대에 얼굴을 숙였을 때 아내의 입술 대신 까칠까칠한 수염의 감촉을 느낀다. 분노로 미치광이가 된 그는 칼을 들어 침대 안의 두 사람을 죽인다.

따라서 살육의 직접 원인은 (오인된) 간음이다. "자기 아내와 함께 자는 남자(Un homme couché avec sa femme)!"라는 분노의 고함소리는 플로베르의 초기 작품에 자주 나오는 '내 어머니의 침대 속에서 자는 남자(Un homme couché dans le lit de ma mère)'라는 말에 그대로 대응한다. 여기에서 가장 고전적인 형태의 오이디푸스 콤플렉스가 나타난다.

쥘리앵의 범죄는 물론 외관상 우연한 사고의 형태를 갖고 있다. 사람을 잘못 본 착오에 의한 것이다. 하지만 그는 평생 이 죄를 저지르고 싶은 욕구가 생길까 봐 두려워하지 않았던가? 자신의 이런 나쁜 생각을 이길 자신이 없어서 아예 아버지의 집을 떠났던 게 아닌가? 그는 이 충동을 억제하기에 필요한 덕성도, 그리고 또 양친에 대한 충분한 사랑도 갖지 못했기 때문에 손쉽게 물리적으로 몸을 피해 있었던 것이다. 이 소설로 플로베르는 1844년 발작의 원인이 친부살해의 충동이었음을 고백했다고 사르트르는 주장한다.

> 그는 (이 소설로) 아실클레오파스를 죽이겠다는 갑작스럽고도 무서운 확신감을 44년 발작의 원인으로 제시한 셈이다. (L'Idiot II, 1904)

쥘리앵이 자살을 하려다 포기한 것도 이런 해석의 정당성을 한층 더 강화해 주는 것으로 사르트르는 생각한다. 원시사회에서는 친부살해 이후 아들들이 아버지의 육신을 먹음으로써 아버지와의 완전한 동일시를 이룬다. 후세의 상징적 친부살해에서도 아버지와의 동일시가 당연히 뒤따른다. 상징적 친부살해를 감행한 아들은 아버지 사후에 자기가 아버지 자리를 차지하고 스스로 아버지가 된다. 『성 쥘리앵』에서 그것은 쥘리앵의 자살 기도 에피소드로 나타난다.

엄청난 범죄를 저지른 후 회한에 사로잡혀 폐인이 된 쥘리앵은 자살을 하려고 물가에 선다. 그때 물속에 흰 수염이 달린, 비탄에 잠겨 수척한 늙은이의 모습이 나타났다. 그 비참한 모습에 그는 눈물을 참을 수가 없었다. 그것이 자기의 얼굴이라는 것을 깜박 잊은 채 그는 이 얼굴이 누구와 닮았다고 생각한다. 그리고 마침내 소리를 지른다. 그것은 그의 아버지였다. 그 길로 발길을 돌려 그는 더 이상 자살을 생각하지 않았다.

사르트르는 여기서 쥘리앵이 아버지의 자리를 차지했고, 아버지와 완전히 동일시되었다고 암시한다. 쥘리앵이 발길을 돌린 것은, 자기를 죽이는 것이 곧 아버지를 죽이는 것이라는 사실을 알았기 때문이다.

4. 잉여인간 사르트르

사르트르의 글 중에서 부자관계만큼 중요한 주제도 없다. 자서전 격인 『말들』은 말할 것도 없고 그의 거의 모든 소설과 희곡에서 부자관계는 큰 중요성을 차지하고 있다. 그는 태어나자마자 아버지가 사망하여 아버지의 존재를 몰랐고, 어머니와 함께 외조부 밑에서 어린 시절을 보냈다. 그의 실존주의적 존재론의 근거가 된 잉여(剩

餘, de trop)의 개념도 그의 아버지 부재에서 도출된 것이라는 주장이 매우 설득력을 갖는 이유이다. 잉여란 '쓰고 난 나머지'라는 뜻이다. 사르트르에게서는 자신의 존재가 정당화되지 않는 실존적 인간의 양태를 뜻한다. 사르트르 실존주의의 기본 개념인 잉여가 그의 아버지 부재로부터 비롯된 것이라면 부자관계는 사르트르 철학의 기초라고까지 말할 수 있다. 그런 점에서 플로베르가의 부자관계를 상세히 다룬 것은 『집안의 백치』가 플로베르의 전기라기보다는 사르트르의 자화상이라는 또 하나의 방증이 되는 셈이다.

우선 아버지에 대한 사르트르의 인식은 '아버지＝가부장＝모세'의 등식이다. 이것은 명백한 프로이트의 영향이다. 프로이트가 아버지 일반을 모세로 지칭했음은 앞에서 본 바와 같다. 그런데 『말들』에 나오는 사르트르의 외할아버지도 자주 모세로 지칭된다.

나는 난생 처음 가부장의 모습을 보았다. 그는 침울한 표정이었고, 나에게 관심을 기울이지 않는 만큼 더욱더 존경스러워 보였다. 그것은 새 법을, 즉 나의 법을 내리는 모세의 모습 바로 그것이었다.[27]

나의 법을 내게 부과한다는 것은 나의 자유를 구속한다는 뜻이다. 『집안의 백치』의 주인공 소년과 『말들』의 주인공 소년은 똑같이 봉건 영주의 가신의 모습으로 묘사되고 있다. 아버지는 아들의 자

---

27 Sartre, *Les Mots*, pp. 130-31.

유를 구속하는 악역으로 규정된다. 사르트르는 그것을 아들의 몸 위에 길게 드러누워 아들을 타고 누르는 아버지, 또는 아들의 등에 업혀 불길 속을 빠져 나가는 그리스 신화의 안키세스(Anchises)로 묘사한다.

> 만일 살았다면 나의 아버지는 내 몸 위에 길게 드러누워 나를 내리눌렀을 것이다. 다행하게도 그는 젊은 나이에 죽었다. 등에 안키세스를 업고 가는 아이네아스(Aeneas)[28]들 사이에서 나는, 평생 보이지 않게 자기 아들들 위에 타고 앉은 아버지들을 증오하며, 혼자 유유하게 강을 건넜다. 아버지가 될 시간도 없었던, 그리고 지금은 내 아들이 될 수도 없었던 그런 젊은이를 나는 내 뒤에 남겨 두고 앞으로 나아간다.[29]

아이네아스의 고사는 사르트르가 자기 친구 폴 니장(Paul Nizan)을 이야기하는 데에도 나온다.

---

[28] 아이네아스는 안키세스와 아프로디테 사이에서 태어난 아들로서 트로이의 공주와 결혼했는데, 트로이 성이 그리스의 침략으로 불에 탈 때 아버지 안키세스를 등에 업고 불길 속을 도망쳐 나왔다는 이야기가 전해 내려온다. 여러 학자들, 특히 사르트르가 이것을 인간의 원초적 부자관계의 상징으로 본다. 심리학자 라캉은 아이네아스의 불어 표기인 '에네(Enée)'를 발음이 같은 '태어남(est né)' 또는 '큰아들(長子, aîné)'로 해석하기도 했다.

[29] Sartre, *Les Mots*, p. 11.

늙고 침울한 안키세스를 그렇게나 오랫동안 등에 업고 다니기에 진력이 난 아이네아스는 단숨에 아버지를 내동댕이쳐 사지를 번쩍 쳐든 채 땅에 쓰러지도록 했다. 그는 자기 아버지를 죽이기 위해 서둘러서 남편과 아버지가 되었다.[30]

아버지가 자유의 정반대 개념이라는 것은 아버지의 죽음이 자기에게 자유를 주었다는 말에서 분명하게 드러난다.

장바티스트(Jean-Baptiste)[사르트르의 아버지]의 죽음은 내 인생의 큰 사건이었다. 그것은 내 어머니에게는 구속의 사슬을 주었지만 내게는 자유를 주었다.[31]

그는 이와 같은 부자관계가 어느 한 아버지의 개성의 문제가 아니라 모든 부자관계의 속성 그 자체라고 생각한다.

좋은 아버지가 있는 것이 아니다. 이것은 법칙이다. 개개인의 사람을 원망할 것이 아니라 부패한 부자관계를 원망해야 한다.[32]

30　Sartre, "Paul Nizan," in *Situations IV* (Gallimard, 1964), pp. 172-73. 이하, '*Situations IV*, 172-73'처럼 약함.
31　Sartre, *Les Mots*, p. 11.
32　Ibid.

이처럼 아버지의 죽음을 행운으로 보았지만 이 행운은 비싼 대가를 치러야만 했다. 사르트르는 자신의 존재를 정당화하지 못하고 자신이 잉여물임을 느낀다. 잉여의 개념이 아버지의 부재에 연결되어 있다고 본 것은 조제트 파칼리이다.

잉여는 『말들』에서 아버지의 부재와 연결되어 있다. (*Miroir*, p. 93)

사르트르에서 잉여의 개념이 아버지의 부재와 연결되는 것은 아버지와의 동일시(identification au père)를 통해서이다. 아버지가 아버지 노릇을 할 사이도 없이 죽었으므로 그는 싸우지도 않고 어머니를 독차지할 수 있었다. 그러나 그 투쟁의 과정이 없다는 것은 그를 불완전한 오이디푸스로 만들어 주었다. 가장 심각한 것은 자신을 무(無, néant)와 동일시하게 된 것이다. 프로이트의 도식에 의하면 친부살해 이후에 아버지와 동일시를 이루는 것이 필연적인 순서인데, 동일시를 해야 할 아버지는 한번도 본 적이 없다. 그것은 부재일 뿐이다. 그렇다면 그 부재와 동일시를 이루는 자기 자신은 당연히 부재의 상태이어야 한다. 사르트르가 부재를 자기 출생의 근원으로 삼고 있다는 것은 자기 외할아버지를 묘사하는 다음 구절에 잘 나와 있다.

할아버지의 목소리가 변했다는 이야기이다. 메마르고 굳은 그 목소

리를 나는, 나를 이 세상에 태어나게 한 부재의 목소리로 간주했다.[33]

여기서 나를 이 세상에 낳아 준 것이 곧 '부재의(absent)' 것으로
되어 있다. 이처럼 자신을 부재의 아들로 생각하게 된 것은 남편을
잃은 그의 어머니가 곧 친정에 들어가 다시 미성년의 딸처럼 살았
던 데에도 연유한다. 사르트르의 회고에 의하면 외할아버지의 집에
는 방이 셋 있었는데, 하나는 할아버지 방, 또 하나는 할머니 방, 그
리고 세 번째는 '아이들 방'이었다. 이때 아이들이란 어린 사르트르
와 그의 어머니를 가리키는 것이며, 이들은 마치 오누이같이 나란
히 할아버지로부터 부양을 받으며 살았다. 어머니와의 관계를 나타
내 주는 다음의 구절은 매우 흥미롭다.

> 내 방 안에는 젊은 처녀의 침대가 있었다. 그 처녀는 혼자 잤고 아
> 침이면 순결하게 깨어났다. 그녀가 목욕을 하러 갈 때 나는 아직 잠
> 자고 있었고, 목욕을 하고 돌아오는 그녀는 옷을 완전히 차려 입고
> 있었다. 내가 어떻게 그녀에게서 태어날 수 있단 말인가? 그녀는 내
> 게 신세 한탄을 했고 나는 동정심을 느끼며 그 이야기를 들어 주었
> 다. 그리고는, 나중에 그녀와 결혼하여 그녀를 보호해 줘야지 하고
> 생각했다.[34]

---

33 Ibid., p. 130.
34 Ibid., p. 13.

"내가 어떻게 그녀에게서 태어날 수 있단 말인가(Comment se-rais-je né d'elle)?"라는 말이 매우 중요하다. 아버지의 모습은 본 적이 없고 어머니는 처녀 같아서 도저히 자기를 낳았을 것 같지 않다. 차라리 누나 같기만 하다. 그렇다면 자기는 어디서 생겨난 것일까? 여기서 그는 '기적의 아이(l'enfant du miracle)', '불가사의(merveille)', '하늘의 선물'(cadeau du Ciel)',[35] "나의 보물(Mon trésor)!"[36]이 된다. 그는 자신이 할아버지의 애완물이었음을 다음과 같이 이야기한다.

> 나의 할아버지는 나를 소유하지 않고도 내 존재를 즐길 수가 있었다. 늘그막에 멋진 일을 체험하고 싶었기 때문에 나는 그의 멋진 장난감이 되었다. 그는 나를 운명의 특별한 호의, 또는 언제나 회수할 수 있는 공짜 선물로 간주했다. 그가 내게 요구한 것은 무엇이었던가? 단지 나의 존재만으로 나는 그의 마음을 뿌듯하게 채워 주었다.[37]

'불가사의'나 '공짜 선물(don gratuit)'이라는 것은 어린아이의 존재 근거를 상당히 약화시키는 말이다. 아버지와 어머니라는 구체적인 출생 근거 밑에서 묵직한 몸무게를 유지하며 사는 다른 사람들에 비해, 기적의 아이라 불리는 이 아이는 어쩐지 자기 몸이 기체처럼 가볍게 느껴지고 모든 일상생활이 현실감이 없으며, 따라서 당당한

---

35 Ibid., p. 130.
36 Ibid., p. 17.
37 Ibid., p. 15.

권리 주장도 할 수 없게 될 것이다. 남에게 복종할 줄 아는 사람이 남에게 명령도 내릴 줄 아는 법이다. 복종과 명령은 동일한 것이다.

> 죽은 사람의 아들이라고 하지 않고 사람들은 나를 기적의 아이라고 말했다. 믿을 수 없을 정도로 내가 나를 가볍게 생각하는 성향은 틀림없이 여기서부터 나온 것이다. 나는 남의 윗사람이 아니고 또 그렇게 될 생각도 없었다. 명령을 내리는 것이나 복종하는 것은 매한가지 일이다.[38]

할아버지의 쓸쓸한 여생을 즐겁게 해 주기 위해 기적처럼 하늘에서 뚝 떨어진 이 아이는 그러니까 그 누구의 아이도 아니다. 사르트르의 여러 글에서 자주 보이는 '아무의 아들도 아닌 아들(fils de personne)' 또는 '자기 작품의 아들(fils de ses oeuvres)' 같은 말들은 자신의 이러한 심리적 체험에서 생겨난 도식이다. 예컨대 희곡 『네크라소프』에는 아버지의 존재를 부정하고 스스로 자기 작품의 아들임을 주장하는 다음과 같은 대사가 있다.

> **조르주** [...] 나는 아무에게도 빚지지 않았다. 당신이 나를 알았을 때 나는 고독하고 순수한 사기꾼이었고, 내 작품의 아들이었다.[39]

---

38 Ibid., p. 13.
39 Sartre, *Nekrassov*, p. 159.

그야말로 '무(無)에서부터의 창조(création ex nihilo)'이다. 자신의 삶을 무대에서 연기하듯 사는 비현실적 인간의 모습은 『말들』의 다음 글에서 아주 분명하게 드러난다.

어떤 가엾은 사람들이 아이가 없어 비탄에 잠긴 것을 보고 측은해진 나는 애타심에 사로잡혀 무(無)에서 몸을 빼내어, 그들에게 아들을 가진 것 같은 환상을 주기 위해, 어린아이의 탈을 뒤집어썼다.[40]

사르트르의 무(無)의 철학이 그의 이러한 특수한 심리적 체험에서 나왔으리라는 것을 우리는 쉽게 짐작할 수 있다. 그가 어린 시절을 보냈던 외할아버지 슈바이처(Schweitzer)가에서는 그 누구도 그의 아버지나 그의 기원에 대해 말해 줄 수가 없었다. 가족도 없는 한 해군 대위와 결혼한 어머니가 자신을 낳은 직후 아버지는 곧 별세했기 때문이다. 자기 존재의 우연성과 비필연성은 당연히 실존적 고뇌로 이어졌을 것이다. 그는 아버지의 죽음과 거의 같은 시기에 태어났으므로 그의 출생은 마치 아버지에 대한 사형 선고와 비슷한 의미를 띠고 있었다. 『집안의 백치』에서 플로베르의 어머니의 출생을 이야기할 때 저자가 유난스럽게 감상적인 어조를 갖고 있었던 것도 이런 맥락에서 이해할 수 있다. 사르트르는 태어나면서부터 친부살해를 저질렀다는 느낌, 따라서 무의 아들, 죽음의 아들이라는

---

40 Sartre, *Les Mots*, p. 21.

느낌을 가졌을 것이다.[41]

클로드 뷔르줄랭(Claude Burgelin)은 사르트르가 아주 어릴 때 의미를 모르고『보바리 부인』을 읽으면서 이 책에 매혹되었던 것도 아버지의 부재에 그 원인이 있다고 말한다.『말들』에 나오는 다음 구절은 그런 의미에서 매우 흥미롭다.

나는 수없이『보바리 부인』의 마지막 페이지를 다시 읽었다. 마침내 나는 그것을 완전히 외웠지만 그 불쌍한 홀아비의 행동은 아무리 생각해도 이해할 수가 없었다. 그는 편지들을 발견했는데, 그것 때문에 수염을 깎지 않았을까?

[…] 그리고 샤를 보바리(Charles Bovary)는 죽었다. 슬픔 때문에? 병으로? 그런데 의사는 왜 그의 시체를 해부하는가? 모든 것이 끝났는데. 도저히 이해가 안 가는 이 질긴 저항성이 나는 좋았다. 수수께끼에 홀려 기진맥진한 상태가 된 나는 이해할 듯 말 듯 뭔지 모를 막연한 달콤함을 즐겼다. […] 현기증 나는 이름들이 나의 기분을 결정하고, 도저히 원인을 알 수 없는 공포와 우울증 속으로 나를 몰아넣었다. 나는 '샤르보바리(Charbovary)'라고 말해 보았지만, 누더기를 걸치고 수염이 덥수룩한 사람이 울타리 안에서 서성거리는 것을 아무데서도 찾아볼 수 없었다. 그것은 도저히 참을 수 없는 것이었다. […] 나는 마치 환상의 세계 속에 온몸이 거꾸로 박혀 곤두박질

---

41 Claude Burgelin, "De Sartre à Flaubert ou la Genèse d'un roman vrai" in *Revue d'Histoire Littéraire de la France*, LXXXI (1981), p. 689.

치는 듯한 두려움을 느꼈다. 르고프가(街)에 있는 우리 집을 다시 찾아 갈 수 없을 것 같았고, 카를레마미(Karlemami)[그는 자기 할아버지와 할머니를 이렇게 불렀다]나 엄마도 영원히 다시 만날 수 없을 것 같았다. 그 세계에서 나와 함께 헤매고 있는 것은 호라티우스와 샤를보바리뿐이었다.[42]

『보바리 부인』의 마지막 장면이 그토록 어린 사르트르를 매혹하고 또 동시에 괴롭게 했다면 그것은 샤를 보바리를 자기 아버지 장바티스트와 동일시했기 때문이었을 것이다. '누더기를 입은, 수염이 덥수룩한 사람'에서 소년은 아버지를 보았을 것이다. '아무 곳에도(nulle part)'와 '울타리 안에서(dans un enclos)'라는 전혀 상반되는 공간 개념의 배치는 존재이면서 동시에 무인 아버지의 애매한 존재를 그대로 나타내는 것이다. 사람들이 장바티스트가 자기 아버지라고들 말하니까 장바티스트라는 사람은 분명히 있었을 것이다. 그러나 자기는 한번도 본 적이 없고 그 존재를 증명할 만한 이렇다 할 물건도 없다. 그러므로 아버지는 존재이면서도 무이다. 그 부재가 그는 참기 어려웠다. 샤를 보바리의 시체를 해부하는 장면의 "그는 시체를 갈랐으나 그 안에서 아무것도 발견하지 못했다(il l'ouvrit et ne trouve rien)"라는 구절에서 어린 사르트르는 한없는 절망감을 느낀다. 왜냐하면 그것은 마치 자기 출생의 비밀을

---

42 Sartre, *Les Mots*, pp. 42-43.

상징하는 것 같기 때문이다.

아마도 장폴에게 있어서 참을 수 없었던 것은 이 죽은 아버지의 무(無), 그리고 자기 기원의 무였을 것이다.[43]

아버지의 부재가 자신의 존재를 가볍게 만들고 단단한 현실감을 상실하게 해 주기는 했어도 사르트르는 아버지의 때이른 죽음을 매우 다행스럽게 생각한다. 왜냐하면 우연(contingence)과 비필연성 (non-nécessité)으로 존재의 무게가 한없이 가벼워지는 것은 자기만의 특수한 경우가 아니고 모든 인간존재의 일반적인 속성이기 때문이다. 자기는 아버지의 부재로 그것을 일찍 깨달았는데, 아버지가 있는 다른 사람들은 그것을 모르고 있을 뿐이다. 마치 자신의 존재가 당당하게 정당화된다는 듯이 신념에 차 있는 그들의 행동은 그저 우매함일 뿐이다. 이처럼 사르트르에게 있어서 아버지는 존재론의 한 중요한 요소가 되고 있다. 사르트르의 실존주의적 존재론에 의하면 인간은 자유 그 자체이다. 인간은 매순간 자기의 자유와 선택에 의해 자기 인생을 창조해 간다. 이런 점에서 인간존재는 '영원히 미래인 공동(空洞)(creux toujours futur)'이다. 언제나 미래를 향해, 매순간 자기가 채워야 할 공백이라는 뜻이다. 그런데 『지도자의 유년 시절』의 뤼시앵이나 플로베르의 형인 아실처럼 태어나기 훨씬 전부터

---

43 Burgelin, "De Sartre à Flaubert...," p. 690.

어떤 자리가 자신을 기다리고 있다면 그 인생은 매순간 자기를 창조하는 것이 아니라 과거에 이미 굳어진 어떤 모습의 존재일 것이다. 그것은 이미 인간의 속성이 아니라 물건의 속성인 즉자이다. 사르트르가 아실의 인생을 '영원히 과거인 충만성'이라고 지칭하면서, "그는 인간도 아니다"라고 말한 이유가 여기에 있다.

> 아실은 인간이 아니다. 즉 '영원히 미래인 공동'이 아니다. 왜냐하면 그는 영원히 과거인 충만성이기를 강요당했기 때문이다. 그 충만성은 결코 극복되지 못한 타인의 충만성이었다. (*L'Idiot I*, 128)

'타인의 충만성(plénitude d'un autre)'이라는 것은 아버지가 가득 채워 넣은 아버지의 인생을 가리키는 것이다. 아버지와 동일시를 이룬 아들이 대자가 아닌 즉자, 다시 말해서 사람이 아닌 사물이 된다는 것은 『지도자의 유년 시절』의 마지막 구절이 간결하게 암시해 주고 있다.

> 그는 거울에 비친 자기 얼굴에서 전에 친구 르모르당(Lemordant)을 보고 감탄했던 그런 딱딱한 표정, 아무 것도 스며들 것 같지 않은 그런 견고한 표정을 발견하고 싶었다.[44]

---

44 Jean-Paul Sartre, *La Mur, L'Intimite, L'Enfance d'un chef* (folio Gallimard, 1972[1939]), p. 338.

'아무것도 스며들 것 같지 않은(impeméable)'이란 물 한 방울도 스며들지 않는 비삼투성이고, 따라서 견고하고 단단한 물체의 상태를 뜻한다. 속에 무(無)를 품고서 끊임없이 변화해 가는 대자존재와는 전혀 다른 정반대의 개념이다. "수염을 길러야지"라는 뤼시앵의 독백으로 이 소설은 끝난다. 아버지와 똑같은 모습을 만들겠다는 뜻이다. 희곡 『더러운 손(Les Mains sales)』의 위고(Hugo)가 거울을 들여다보면서, 수염만 기르면 자기 아버지의 모습과 똑같을 것이라는 생각에 전율하는[45] 장면과 대응하는 구절이다.

사르트르가 가장 바람직하게 생각하는 부자관계는 아버지를 부정하고 지양하는 것, 다시 말해서 상징적 친부살해이다. 그러나 그것은 그렇게 쉽지 않다. 아들의 출생과 아버지의 죽음이 비슷하게 이루어진 자신의 경우는 친부살해가 쉽게 일어났지만 작가 귀스타브 플로베르는 간질이라는 크나큰 모험과 함께 친부살해가 어렵게 이루어졌다. 귀스타브의 형 아실은 친부살해에 완전히 실패한 전형적인 사례이다.

『알토나의 유폐자들(Les Séquestrés d'Altona)』의 프란츠(Frantz)도 친부살해에 실패했으며, 『지도자의 유년 시절』의 뤼시앵은 아예 친부살해의 시도조차 하지 않는 속물이다. '아버지 죽이기'는 정말로 아버지를 죽인다는 게 아니라 아버지와 똑같은 모습이 되지 않고, 아버지를 넘어서서, 아버지와는 전혀 다른 자기만의 존재를 스스

---

45 Jean-Paul Sartre, *Les Mains sales* (folio Gallimard, 1971[1948]), p. 80.

로 창조한다는 것이다. 아버지를 극복하지 못한 부자관계에서 아들은 아버지의 복제품에 불과하고, 아버지의 인생을 되풀이한다. 새로움이 아니라 반복에 불과한 이런 인생은 이미 대자적 존재가 아니라 즉자로 굳어진 운명일 뿐이다. 사르트르가 반복의 부자관계를 그토록 혐오하는 것은 이러한 존재론적 근거에서이다. 소설 『유예(Sursis)』의 한 주인공이 전장에 나가기 전에 잠자는 어린 딸의 모습을 보며 독백하는 장면은 반복에 대한 공포를 잘 나타내주고 있다.

이 아이는 매순간 자기 운명을 살겠지. 그러면서 자기가 그것을 창조한다고 생각하겠지. 그 운명은 예견할 수 있는 것이어서 완전히 혐오스러워. 내가 이미 살아온 인생을 왜 한 방울 한 방울씩 다시 살아야만 하지? 왜 항상 모든 것은 끊임없이 반복되어야만 하지?[46]

5. 아버지와 아들

그러니까 부자관계에서 바람직하지 못한 것은 반복(répétition)과 상호동일시(réciprocité d'identification)이다. 반복이란 아들이 아버지의 인생을 마치 복사하듯이 그대로 되풀이하는 것이고, 상호동일시는 몸은 둘이지만 실제로 인생은 하나인(seul en deux) 그런 상태이다.

---

46 Jean-Paul Sartre, Le Sursis (folio Gallimard, 1972[1945]), pp. 840-41.

플로베르가의 장남인 아실의 인생이 그 전형이다. 그는 아버지의 인생을 그대로 되풀이했다. 아버지의 뜻에 따라 의학을 공부했고, 아버지의 뒤를 이어 루앙의 시립병원장이 되었다. 아버지의 인생을 답습하는 데 단 한 번의 반항이나 회의도 없었다. 사르트르는 복사판 인생의 상징으로 두 부자가 대를 물려 입은 염소 가죽 외투를 든다. 아실은 왕진을 갈 때 예전에 아버지가 입던 염소 가죽 외투를 즐겨 입고 나갔는데 플로베르 박사와 아들의 유사성에 모두들 깜짝 놀랐다고 한다. 그야말로 그는 "아버지의 형상 속에 영원히 갇혀 있었다 (s'enfermer à tout jamais dans l'image de celui-ci)"(*L'Idiot I*, 119). 이 경우, 마치 하느님이 자신의 형상대로 인간을 빚어 놓았듯이 아버지는 아들을 자기 마음대로 빚어 놓았다. 여기서 아버지는 신에 비유된다. 아들은 아버지의 피조물이며, 아버지는 전지전능의 존재이다. 그리고 피조물은 전능자에게 결코 거역하지 못할 것이다.

> 아실은 자기 아버지의 피조물이 될 것이다. 그에게 허용된 유일한 자발성은 수동적 덕성의 실행뿐이다. 다시 말해 생식자 앞에서의 겸양, 희생정신, 유순성, 정신의 개방성 정도뿐이다. (*L'Idiot I*, 112)

사르트르에서 아버지는 하느님 아버지에 비유되기도 하지만, 또 중세의 봉건 영주로 비유되기도 한다. 이때 아들은 가신(家臣)의 신분을 갖게 되는데, 이러한 부자관계의 책임은 아들에게도 있다.

영주의 권능에 감탄한 가신 아실은 스스로 이런 관계에 동의했다. 그러나 이것은 사실 그의 마음을 안심시켜 주는 것이었다. 거의 봉건적인 가정에서 자란 그는 '도저히 대적할 수 없는 주인을 섬기고' 싶은 욕구를 느끼고 있었기 때문이다. 만일 그가 언젠가 아버지를 극복해야 한다고 생각했다면 모든 것이 고통 속에서 뒤죽박죽이 되었을 것이다. (*L'Idiot I*, 119)

이제 아버지와 아들은 완전한 일치를 이루어, 아버지는 아들의 머릿속에서 생각하고 아들은 미래의 자신이 생각하게 될 현재의 아버지의 생각을 머릿속에 갖고 있게 된다. 이것을 사르트르는 부자 동일시의 '삼위일체(trinité)'라고 했다.

이 삼위일체 속에서 아버지는 아들의 머리를 빌려 생각하고, 아들은 아버지의 머리로 생각하기 위해 날짜를 약속한다(prendre date). (*L'Idiot I*, 114)

『알토나의 유폐자들』의 프란츠의 말이 바로 그것이다. 그는 아버지의 생각을 알기 위해서는 자기 머리를 우선 텅 비워 놓기만 하면 된다고 했다. 텅 빈 머릿속에 처음으로 떠오르는 생각, 그것이 곧 아버지의 생각이라는 것이다.

나는 우리 둘 중에 누가 상대방을 만들었는지 잘 모르겠다. 그가 음

모를 꾸미고 있는 계략이 무엇인지 알고 싶으면 나는 우선 내 머릿속을 깨끗이 비워 둔다. 그리고 그 텅 빈 공간에 물어본다. 제일 처음으로 떠오르는 생각, 그것이 바로 아버지의 생각이다. 왜 그런가? 그는 나를 자기의 형상대로 만들었기 때문이다. 자기가 창조한 형상인 나를 아버지가 닮았을 리는 없지 않은가.[47]

플로베르 박사와 장남 아실도 완전히 '두 몸 한 사람'이다.

그는 자신의 본질을 아낌없이 어린 아들에게 주었다. 이제 그들은 두 몸 속에 나뉜 한 사람이 되었다. (*L'Idiot I*, 114)

그것은 마치 두 겹이 한데 합쳐 하나의 옷감을 형성하고 있는 것과 같다.

아버지가 자기를 두 겹으로 분리할 수 있는 것은 유일하게 아실 속에서뿐이었다. (*L'Idiot I*, 112)

이러한 부자의 상호동일시는 역시 『알토나의 유폐자들』에서 극명하게 나타난다. 아들은 아버지의 복제인간이기 때문에 아들에게는 아무런 의미가 없다. 죽음이나 생명조차도 아무런 의미가 없다.

---

47 Jean-Paul Sartre, *Les Séquestrés d'Altona* (folio Gallimard, 1976[1960]), p. 169.

아버지가 아들 프란츠에게 하는 말이다.

너의 생명, 너의 죽음은 어떻든 아무것도 아니야. 너는 아무것도 아니고, 아무것도 하지 않아. 아무것도 한 적이 없고, 아무것도 할 수가 없어.[48]

아버지와 아들, 두 사람의 몸이 하나가 된다는 것은 '1＋1=1'이라는 덧셈만큼이나 어처구니없는 일이다.[49] 프란츠와 아버지는 동반 자살을 하지만 '두 몸 한 사람'의 도식에 따르면 그것은 단 한 사람의 죽음일 뿐이다. 그래서 아버지는 프란츠에게 이렇게 말한다.

나는 너를 만들었는데 이제는 너를 죽여 없애야겠다. 나의 죽음은 곧 너의 죽음이야. 그리고 마침내 나는 혼자 죽는 거지.[50]

그런데 여기서 중요한 것은 아버지가 아들과의 동반 자살을 제의함으로써 아들의 친부살해 의도를 마지막까지 봉쇄했다는 사실이다. 만일 아들이 스스로 결정하여 자살을 했다면 아들은 마지막 순간에 친부살해를 한 것이나 다름없다. 왜냐하면, 아버지의 작품을 아버지의 의지와 상관없이, 그 의지에 거역하여 아들이 파괴했기

---

48 Ibid., p. 360.
49 Ibid., pp. 360-61.
50 Ibid., p. 367.

때문이다. 그런데 아들을 만들어 놓은 사람이 마지막 순간에 그 해체까지도 담당한다면, 아들은 정말로 생명이라고는 없는, 아버지의 형상 또는 꼭두각시가 되고 만다. 이런 친부살해의 원천적인 봉쇄는 플로베르 박사와 장남 아실과의 사이에서도 이루어진다.

1845년 11월 61세의 나이에 급성 결체조직염에 걸려 쓰러진 아버지 아실클레오파스는 아들 아실에게 집도를 명령한다. 아들은 33세였다. 수술을 하기에는 너무 젊다고 사람들이 수군거렸지만 플로베르 박사는 막무가내였고, 결국 수술 후에 사망했다. 아버지의 이 선택은 후계의 의식(儀式), 또는 엄격한 권력 이양의 형식을 띠고 있다. 노의사가 아직 미숙한 젊은 아들에게 자기 몸을 내맡겼을 때 이것은 "나를 살리든지 아니면 네가 대신 내 자리에 들어서라"는 의미이다. 아버지를 살리면 유능한 의사라는 평판을 얻게 될 것이고, 불행히도 죽으면 그때는 아들이 아버지의 자리를 승계할 수 있기 때문이다. 그러므로 이것은 적나라한 친부살해이다. 그런데 아실의 친부살해는 성공했는가? 전혀 그렇지 않다. 아들의 칼에 자기 몸을 내맡긴 것은 아버지 자신이다. 그러니까 이것은 타살이 아니고 자살인 셈이다. 그리고 아들은 아버지를 극복할 수 있는 마지막 기회마저도 박탈 당한 것이다.

이 관계의 가장 놀라운 결과는 칼에 몸을 내맡긴 노인이, 고전적 친부살해에 의해 아버지로부터 해방될 가능성마저 자기 장남으로부터 박탈했다는 사실이다. 물론 아실은 그를 죽였다. 그러나 수술을 하면서까지 아들은 벌벌 떨며 성스러운 자살 예식의 한 유순한 도구가 되었던 것이다. (*L'Idiot I*, 124)

아버지의 인생을 반복한다는 것은 자리로부터 인간의 소외를 뜻한다. 아실이 아버지로부터 물려받은 루앙의 시립병원장 자리는 그가 태어나기 훨씬 전부터 있었다. 아버지는 장남에게 자기 자리를 물려주기 위해 의학 공부를 시키고 자신의 모든 재산과 명성을 상속했다. 시립병원장 자리는 이미 그리고 영속적으로 있었고, 그는 그것을 채우기 위한 수단에 불과했다. 동생인 귀스타브가 그것을 '틈막이'라고 했음을 앞에서 보았다.

기업을 상속하는 기업가의 부자관계에서는 이 소외 현상이 한층 두드러진다. 『지도자의 유년 시절』은 이러한 소외 현상의 전형적인 예화이다. 원제의 '셰프(chef)'는 흔히 주방장이라는 뜻이지만, 여기서는 기업체의 사장에서부터 남에게 명령을 내리는 윗사람, 지배계급, 부르주아 등의 넓은 의미를 함축한다. 다시 말해 사르트르가 언제나 '살로(salaud)'('더러운 놈'이라는 욕설)라고 지칭하는 부르주아적 인간 전체를 포함하는 의미이다. 인간은 누구나 우연히 아무런 목적 없이 무상적(無償的)으로 태어나 도저히 정당화될 수 없는 존재인데, 부르주아들은 인간의 이런 속성을 모르고, 마치 자기에게는 당당한 권리가 있다는 듯이, 자기 존재는 정당화된다는 듯이 거드름을 피우며 살고 있다. 그런 점에서 수장(首長)이라는 뜻의 셰프는 사르트르의 용어에서 '살로'와 거의 같은 값의 의미를 지닌다. 『지도

자의 유년 시절』의 아버지가 어린 아들 뤼시앵과 셰프에 관해 대화하는 장면을 보자.

나도 역시 사장(chef)이 될까요? 라고 뤼시앵이 물었다. —물론이지, 이 녀석아. 내가 너를 낳은 게 그 때문인데. —나는 누구한테 명령을 내리죠? —자, 들어 보아라. 내가 죽으면 네가 이 회사 사장이 되어 노동자들에게 명령을 내리는 거야. —하지만 그들도 죽을 텐데요. —그러면 너는 그 아들들한테 명령하는 거야. 그들이 너에게 순종하고 너를 사랑할 수 있게 만들어야 해.[51]

"너를 낳은[만든] 게 그 때문인데(C'est pour cela que je t'ai fait)"라는 말은 자리에 대한 인간의 소외를 적나라하게 드러내 준다. 사장이라는 자리를 메울 사람이 필요한 것이지 그 아들이 어떠한 성향과 감정을 갖고 있고 어떠한 인간적 고뇌와 갈등을 갖고 있는지 따위는 생각할 필요조차 없다. 사르트르는 『집안의 백치』의 아실클레오파스에게도 비슷한 이야기를 시킨다.

이 의사-철학자가 어린 아실에게 병원 구경을 시켜 주며 "너 공부 잘하면 30년 후에 병원장이 될 거야. 그때쯤이면 나는 죽을 거고"라고 말했을 때 [⋯] 그는 의식을 했건 안 했건 간에 부모 자식 간의 의무

---

51 Sartre, *L'Enfance d'un chef*, p. 325.

라는 마르지 않는 샘물(la fontaine jaillisante des devoirs filiaux)을 파 놓은 것이다. (*L'Idiot I*, p. 111)

『알토나의 유폐자들』의 프란츠는 아버지가 준 이러한 운명에 거역했고 그것이 실패하여 아버지와의 동반 자살이라는 비극적인 종말을 맞았지만, 『집안의 백치』의 아실이나 『지도자의 유년 시절』의 뤼시앵은 손쉽게 거기에 동의하여 지배자의 자리에 오른다. 아버지와의 공모가 이루어진 것이다. 아버지와의 공모를 이루는 아들들은 자리에서 소외된 자신의 인간존재를 불쌍하게 또는 수치스럽게 생각하기는커녕 그것을 권리 개념으로 환원하여 오히려 자만심을 갖는다. 뤼시앵이 자신의 존재를 거대한 기다림으로 인식하는 과정이 바로 그것이다.

그것은 권리와 책임의 거대한 꽃다발이었다. 그는 오랫동안 자기 존재가 우연히 표류한다고 생각했었다. 그러나 너무 생각을 깊이 한 것이 잘못이었다. 그가 태어나기 훨씬 전부터 그의 자리는 태양에, 페롤 시(Ferolles)에 표시되어 있었다. 훨씬 전부터, 어쩌면 그의 아버지가 결혼하기 전부터 사람들은 그를 기다리고 있었는지 모른다. 그가 세상에 태어난 것은 이 자리를 차지하기 위해서이다. "나는 존재한다. 왜냐하면 나는 살 권리가 있는 사람이니까"라고 그는 생각했다.[52]

---

52 Ibid., p. 387.

우리가 한 가지 짚고 넘어가야 할 것은 부르주아 계급에 대한 사르트르의 이율배반적 관념이다. 『지도자의 유년 시절』이나 『구토』에 등장하는 지배계급(chef)은 하나같이 아버지와 상호동일시를 이루고 아버지의 인생을 반복하는 한심한 인간들이다. 『알토나의 유폐자들』 혹은 『더러운 손』의 주인공들도 모두 부르주아 계급이다. 문학작품뿐 아니라 정치, 철학 에세이들에서도 사르트르는 현대의 지배계급, 즉 부르주아들을 불쌍한 즉자존재로 묘사한다. 그들은 자신이 남을 지배할 당당한 권리를 갖고 있다고 확신에 차 있지만 고작 아버지의 인생을 되풀이하는 한갓 사물(즉자존재)일 뿐이라는 것이다.

그러나 아실클레오파스 플로베르의 신분 상승을 다루면서 귀족과 부르주아의 차이점을 말하는 부분이라든가, 희곡 『킨(Kean)』의 대사들, 또는 귀스타브 플로베르의 간질 발작을 친부살해의 형태로 보는 시각 등에서는 친부살해를 명백히 긍정적으로 평가하고, 그것을 부르주아의 속성으로 규정한다. 그러니까 사르트르는 역사적 계급으로서의 부르주아는 높이 평가하지만 이미 지배계급이 된 현대의 부르주아에 대해서는 가혹하게 비판하고 있다.

우선 사르트르는 『집안의 백치』에서 귀족과 신흥 부르주아 계급의 부자관계를 대비시키며, 친부살해가 부르주아의 속성임을 암시한다. 귀족의 부자관계에서는 친부살해가 필요없었다. 친부살해는 먼 옛날, 그 가문의 시조가 새로운 가문을 형성할 때에 한 번 일어났을 것이다. 모든 성씨의 시조들이 갖는 영웅 설화를 상기할 필요가 있다.

프로이트의 가설처럼 모든 영웅은 아버지를 부정하는 사람이다. 아버지를 부정함과 동시에 자신의 영웅성을 과시하기 위해 영웅들은 주로 '가족소설(roman familial)'에 의존한다.[53] 다시 말해서 자신은 인간의 남자와 여자 사이에서 태어난 사람이 아니라 알에서 태어난 사람이라거나, 부모 중 한쪽은 인간이 아니라 신이라거나 하는 설화가 모두 그것이다. 그러나 일단 한번 자기 가문을 형성하고 나면 그 다음에는 영원한 승계, 즉 반복이 있을 뿐이다. 이 귀족 가문의 모든 세대는 똑같이 자기 가문의 이름에서 소외되어 있고, 가문의 먼 조상에 비해 비본질적, 상대적인 존재이다. 따라서 아버지와 아들 세대의 평등성이 이루어진다. 똑같은 후계자이며 상속자인 아버지는 자기보다 조금 늦은 후계자에 대해 우월할 이유가 전혀 없다. 그들은 모두 태어나면서부터 남들의 존경을 받을 권리를 갖고 있다. 부르주아의 가정에서는 문제가 달라진다. 출생이 곧 권리를 보증해 주는 혈통이 없으므로 부르주아가 남의 존경을 받고 당

---

53 프로이트는 어린이 신경증 환자들이 자기 부모를 친부모가 아니라고 생각하는 데에 흥미를 느꼈다. 자신은 어떤 유명한 가문의 후손인데 단지 보잘것없는 현재의 부모가 고귀한 신분의 자신을 맡아 키우고 있을 뿐이라고 그 어린이들은 생각하고 있었다. 이처럼 자기 가족사를 환상적으로 꾸며내는 이야기가 바로 가족소설이다. 사르트르는 가족소설을 친부살해와 연결시켜 해석하고 있다(*L'Idiot I*, 949). 마르트 로베르(Marthe Robert)는 「기원의 소설, 소설의 기원(Roman des origines et origines du roman)」에서 모든 사람이 가진 '가족소설'의 염원이 다름 아닌 소설의 기원이라고 말했다. 참고로 대(大) 라루스(Grand Larousse) 사전의 '가족소설' 설명은 다음과 같다. "자신이 지금 현재의 가족보다 훨씬 고귀한 가정 출신이라고 상상하는 병적인 환상(Fantasme par lequel un sujet imagine et s'attribue une famille différente et généralement plus prestigieuse que la sienne)."

당한 권리를 갖기 위해서는 재능이 있어야만 한다. 이것은 그 자체로 아버지를 부정하는 것이다. 사르트르가 즐겨 쓰는 '자기 작품의 아들', 또는 '무에서의 창조'는 그런 의미에서 부르주아를 지칭하는 개념이다. 귀족의 자제들은 가문의 이름에서 소외되어 있지만, 부르주아의 아들들은 자신의 재능으로 자신의 존재를 세운다. 희곡 『킨』의 다음 대사들이 그것이다.

나는 알라딘이다. 나의 램프는 재능이다. 그 램프가 어느 날 꺼진다면….[54]

당신은 플랜태저넷가(Plantagenets)의 후손이다. 재빨리 직선으로 내려왔다. 그런데 나는 아무에게서도 내려오지 않았다. 나는 차라리 올라간다. [...] 왕궁의 문들은 모두 당신의 이름만 듣고도 열린다. 하지만 그 이름은 너무 크고 너무 무거워 당신을 내리누른다. 당신은 그것을 들지 못하고 그 밑에 납작하게 깔린다. [...] 그런데 나의 이름은 내 것이다. 나는 그것을 누구에게서도 받지 않았다. 내 스스로가 그것을 만들었다.[55]

불어 동사 descendre(내려오다, 영 descend)는 '누구의 후손이다'라는 뜻을 동시에 갖고 있다. 그러므로 주인공 킨이 '내려오다'의 반대

---

54 Jean-Paul Sartre, *Kean* (nrf Gallimard, 1983[1954]), p. 159.
55 Ibid., p. 111.

말인 '올라가다(monter)'를 쓴 것은 재치 있는 언어유희라 할 수 있다. 더군다나 '올라가는 계급'이라는 뜻의 상승 계급(classe montante)이 부르주아의 별칭이라는 것을 생각해 보면 상반되는 이 두 동사의 대칭 배열은 귀족-부르주아의 대칭 관계를 설명하기에 더할 나위 없이 적절한 단어 선택인 듯이 보인다.

플로베르의 아버지인 아실클레오파스 플로베르는 자신의 재능으로 일가를 형성한 전형적인 부르주아이다. 자신의 재능에 대한 자만심과 신분 상승의 욕구가 가져다주는 초조감으로 그는 권위주의적 가부장이 되어 아들을 억압하는 아버지가 되었다.

그의 예외적인 성공, 두 발을 모으고 한 계급에서 다른 계급으로 뛰어오른 그 도약, 그의 탁월한 능력을 남들이 충분히 인정해 주지 않는다는 은밀한 감정, 이 모든 것이 그를 미칠 듯한 자만심으로 몰고 갔다. (*L'Idiot I*, 80)

보잘것없는 시골 수의사의 아들이었던 아실클레오파스는 순전히 자신의 재능과 우수한 머리로 루앙 시 최고의 명사가 되었다. 이 신분 상승은 가히 옛날 신화시대에 용과 싸워 이기는 것으로 권력을 잡는 영웅 설화와 맞먹는 이야기이다. 그의 자부심은 대단하였다. 그는 자기가 시조가 되어 새로운 명문 플로베르가가 자자손손 번성하는 꿈을 꾸었을 것이다. 그리하여 그는 아들들에 대해 원대한 계획을 세웠다. 이 야심만만한 계획이 가부장적이고 권위주의적인 아버지를 만들었다. 아들이 이런 아버지를 이기느냐 아니면 순종하느냐에 따라 반복이냐 창조냐가 결정될 것이다. 아실처럼 아버지에게 순종하면 그것은 아버지의 인생을 되풀이하는 반복 동작이 될 뿐이다. 반대로 아버지를 넘어서려면 아들은 아버지가 했던 것처럼 스스로 자기 자신의 아버지가 되어야 한다. 즉 친부살해를 이루어야 하는 것이다.

> 요컨대 이 외과의사의 권위와 그의 모순들은 아들을 숨막히게 내리눌렀다. 아들은 자신이 스스로의 아버지가 되지 않고는 그것을 피할 수 없을 것이다. (*L'Idiot I*, 113)

차남인 귀스타브는 전략이라는 특이한 형태로 친부살해를 이루어 '자기 작품의 아들'이 되었다. 그러나 장남 아실은 아버지의 뒤를 이어 병원장 자리를 계승하면서 아버지의 인생을 그대로 되풀이한다. 사르트르는 그것이 부르주아 계급의 속성이라고 공공연하게 주장한다.

> 이러저러한 직업의 수행에 필요한 지식을 습득함으로써 부르주아가 되도록 하기 위해 부모가 그를 이 세상에 낳아 놓았으므로, 그는 부르주아이다. [⋯] 병원장 자리는 특정인에 의해 채워지지 않을 때는 그저 단순히 타성적 의무의 집합일 뿐인데, 그것은 아실이 태어나기 훨씬 전부터 있었고, 아실이 죽은 후에도 영원히 존속할 것이다. 유

한한 인간에 비하면 이 자리는 영원한 결정이다. 아실의 존재 안에
는 의사가 되어야 한다는 당위가 내재화되어 있었다. (*L'Idiot II*, 1478)

다시 말하면 한 인간이 나고 자라서 병원장이 된 것이 아니라,
병원장 자리라는 직책이, 그것을 채워 줄 사람을 공급받기 위해 한
여인의 배를 빌려서 한 사람을 태어나게 했다는 뜻이다. 그런 점에
서 종착점인 직책과 출발점인 인간의 출생이 그대로 한데 합쳐진다.
『알토나의 유폐자들』의 프란츠가 하는 말이 그것이다.

나는 선택되었다. 내가 태어나기 9개월 전에 사람들은 내 이름, 내 직
책, 내 성격, 그리고 내 운명을 선택했다.[56]

직책에 의한 인간의 소외가 부르주아의 속성이라면 거기에는
필연적으로 계급 문제가 발생한다. 왜냐하면 태어나면서부터 어떤
직책이 주어져 있다는 것은 태어나면서부터 그 직책에 예속된 다
른 인간들을 지배할 권리가 있음을 뜻하기 때문이다. 『지도자의 유
년 시절』에서 뤼시앵이 자기 권리를 자각하는 장면은 그것을 잘 말
해 준다.

진짜 뤼시앵—이제야 그는 알았다—그것은 남들의 눈 속에서, 피에레

---

56 Sartre, *Les Séquestrés d'Altona*, pp. 177-78.

트(Pierrette), 기가르(Guigard) 등의 겁먹은 복종 속에서, 그리고 자기를 위해 지금 자라고 성숙해 가고 있는 모든 사람들, 즉 자기가 언젠가 시장이 될 페롤 시의 어른과 아이들, 자기 공장의 노동자가 될 젊은 견습공들의 희망에 가득 찬 기대 속에서 찾아야만 한다. 여기까지 생각이 미치자 뤼시앵은 거의 공포를 느꼈다. 그는 자기가 감당하기에는 자기 자신이 너무 크게 생각되었다. 수많은 사람들이 그를 기다리고 있다. 그리고 자신은 과거에도, 미래에도, 언제나 남들의 거대한 기다림일 것이다. '이게 바로 지도자라는 거야'라고 그는 생각했다. [⋯] 그는 속삭였다. "나는 권리가 있어. 권리가⋯."[57]

남들을 지배할 권리가 있다는 것, 그리고 그 권리가 자신의 능력에서 형성된 것이 아니라 마치 귀족처럼 상속된다는 것, 그리고 미래의 자기 공장의 노동자가 될 사람들, 미래의 자기 시의 시민이 될 사람들이 모두 그가 태어나기 전부터 희망에 가득 차 그를 기다리고 있다는 것은 부르주아 계급의 뻔뻔스러움이고, 이 계급의 이데올로기인 휴머니즘과 평등사상에 명확히 위배된다. 사르트르는 모든 정치 에세이에서 부르주아의 이러한 권리 개념을 혹독하게 비판했지만 특히 「유물론과 혁명(Matérialisme et révolution)」의 한 구절이 위에 인용한 구절과 흡사하다.

57　Sartre, *L'Enfance d'un chef*, p. 368.

지배계급(classe dominante)의 모든 구성원들은 신으로부터 받은 권리를 갖고 있는 사람들이다. 지도자(chef)들 한가운데에서 태어난 그는 어린 시절부터 자기가 남을 지배하기 위해 이 세상에 나왔다는 생각을 주입 받게 된다. 어떤 의미에서 옳은 말이다. 왜냐하면 이미 남을 지배하고 있는 그의 부모들이 그로 하여금 자기들 뒤를 잇도록 하기 위해 그를 낳았기 때문이다. 어떤 사회적 기능이 미래 속에서 그를 기다리고 있다. 그는 적당한 나이가 되면 그 틀 속으로 들어갈 것이다. 그리고 이 사회적 기능은 마치 그 개인의 형이상학적 존재와 같이 느껴질 것이다.[58]

여기서 '지배계급'은 물론 부르주아를 지칭하는 것이다. 『지도자의 유년 시절』이 수록된 단편집 『벽(Le Mur)』이 나온 것은 사르트르가 아직 공산주의에 경도되기 전인 1939년이고, 〈현대(Les Temps Modernes)〉지에 실렸던 「유물론과 혁명」은 그가 한창 마르크시스트적 참여문학 이론을 주창하던 1946년에 쓰여진 것이며, 『집안의 백치』는 그의 말년인 1971년부터 출간된 것이다. 이 30여 년 시차 속에서 비슷한 담론들은 그의 부르주아 공격이 평생 일관된 것이라는 것을 보여 준다. 한 가지 흥미로운 것은 초창기와 중년 시절에는 친부살해 없이 반복과 상호동일시 속에 빠져드는 것을 부르주아의 운명이라고 생각했다면, 말년의 『백치』에서는 그것을 귀족의 속성이

---

58 Sartre, "Matérialisme et révolution," *Situations III* (1949), 184.

라고 말한다는 점이다.

이처럼 친부살해의 측면에서 부르주아에 대한 사르트르의 평가는 양가성을 지닌다. 어느 때는 부르주아를 높이 찬양하다가 또 어느 때는 부르주아를 가혹하게 깎아내린다. 그 자신은 이에 대한 명확한 개념 규정을 하지 않았지만, 우리는 대강 다음과 같은 추론을 할 수 있다. 즉, 귀족에 대항하여 순전히 자신의 재능으로 자기의 인생을 창조한 초기 부르주아의 친부살해적 성격은 자연권 및 평등사상에 합당한 훌륭한 것이다. 그러나 신분 상승 이후 스스로 귀족적 가부장이 되어 자기 가정을 유사귀족의 가문으로 만들었을 때, 그리하여 그 후손들이 마치 세습 귀족처럼 부모의 기득권을 상속 받게 될 때, 이들은 노동계급을 착취하는 추악한 부르주아가 된다. 그런데 현대의 부르주아들은, 정도의 차이는 있을망정 모두 이와 비슷한 파렴치한들이다. 따라서 자신은 부르주아를 극렬하게 증오한다. 대충 이런 식의 논리가 가능할 것 같다.

6. 프로이트와의 비교

사르트르는 친부살해의 도식을 프로이트의 『모세와 일신교』에서 그대로 빌려왔는데, 그렇다면 두 사람의 친부살해는 완전히 동일한 것인가? 만일 다르다면 어떤 면에서 그러한가?

우선 플로베르의 신경증을 친부살해의 욕구로 본 것은 프로이트의 「도스토옙스키와 친부살해」를 그대로 모방한 듯한 인상이다. 프로이트는 한 성격 안에 있는 두 갈등적인 요소를 성공적으로 종합하지 못할 때 신경증이 발생한다고 했다. 그는 또 도스토옙스키의 병이 히스테리성 간질이며, 그것은 어떤 심리적인 목표를 위해 세심하게 준비되어 온 결과라고 주장했다. 사르트르도 플로베르의 신경증이 면밀하게 계획된 전략이라는 것을 긴 논증을 통해 증명했다. 프로이트는 도스토옙스키의 어린 시절에 자주 나타났던 혼수상태 또는 가수(假睡) 상태를 나중에 오게 될 간질의 예고적 증상으로 보았는데, 사르트르도 플로베르가 어릴 때 자주 보여 주었던 멍한 상태(hébétude)를 간질의 예후로 보았다. 그리고 신경증의 전략적 목표가 아버지의 죽음이라는 도식도 두 사람이 완전히 일치한다.

도스토옙스키의 첫 번 발작은 18세 때 그의 아버지가 살해된 직후였다. 이것은 죽은 아버지에 대한 그의 모순적 감정을 나타내 주는 것이라고 프로이트는 주장한다. 아버지를 존경하고, 따라서 아버지와 비슷하게 되고 싶다는 생각과, 또 한편으로는 아버지가 죽기를 바라는 생각이 혼합되어 있었던 것이다. 여기에 자신이 죽고 싶다는 욕망도 곁들여진다. 이런 점에서 도스토옙스키의 간질은 상상의 친부살해와 죄의식에 의한 자살을 한데 결합한 가학-피학적 전략이었다.

사르트르의 플로베르론도 이와 다르지 않다. 그러나 아버지를 죽이려는 이유가 무엇이냐에 대해서는 두 사람이 현격한 차이를 보인다. 프로이트가 좀 더 인류학적이라면 사르트르는 좀 더 존재론적이다. 사르트르의 존재론적 해석은 더 나아가 사회역사적 의미로 확산되었다.

『모세와 일신교』에서 프로이트는 우선 개인의 심리 구조와 인류의 역사가 동일하다고 본다. 유아기부터 장년에 이르기까지 한 개인의 인격 형성은 원시시대부터 현대에 이르기까지 우리 인류의 역사 발전과 동일한 단계를 밟는다는 것이다. 소위 '개체발생은 계통발생을 반복한다'는 생물학적 가설을 그대로 차용했다. 그가 유년 시절을 원사시대(原史時代, protohistoire)로 부르는 이유도 여기에 있다. 유년에 겪었던 공격적, 성적 체험이 어떤 식으로든 우리 머릿속에 흔적을 남겨 그중 어떤 것은 잊혀지고 혹은 억눌렸다가 나중에 불쑥 의식의 표면에 떠오르듯, 우리 인류의 역사에도 원시적 체험이 집단무의식으로 잠재되어 있다가 어느 순간 집단 히스테리 증상으로 나타난다는 것이다.

인류 역사와 개인의 역사를 비교하는 것은 가능하다. 이 말은, 인류 역사도 성적(性的), 공격적 체험을 겪고, 그중 대부분이 오래 잊혀지긴 하지만 여하튼 영구적인 흔적을 남겨 놓는다는 뜻이다. 나중에 오랜 잠재기를 지나 그 체험들은 다시 활동적으로 되고 그 구조나 경향에 있어서 마치 개인의 신경 증후와도 비슷한 현상을 야기하게 된다.[59]

---

59 Freud, *Moïse et le monothéisme*, p. 109.

프로이트는 이처럼 개인의 신경증과 비슷한 집단적 증후를 종교 현상으로 보았다. 여하튼 중요한 것은 개인의 역사와 인류의 역사가 동일하다는 점이다. 개인의 발달 과정으로 미루어 인류의 발달 과정을 알 수 있다는 이야기이다. 그럼 개인의 발달 과정은 어떻게 전개되는가?

우선 유아기에서 가장 중요한 사건은 아버지에 대한 증오이다. 거세 공포와도 연결되는 아버지의 증오는 다음과 같은 단계를 밟는다. 소시민 가정에서 흔히 그렇듯이 어린 남자아이는 부모와 함께 잔다. 그리고 아직 말을 하거나 관찰을 하지 못할 시기부터 부모의 성행위를 보고 듣게 된다. 소년은 고추를 만지는 손장난을 하게 되는데, 문제는 어머니가 그것을 발견하고 야단을 칠 때부터 발생한다. 어머니는 그 장난을 당장 그만두라고 야단치면서, 앞으로 그런 장난을 하면 아버지에게 이르겠다고 위협한다. 그리고 아버지가 만일 그 사실을 알면 심하게 벌을 주거나 고추를 자를지도 모른다고 덧붙인다. 이 거세의 위협이 소년에게 심한 트라우마로 남는다. 그는 아버지와 동일시를 이루는 대신 아버지를 두려워하고 아버지 앞에서 수동적인 자세를 취하게 된다. 사춘기가 되어 남성적인 특징이 강화되면 아버지에 대한 증오도 한층 강해져, 아버지에게 부정적인 태도를 취하고, 마침내 자기 손해인 줄도 모르고 자기 인생에서 일부러 실패하거나 외부 세계와의 갈등을 자초한다. 이 부분에서 우리는 사르트르가 해석한 플로베르의 수동성, 아버지에 대한 증오, 실패의 행동 등의 도식이 프로이트의 추론과 너무

나 똑같은 것에 놀라움을 금치 못한다. 프로이트의 글은 다음과
같다.

사춘기가 되어 남성적인 특징이 강화되면 아버지에 대한 증오와 반
감도 한층 강해진다. 아버지에 대한 이런 부정적인 태도가 극단에 이
르면, 그는 자기 자신의 이해(利害)도 잊은 채, 인생에서의 실패, 그
리고 외부 세계와의 갈등을 자초한다. 그는 직업에서도 성공을 거두
지 못하는데, 왜냐하면 이 직업을 택하도록 강요한 것이 바로 아버지
였기 때문이다.[60]

이처럼 아들은 아버지를 증오하고 두려워하지만, 동시에 아버지
를 존경하고 그와 똑같이 되기를 원한다. 프로이트는 현대의 원시
부족과 어린이의 감정이 유사하다는 것을 들어서 개체 발생이 계통
발생을 반복한다는 생물학적 가설을 지지한다. 그러면 우리 인류는
처음에 어떻게 아버지를 증오하게 되었는가?

원시 사회에서, 부족 전체의 아버지이며 가장 힘센 남성인 족장
은 거의 무제한적인 권력을 갖고 있었다. 자기 부족의 아내와 딸들
은 물론 다른 부족에서 납치해 온 여성들까지 합쳐 일체의 여성은
그에게 속해 있었다. 아들들의 운명은 아주 비참했다. 만일 아버지
의 질투라도 자극하는 날이면 죽임을 당하거나, 거세되거나, 또는

---

60 Ibid., p. 108.

쫓겨서 변방의 소집단에서 살아야 했다. 유괴에 의하지 않고는 여자와 만날 수도 없었다. 한편 아버지의 부족에서는 여러 아들 중의 한 아들이 아버지의 뒤를 이어 전권을 잡게 된다. 대부분의 경우 그것은 막내가 된다. 막내는 아버지의 나이와 어머니의 사랑 때문에 이런 특별한 지위를 얻기가 쉽다. 많은 전설과 신화에서 장남이 쫓겨나고 막내가 아버지의 뒤를 잇는 사례가 발견된다. 이것이 우리 인류의 첫 번 사회조직이다.

이 첫 번 단계에 이어 새로운 사회조직이 형성되는 과정에서 친부살해가 이루어진다. 쫓겨나 집단을 형성하여 살고 있는 아들들이 연합하여 아버지를 죽이기로 결정한다. 아버지를 죽인 아들들은 그 시대의 습속에 따라 그 육신을 먹는다. 이 식인 풍습은 아버지의 살과 피를 자기 몸속에 통합시켜 아버지와 완전히 일치하고자 하는 동일시의 시도이다. 아버지를 죽인 형제들은 그 상속을 놓고 오랫동안 서로 다툰다. 그러나 이 싸움의 무위성과 위험성을 인식하는 순간이 온다. 함께 힘을 모아 이룩한 해방의 추억, 추방 시절에 공유했던 감정적 유대 등이 그들을 화해로 이끌고 마침내 일종의 사회계약이 맺어진다. 본능의 포기, 상호 의무의 수락, 신성불가침의 제도의 선언 등이 이루어지고 도덕과 권리 개념이 시작된다. 각자는 자기가 아버지 자리에 들어서서 어머니와 누이들을 소유하겠다는 꿈을 포기한다.

여기서 근친상간의 금기와 외혼제(外婚制)가 성립한다. 형제들이 공동으로 지배하는 시기에도 아버지의 추억은 생생하게 남아 있어서, 그 경외심을 어떤 무서운 동물에 기탁한다. 이것이 토템이다. 그러니까 토템은 아버지의 대용물이다. 프로이트는 현대인이 갖고 있는 동물 공포를 아버지에 대한 공포로 해석한다. 원시인에게는 지금 우리가 동물에 대해 갖고 있는 공포심이 없었다고 추정하고, 개인 심리와 인류 역사에서 부자관계의 중요성이 이 동물 공포에서 나타난다고 말한다. 아버지에게 잡아먹힌다는 공포, 또는 거세 공포가 동물 공포의 형태로 바뀌었다는 것이다. 아버지 지배 시대가 형제 지배 시대로 바뀌면서 아버지가 토템 상징으로 바뀌었기 때문이다.

아버지 대신 어떤 동물을 정하여 그것을 수호신 또는 조상으로 생각한다. 그 동물을 죽이거나 해를 끼치는 것은 엄격히 금지된다. 그러나 일년에 한 번, 모든 부족이 한자리에 모여 토템 동물에게 경배하고 이어 그것을 죽여 잘게 조각을 내고 모두 함께 둘러앉아 먹는다. 부족 구성원 중 그 누구도 이 축제에 빠져서는 안 된다. 이 토템 회식(repas totémique)은 아버지에 대항해 연합전선을 편 아들들의 승리의 축제를 상징한다. 친부살해의 사건을 장엄한 의식으로 재현한 것이다.

프로이트는 기독교의 영성체(성찬, Communion) 의식도 일종의 토템 회식으로 본다. 포도주는 예수의 피이고 빵은 그의 살이라는 생각은 친부살해 토템 회식의 도식에 그대로 들어맞는다. 다만 기독교의 영성체 의식은 옛 토템 회식의 공격적 성격이 빠지고 애정과 존경의 측면만이 남아 있는 것이다. 이것은 기독교를 친부살해의 도식으로 해석하는 것을 가능하게 해 준다. 일신교를 처음 만들어 그 지도자가 된 모세는 원시 부족의 수장을 재현한 가부장이다. 그러나 이스라엘 민족은 그를 살해했고[61] 그 죄의식으로 메시아 사상을 만들어 냈다. 그렇다면 이 세계를 구원하러 오는 구세주(예수)는 다름 아닌 형제 부족의 수장, 즉 아버지를 죽인 바로 그 사람일 것이다. 아버지를 이긴 형제들의 머릿속에 아버지에 대한 외경심과 추억이 남아 있어 그것이 토템 회식의 의식으로 나타나듯이, 기독교에도 옛 아버지에 대한 추억과 외경심이 남아 있고 그것이 영성체 의식으로 제도화된 것이다.

이런 점에서 프로이트는 유대교를 아버지의 종교, 기독교를 아들의 종교로 생각한다. 옛날의 하느님 아버지는 뒷전에 돌리고 이제 아들이 모든 것을 차지하고 아버지에게 반항하는 아들의 시대라는 것이다. 고대의 영웅 개념도 이 친부살해의 도식에 맞춰 볼 때 쉽게 이해가 된다. 모든 신화나 설화의 영웅들은 어떤 식으로든 아버지를 부정하고 또는 아버지를 죽이기까지 하기 때문이다. 이 친부살해적 영웅 개념을 사르트르는 부르주아의 특성으로 원용했다.

이처럼 프로이트는 친부살해를 인류학적으로 해석하고 있는 반

---

61 성서는 모세가 40년 광야 생활이 끝나는 시점, 약속의 땅 코앞에서 생을 마감했다고 기록하지만, 프로이트는 이스라엘 백성이 그를 살해한 뒤 죄의식에서 훗날 그를 미화한 것이라 주장한다.

면, 사르트르의 친부살해는 자기원인(cause de soi)[62]의 측면에서 본 존재론적 접근이다. 그리고 그것을 계급으로서의 귀족과 부르주아지에 대입시킨다는 점에서 역사사회적이다. 근대 이전의 소위 구체제 하에서 인간의 자기원인은 신 또는 신화적 과거 속에 자리 잡고 있었다. 특히 귀족은 아버지에서 아들에 이르기까지 똑같은 사람이었다. 다시 말하면 인간이라는 것은 한 아버지의 아들이면서 언젠가 또 한 아들의 아버지가 될 사람이었다. 이 말은 영원한 반복과 부자동일시를 의미한다. 그것은 소위 사르트르가 말하는 규격품적 인간(série, 영 series)의 근원이다. 그는 『변증법적 이성 비판(Critique de la raison dialetique)』에서 동질의 요소들로 환원된 원자화된 인간들을 시리즈적 인간이라고 지칭했다.

아무런 개인적 특징이 없이 아버지의 인생만을 반복하는 이들은 자신들의 권리가 신이 내려 준 권리라고 믿는다. 반복은 아득한 옛날에 시작되었는데, 그 시초에 신이 존재한다. 여기에 가족소설의 도식이 개입한다. 한 가문의 시조는 자신의 존재에 권위를 부여하기 위해 언제나 허구적 가족사에 의존한다. 예컨대 부모 중 최소 한 한쪽은 신과 연관이 있다는 신화를 만들어 낸다. 이 첫 번째 고리가 그들의 생존권과 타인을 지배할 권리를 담보해 주는 신권(droit

---

62 자기원인이란 신이나 창조주 또는 만물의 원인이 스스로 필연성이므로 그 자체로는 아무런 원인이 없고 따라서 스스로 자기 자신의 원인이라는 의미이다. 즉 자기 자신이 자기 존재의 원인이다. 스콜라 학파에서는 신을 자기원인이라고 생각했고, 근대에 와서 스피노자는 실체를 자기원인이라고 규정했다.

divin) 사상으로 이어진다.

자기원인이 신에게 있으므로, 즉 태어나는 순간부터 남의 위에 군림하며 당당하게 살 권리를 타고났으므로 그들에게는 출생이 곧 권리의 확보이다. 사르트르가, 귀족의 부자관계는 동등하며 아버지와 아들들이 똑같이 가문의 이름에서 소외되어 있다고 말하는 것은 이런 의미이다. 귀족은 태어나는 것만으로 모든 것이 결정된다. 자기 스스로 아무것도 이룬 것이 없어도, 존재하는 것만으로 무슨 가문의 몇 대손이라는 장점과 권리를 그대로 소유한다. 행위(faire)와 존재(être)라는 인간의 기본 양태 중에서 귀족은 행위가 없는 존재이다.

그러나 부르주아지는 귀족의 이러한 존재에 맞서 행위를 내세운다. 즉 자신의 권리를 보장해 줄 혈통이 없으므로 자신의 행위를 통해 스스로의 존재를 정립하는 것이다. 자기 존재를 자기가 스스로 만들고, 새로운 정체성(identité)을 만들며, 순전히 자기 힘으로 근원적, 상징적 존재에 도달한다. 그냥 전통에 의해 가문의 성(姓)을 간직하는 것이 아니라 자기 장점, 자기 작품에 의해서 자신의 이름을 스스로 만드는 것이다. 자신을 스스로 탄생시키고, 자신을 자기가 형성하고, 자기 머리 위에 스스로 왕관을 얹는다. 다시 말하면 자기원인을 자기에게서 찾는 것이다.

나폴레옹은 스스로 자기 머리 위에 왕관을 얹었고, 볼테르는 로앙(Rohan) 공에게 다음과 같이 말한다. "내 이름은 나에게서부터 시작되었는데, 당신 이름은 당신에게서 끝난다(Mon nom, je le commence, et vous finissez le vôtre)."[63] 자기 이름이 자기에게서 비롯된다는 것은 아버지를 부정하는 것이고, 아버지를 부정하는 것은 무에서부터의 창조이며, '가족소설'이다. 가문의 후광을 등에 업고 행위 없이도 존재가 가능했던 귀족들과는 달리, 부르주아는 그 누구의 아들도 아니고, 그 무엇의 아들도 아니며(fils de rien), 무에서부터 나왔고(ex nihilo), 스스로 자기원인이며, 생식되지 않은 생식자(géniteur inengendré), 창조되지 않은 창조자(créateur incréé)이다. 즉 스스로 자기 자신의 아버지이다.

옛날 영웅들의 가족소설이 용과 싸우는 것 같은 무용담에 의존했다면 현대 부르주아지의 가족소설은 자신의 능력과 업적에 의해 실현된다. 아버지와 전통과 과거를 부정하므로, 부르주아지의 시간성은 현재이다. 죽어 있는 과거가 아니라 매순간 변화 생성되는 역동성이라는 점에서 부르주아지의 존재는 또한 역사성이다. 인간이 자기원인을 과거의 신화 속에서 찾는 시대는 모든 것이 초시간성이며, 반복이고 정체일 뿐, 거기에는 역사성이 없다. 역사성이란 반복적 시간성에서 단절하여 '지금 여기(ici et maintenant)'에 뿌리를 박는 인간의식이다.

사르트르는 이처럼 친부살해의 도식을 역사적 계급에 적용함으로써 이 개념에 사회역사적 의미를 부여했다. 그는 플로베르도 친

---

63 볼테르의 본명은 프랑수아마리 아루에(François-Marie Arouet)이다. 젊은 시절 로앙 공과의 반목으로 투옥됐다가 망명을 조건으로 석방되어 3년간 영국에서 보내고 귀국, 이후부터 볼테르라는 필명을 쓰기 시작했다.

부살해를 이루고 자기 작품의 아들이 되었다고 말한다. 플로베르에 대한 사르트르의 애정은 미학적인 측면 말고도 이러한 무에서의 창조에 대한 존경심 때문이 아닐까, 생각해 본다.

L'Esthétique et l'irréel

플로베르에 적용된 상상 이론

Chapter 3

Irréalisation

비실재화

사르트르 말년의 방대한 저서 『집안의 백치(L'Idiot de la famille)』 전 3권은 플로베르에 대한 전기, 평론, 정신분석이면서 동시에 19세기 프랑스 사회에 대한 일종의 다이어그램이다. 그 무엇으로 한정지을 수 없는 방대한 분량의 책에서 그 거대한 구조의 의미를 밝혀 줄 하나의 열쇠말을 찾아볼 수 있을까? 있다면 그것은 어떤 것일까? 클로드 뷔르줄랭은 그것을 죽음 또는 무(無)(la mort, le Néant)라고 했고,[01] 조지프 핼펀(Joseph Halpern)은 그것을 수동성이라고 했다. 그는 "『집안의 백치』의 문제는 상상이고, 이 책의 주요 주제는 플로베르의 수동성이다"[02]라고 말했다. '죽음', '무(無)', '상상', '수동성' 등은 일반적인 의미에서는 그 카테고리가 다르나 사르트르의 글에서는 전부 한 곳으로 수렴되는 말들이다.

---

01 Burgelin, "De Sartre à Flaubert ...," p. 692.
02 Joseph Halpern, "Critical Fictions," in *The Literary Criticism of Jean-Paul Sartre* (New Haven and London: Yale University Press, 1976), p. 128.

비실재(非實在, irréel), 정적주의(靜寂主義, quiétisme),[03] 부재주의(不在主義, absentéisme), 인간혐오(misanthropie), 고공의식(conscience de survol), 물질성(matérialité) 등도 결국 모두 하나의 뜻으로 모아지는 행위나 현상들이다. 즉 글을 쓰는 행위의 기원, 또는 그 수단을 나타내는 말로서, 모두 플로베르의 순수문학을 지칭하는 사르트르의 용어이다. 그런 의미에서 "이 책은 플로베르나 사르트르에 관한 소설일 뿐만 아니라 언어와 글 쓰는 행위에 관한 소설이다"[04]라는 핼펀의 말은 적절한 표현이다. 물론 이때 '소설'이라는 말은 반어적으로 쓴 것이지 『집안의 백치』가 정말 소설이라는 얘기는 아니다.

'문학에 의한 인간의 소외'쯤으로 해석될 수 있는 이 말들 중에서 특히 '비실재(非實在, irréel)'를 키워드로 주목하려 한다. 왜냐하면 플로베르가(또는 사르트르가) 인생에 권태를 느끼고, 행동을 거부하고, 인간들을 혐오하게 되는 것은 결국 실재와의 관계에 문제가 있었기 때문이다. 다시 말해서 모든 실재를 비실재적으로 보거나 또는 의식적으로 실재에서 벗어나 비실재의 상상 속으로 도피했기 때문이다. 상상의 세계는 예술의 세계일 수밖에 없으므로, 상상적 인간이 할 수 있는 유일한 행위는 예술이다. 여기서 플로베르의(또는 사르트르의) '비실재'의 미학이 생겨난다.

자신을 비실재로 느끼는 사람은 남이 기대하는 자기, 그러니까

---

03 외적 활동을 배제하고 마음의 평온을 통해 신과의 합일을 추구하는 신비주의 그리스도교 교리.

04 Halpern, "Critical Fictions," p. 161.

자신에게는 낯선 자기(personne autre)를 남들에게 보여 줄 수밖에 없는데, 이건 실제적 삶이 아니라 완전히 연기(演技)이다. 그런데 이처럼 자기 인생을 연기(jouer la comédie)하는 삶은 부르주아적 특징이다. 이것이 사르트르의 부르주아 혐오로 이어진다.

현대 사회에서 부르주아는 '잘사는 계층'이라는 보통명사가 되었지만 원래 이 단어는 특정 계급의 이름이었다. 프랑스 대혁명 이전까지 귀족과 성직자 다음의 제3신분으로 정치적 억압을 받던 피지배 하층계급이었다. 왕정복고(1815~1830) 시절의 사회를 그린 발자크의 『고리오 영감』 첫 페이지에는 '보케 부인의 부르주아적 하숙집(pension bourgeoise)'이라는 표현이 나오는데, 이는 파리 뒷골목의 초라하고 값싼 하숙집이라는 뜻이다.

부르주아라는 단어가 문헌에 처음 등장한 것은 1240년 릴의 성 베드로 성당 기록집에서이다. 프랑스어에서 'bourg(부르)'는 우리의 읍(邑)에 해당하는 행정 단위의 명칭이고, 여기 사는 사람들을 bourgeois(부르주아)라고 불렀다. 우리의 군민이나 읍민이 그렇듯이 이들도 당연히 농민은 아니었다. 13세기 유럽의 소도시에 살던 이들은 주로 상업에 종사했고, 혹은 물건을 만들어 내는 장인들이었다. 상업은 돈을 벌게 했고, 이들은 차츰 부를 축적해 가면서 엄청난 재력을 갖게 되었다. 그들은 자식들에게 법학, 의학을 공부시켰다. 상거래에 동반되는 법률 분쟁을 해결하기 위해 법학이 필요했고, 유일한 자산인 몸의 건강을 유지하기 위해 의학이 필요했기 때문이다. 잉여가치로 풍요로워진 가정환경 속에서 일부 자제들은 철학자, 작가, 시인, 화가가 되었다. 17세기 영국의 자연법 사상가들인 홉스나 로크 등이 부르주아 계급이고, 18세기 계몽주의 시대 프랑스의 루소, 볼테르 등이 모두 부르주아 계급이다.

계속해서 위로 올라가던 이 계급(상승 계급)의 경제력이 마침내 지배계급인 귀족을 넘어섰을 때, 그리하여 정치적 지배와 경제력의 균형이 깨졌을 때, 그 균형을 바로잡기 위해 발생한 역사적 사건이 바로 1789년의 프랑스 대혁명이다. 우리 역사에서 '시민혁명'이라고 번역되는 대혁명은 프랑스어로는 '부르주아 혁명'이다. 대혁명으로 왕을 단두대에 보낸 부르주아 계급은 재력에 걸맞은 정치적 힘을 쟁취했다. 19세기 동안 몇 번의 왕정과 제정(帝政)을 거치기는 했지만 그것은 표면적이었을 뿐 대혁명 이후 부르주아지는 명실공히 지배계급이 되었다. 거의 모든 문필가가 부르주아 출신인데, 이들 중 일부가 극렬하게 자기 계급을 증오하고 비판하는 것도 부르주아 계급의 한 특징이다. 19세기의 플로베르가 그랬고, 보들레르(Baudelaire)도 그랬으며, 20세기의 사르트르도 그 전통 중의 하나이다.

'비실재(irréel)'를 사르트르 연구의 키워드로 삼으려는 것도 미학적 함의와 함께 그것이 계급 문제라는 사회학적 접근을 허용해 주기 때문이다. 비실재에 대해서는 세 가지 접근 방식이 가능하다. 우선 이것이 한 인간의 인격 형성에 영향을 주었는지를 확인하기 위한 정신분석학적 접근이 있다. 두 번째로는 무(無) 또는 비실재의 미의식을 끌어낸다는 점에서 미학적 접근이 가능하다. 그리고 세 번째, 플로베르나 사르트르에게 자신들의 출신계급인 부르주아를 배척할 근거를 마련해 주었다는 점에서 사회학적 접근이 가능하다.

우리는 이 중에서 우선 정신분석학적 접근과 미학적 접근을 통해 사르트르와 플로베르의 유사성을 살펴보고자 한다. 왜냐하면 '비실재'야말로 두 사람의 공통분모이기 때문이다. 『집안의 백치』를 자신의 초기 저작 『상상계(L'Imaginaire)』(1940)의 속편으로 생각한다는[05] 사르트르 자신의 말이 한층 더 우리의 심증을 굳혀 준다. 왜냐하면 『상상계』는 '비실재'의 미학을 집중적으로 다루고 있는 상상의 이론서이기 때문이다.

1. "나는 죽음의 욕망과 함께 태어났다"

플로베르가 13~14세 때부터 20세 전후까지 쓴 수많은 청소년기의 작품 속에는 동일한 주제와 상징이 자주 반복적으로 나타나는데, 그것은 권태, 고통, 회의, 원한, 염세, 늙음, 죽음 같은 것들이다. 불과 열서너 살의 어린 나이에 인생의 권태와 고통, 염세를 말한다는 것은 특이한 조숙 현상이 아닐 수 없다. 20대 이후에 쓴 여러 편지들도 이것을 뒷받침하고 있다. 편지에 쓴 자기 묘사에 의하면 그는 타고난 우울증의 소유자인 것 같다. 인생을 살아 보기도 전에 아주 어릴 때부터 인생을 무거운 짐으로 여겼고, 인생의 즐거움을

---

05 *Situations IX* (Gallimard, 1972), 118.

맛보기도 전에 미리 그것에 실망했다. 인생의 권태를 잊기 위한 유일한 방법은 글 쓰는 일뿐이었다. 글 쓰는 일에 몰두할 때는 우울함을 잊었으나, 잠시 일을 중단하기만 해도 깊이 숨겨진 상처는 마치 물속에 잠겼던 시체처럼 다시 떠올랐다. 25세 때 연인 루이즈 콜레에게 보낸 편지에 집중적으로 나타나는 자기 고백이 바로 그것이다.[06]

플로베르는 아홉 살 때부터 글을 쓰기 시작하여 22세에 첫 소설인 『감정 교육』 첫 판을 썼다. 이것은 제목만 같을 뿐 우리가 지금 알고 있는 『감정 교육』은 아니다. 22세 이전에 쓴 수많은 희곡, 단편, 회상록들에도 어김없이 짙은 염세관이 나타나 있다. '회의적 사고(Pensées sceptiques)'라는 부제가 붙어 있는 『임종(臨終)의 고통』은 그가 17세 때인 1838년에 쓴 것인데 거기에 이런 구절들이 있다.

"인생은 저주다."

"그렇다. 비참과 불행이 인간을 짓누르고 있다."

"불행이란 무엇인가? 인생이다."[07]

---

06 *Correspondance*, A Louise Colet, 21 octobre, 2 décembre, 20 décembre 1846.
07 Gustave Flaubert, *Les Agonies: Pensée sceptiques* (*L'Idiot II*, 1490 재인용).

『임종의 고통』은 플로베르가 13세 때 학교신문에 내기 위해 쓴 『지옥으로의 여행(Le Voyage en enfer)』을 보완해서 쓴 것이다. 그러니까 그는 이미 13세 때부터 이 세상의 악과 불행을 제시하고 인생이 곧 저주라는 결론을 내렸던 것이다.

그의 청소년기 작품 중에서 『한 미치광이의 추억』(1838년, 17세), 『회상(Souvenirs)』(1841년, 20세), 『11월』(1842년, 21세)의 세 편은 1인칭으로 쓰인 자전적 회상록이다. 여기서 그의 염세주의는 한층 더 분명하게 드러난다. 인생이라는 짐을 지기도 전에 정열은 사라졌고, 모든 것이 메마르고 지루하고 눈물마저 말라 버려 거대한 피로와 음울한 권태가 마치 수의(壽衣)처럼 자신을 감싼다고 표현했다.[08] 21세 때 쓴 『11월』에는 죽음에 대한 욕망이 강하게 나타나 있다. "나는 죽음의 욕망과 함께 태어났다"거나 "인생은 탐욕적으로 죽음을 사랑한다"[09]는 등의 말이 그것이다.

이것을 사르트르는 프로이트의 '죽음의 충동'으로 해석한다. 프로이트는 정신적 긴장을 해소하기 위해 생명 이전의 무기적(無機的) 상태로 퇴행하고자 하는 인간의 욕구를 '죽음의 충동'으로 규정했었다. 만일 프로이트가 플로베르의 『11월』을 읽었다면 아마도 그는 거기서 죽음의 충동의 가장 생생한 예를 보았을 것이다. 이처럼 생명 이전 상태로의 회귀를 갈망하는 것은 『한 미치광이의 추억』에도 잘 나타나 있다. "애초에 왜 너는 태어났는가? 네가 그것을 원하기

---

08 Gustave Flaubert, *Les Mémoires d'un fou* (*L'Idiot II*, 1490 재인용).
09 Flaubert, *Novembre* (*L'Idiot II*, 1714-15 재인용).

라도 했다는 말인가?"[10]라는 질문으로 그는 자신이 차라리 이 세상에 태어나지 않았기를 원하고 있다. '삶의 본능'보다 '죽음의 본능'이 더 강한 이 우울한 소년이 인생의 모든 것에 냉소적인 시선을 보내는 것은 당연한 일이었다. 그는 사랑도, 영광도, 신도 믿지 않았으며 유일하게 '무(無)에 대한 신념(foi au néant)'[11]만을 갖고 있다고 고백했다. 이 '무(無)에 대한 신념'이야말로 나중에 그의 독특한 미학이 되어 절대예술을 창조하게 될 것이다.

이처럼 철저하게 인생을 혐오하고 권태를 느끼는 사람에게 행동은 무의미하다. 태어나지 않았으면 좋았을 인생을 마지못해 참으며 살아가는 사람이 무슨 행동을 할 것인가? 플로베르가 정적주의(quiétisme)의 성격을 갖는 것은 당연한 이야기이다. 정적주의란 다른 말로 하면 '행동하지 않기(inaction)', '행동의 포기(renoncement à l'action))', '행동에 대한 혐오(dégoût de l'action)', '무감각하게 되기(insensibilisation)', '인간의 행동을 증오하기(haïr les agitations des hommes)'이다.[12] 첫 번 『감정 교육』의 주인공 쥘의 다음과 같은 태도가 그것을 잘 보여 준다.

그의 속으로 뭔가가 들어올 때마다 그는 마치 자기 궁전에서 더 편

10　Flaubert, *Les Mémoires d'un fou* (*L'Idiot II*, 1530 재인용).
11　Ibid. (*L'Idiot II*, 1514 재인용).
12　*Correspondance*, A Maxime Du Camp, 21 octobre 1851; A Ernest Feydeau, 19 décembre 1858.

안히 걷기 위해 손님을 박대하는 영주처럼 그것을 무자비하게 내쫓았다. 그리고 모든 것은 채찍 같은 그의 냉소 앞에서 도망쳤다. 그 무서운 냉소는, 생겨날 때보다 더욱 더 격렬하고 날카롭게 대상을 향해 돌진했다. […]

과거를 사실 이상으로 나쁘게 생각하고, 자기 자신에게 가혹하고, 초인적인 금욕주의 속에서 마침내 자신의 모든 정열을 잊어버렸을 뿐만 아니라 한때 그런 정열을 가졌다는 사실조차 이해하지 못하게 되었다. […] 가끔 남들처럼 살고 행동하고 싶은 유혹이 생기기도 하지만 곧 냉소가 행동 밑에 자리 잡고 들어와 결국 아무런 행동도 하지 못하게 만든다. […] 냉소는 너무나 빨리 모든 사물 속으로 내려와 단숨에 거기에서 무(無)를 본다. […] 버려지고 메마르고, 서늘한 그늘과 졸졸 흐르는 샘물을 빼앗긴 쥘의 존재는 마치 사막처럼 조용하다.[13]

그렇다면 왜 행동을 기피하고, 일체의 행위를 거부하는가? 루이즈 콜레에게 보낸 편지에 그것이 잘 드러나 있다.[14] 그는 인간들의 행동과 그들의 보잘것없는 욕구들을 경멸했다. 행동을 하지 않을 뿐만 아니라, 더 나아가 아무것도 원하지 않고, 아무것도 느끼지 않고, 아무것도 보지 않는 상태를 동경했다. 그의 정적주의는 결국 어떤 직업도, 어떤 사회적 신분도 갖지 않고, 어떤 인간적 유형으로

---

13 Gustave Flaubert, (première) *L'Education sentimentale* (*L'Idiot II*, 1932 재인용).
14 *Correspondance*, A Louise Colet, 18 janvier 1854.

도 분류되지 않겠다는, 결정의 거부로 이어진다. 플로베르는 "절대적 비결정(非決定)을 선택했다(choisir l'indétermination absolue)"라는 사르트르의 표현이 그것이다.

2. 늙음에 대한 동경

행동(action)을 거부하는 것은 시간의 흐름을 거부하는 것이며, 따라서 실천(praxis)의 거부이다. 행동의 거부가 왜 시간의 거부로 되는지 알기 위해 여기서 잠시 플로베르의 정적주의에 대한 사르트르의 존재론적 해석을 짚고 넘어가야 할 필요가 있다.

> 현재의 불가능한 충만성 대신 완전한 행위 부재의 공백이 들어선다.
> […] 모든 행동을 거부함으로써 그는 시간의 탈자적(脫自的, ek-statique) 구조를 거부한다. 다시 말해 자신의 원초적 수동성을 한껏 이용하여 모든 행동을 소극적으로 부정하고 무효화한다. 그것은 자신에게서 인간을 비워 내는 일이다. (*L'Idiot II*, 1654)

지금 현재의 모습이 되기 위해 나는 과거의 나에게서 빠져나왔고, 또 미래의 어떤 모습이 되기 위해 나는 현재의 나로부터 몸을 빼내 앞으로 향해야 할 것이다. 이처럼 종전의 '나'에서 새로운 '나'로 전진하는 과정에는 시간이 필요하다. 아니 그 자체가 바로 시간이다.

시간성이란 '나'로부터 빠져나오는 '나'의 존재양식이다(L'Idiot I, 175). 시간은 과거의 모습이었던 나, 그리고 앞으로 내가 되기를 원하는 모습의 나로부터 나를 분리시켜 준다. 그뿐만 아니라 내가 하고 싶은 것, 다른 사물들 또는 다른 사람들과 나 사이도 분리시켜 준다.[15] 시간은 과거, 현재, 미래 등 3개의 탈자적 구조로 되어 있다.

탈자(脫自, ek-stase)란 자기로부터 빠져나온다는 의미이다. 그런데 자기로부터 빠져나오는 존재(être qui est soi-même hors de soi)는 다름 아닌 대자이다. 대자는 "…를 향해 자신으로부터 빠져나오는 (échappement-à-soi vers …)"[16] 존재이다. 대자는 즉자인 과거에서부터 나와 역시 즉자로 기대되는 미래로 들어간다. 과거와 미래는 단단하게 충만해 있으므로 즉자이다. 그러나 현재는 틈만 나면 자기로부터 몸을 빼내려고 엿보는, 한중간에 무(無, néant)라는 공동(空洞)을 가진 결핍 상태이다. 그러니까 3개의 시간성 중 현재만이 대자이다.[17] 따라서 현재가 충만해 있다는 것은 구조적으로 불가능하다. 현재의 이 불가능한 충만성을 앞으로 투사(投射, projet)하여 미래의 즉자를 향하는 것이 인간의 행위이다. 사르트르는 이 '투사'에 '자신의 기획을 앞으로 투사함'이라는 새로운 의미를 덧붙였다. 그래서 사르트르 고유의 이 단어를 '투기(投企)', '기도(企圖)'라고도 번역한다. 플

---

15 Sartre, *L'Etre et le néant*, p. 176.
16 Ibid., p. 144.
17 Ibid., p. 164: "그러므로 과거란 즉자에 의해 사로잡히고 침몰한 대자이다. […] 즉자인 과거와 달리 현재는 대자이다"; p. 172: "그리고 미래를 향한 대자의 투기(projet)는 다름 아닌 즉자를 향한 대자의 투기이다."

로베르는 이 투기의 행위를 철저한 무위(無爲)로 대치했다.

그러니까 그에게는 아무런 행동도 없고 시간성도 없다. 시간은 영원히 정지되어 있을 뿐이다. 늙음이 빨리 오기만을 고대했고, 묘지에 비스듬히 누워 있는 횡와상(gisant)을 선망했다. 그가 물질성에 남다른 애착을 갖고 광물성(minéralité)의 미학을 발전시킨 것은 이 탈자적 시간성의 거부에서 연유한다. 『한 미치광이의 추억』에 이미 늙음을 선망하는 구절이 나온다.[18] 그리고 퐁 레베크에서 간질 발작을 일으킨 후 루이즈 콜레에게 보낸 편지들에는 시간성의 거부를 위한 늙음과 죽음의 주제가 더 자주 나온다.[19]

플로베르에게는 죽음과 늙음이 동의어이다. 늙어서 꼼짝 못하게 된 사람은 일에서 은퇴해야 하고, 더 이상 아무런 욕망도 없으므로 고통도 없고, 따라서 완전히 평정의 상태이다. 일에서 은퇴한다는 것은 모든 의무에서 해방되었다는 것을 뜻한다. 은퇴(retraité)와 평정(ataraxie), 이 두 가지 때문에 플로베르는 늙음에 매력을 느낀다. 무덤 위의 석상처럼 노년은 아무런 의지가 없고, 무감각하고, 황폐해 있다. 자신의 과거를 반추하는 일밖에 할 것이 없고, 정열이나 회한의 침입을 받지 않아 마치 '고요한 연못' 같은 생활이다. 이 노년의 조용한 생활에서 플로베르는 지고의 행복을 발견한다. 이것은 물론 노년의 내면에 대한 엄청난 무지에서 비롯된 생각이다. 죽음과 질병에 대한 공포, 사회적 소외와 좌절감, 고독 등 노년의 혼란스러운

---

18 Flaubert, *Les Mémoires d'un fou* (*L'Idiot II*, 1746 재인용).
19 *Correspondance*, A Louise Colet (*L'Idiot II*, 1747 재인용).

심리 상태는 결코 젊음의 고통보다 덜하지 않기 때문이다. 하여튼!

플로베르는 이 세상에 태어난 것 자체를 악으로 보았다. 그러므로 죽음은 이 출생의 악을 없애 주는 축복일 것이다. 그러나 『11월』의 주인공은, "자기가 더 이상 존재하지 않는다는 것을 느낄 만큼의 생명은 남아 있기를 원한다. 즉 죽음을 즐길 만큼의 생명은 있어야 한다는 것이다(... que la mort se repaisse d'elle-même et s'admire: assez de vie juste pour sentir que l'on n'est plus)." 사르트르의 표현에 의하면, 자기의식을 가진 무기력한 광물성의 상태이다(L'Idiot II, 1657).

3. "물질이 되고 싶다"

플로베르는 죽음을 선망한다기보다는, 또 늙음을 선망한다기보다는, 죽음과 늙음의 속성인 부동성(不動性)과 무위(無爲)를 선망했고, 석상처럼 꼼짝 않고 누워 있는 상태를 부러워했다. 그것은 탈자적 시간성의 철폐, 미래와의 완전한 단절을 의미한다. 늙은이처럼 과거는 반추하되, 모든 시간의 흐름이 정지되었으므로, 미래는 없다. 그러니까 늙음에 대한 플로베르의 선망은 완전하고도 순수한 수동성에 대한 염원이다. 『11월』을 쓴 2년 후, 퐁 레베크를 지나가던 마차 안에서 갑자기 딱딱하게 굳어 형의 발밑에 쓰러진 것도 이 같은 부동성, 완전한 수동성, 그리고 물질로의 회귀를 위한 전략이었다는 게 사르트르의 주장이다. 플로베르가 간질의 발작으로 쓰러진 사건을 그가 '전락(la Chute)'이라고 명명한 것을 제1부에서 보았는데, 사르트르의 언어 프레임 안에서 '전락'은 물질성과 거의 같은 의미를 지니며, 한편으로는 성서적 의미도 함께 갖는 것이어서 매우 의미심장하다.

플로베르가 선망했던 그 누워 있는 석상들은 쓰러져, 죽음에 의해 사로잡히고 단숨에 살이 돌로 변했다. 『11월』의 젊은 작가가 선망하는 것은 이처럼 딱딱하게 굳어 버린 화석 현상이지 결코 진짜 죽음이 아니다. 전락과 광물화(鑛物化)는 똑같은 것이다. (L'Idiot II, 1856)

과연 플로베르에게는 물체에 대한 강박관념이 있다. 인간의 물체화는 그의 작품에 자주 등장하는 주제이다. 딱딱하게 굳었다는 점에서는 시체도 사물과 동가(同價)의 대접을 받는다. 16세 때의 작품 『정열과 덕성(Passion et vertu)』(1837)에서는 여주인공 마르그리트(Marguerite)가 죽어서 해부대 위에 눕는다. 같은 소설의 다른 여주인공 마차(Mazza)도 죽은 후 관리들의 음탕한 시선 밑에 옷이 벗긴 채 알몸으로 눕혀진다. 『퀴드퀴드 볼뤼리스』(1837)에서 괴물 주인공 드 잘리오는 죽은 후 박제가 된다. 신성한 인간인 스마르(『스마르Smarh』, 1839)는 유크(Yuk)와 사탄에 의해 조종되고 인도되는 물건(objet)이다. 『성 앙투안의 유혹』의 마지막 구절은 "물질이 되기를(Etre la matière)!"이라는, 물질성의 염원으로 끝난다.

『보바리 부인』에서는 에마 보바리(Emma Bovary)의 남편 샤를이 아내의 죽음에 애통해 하다가 죽자 그 시체가 해부되는 장면이 소설의 마지막 페이지에 건조한 한 문장으로 묘사되어 있다. 스쳐 지나가듯 아주 짧은 문장이어서 소설을 읽은 대부분의 독자가 기억하지 못하는 구절이다. 어린 시절의 사르트르가 아주 인상 깊게 읽었다는 구절이다.

다음날 샤를은 덩굴시렁 밑의 벤치에 가 앉았다. 얽어 맨 나뭇가지 사이로 햇빛이 흘러들었다. 모래 위에 그림자를 드리운 포도 잎사귀들, 향긋하게 공기 속에 스며든 재스민 향기, 푸른 하늘, 만발한 백합꽃, 그리고 붕붕 날아다니는 풍뎅이 떼. 몽롱한 사랑의 향기에 취하듯 슬픔에 잠긴 샤를은 소년처럼 심장이 부풀어 와 숨이 막혔다.

저녁 일곱 시, 오후 내내 아빠를 보지 못했던 어린 베르트가 식사 때를 알리러 왔다. 샤를은 머리를 뒤로 젖히고 벽에 기대어 눈을 감고 입을 벌린 채 긴 머리카락 한 줌을 양손에 쥐고 있었다.

"아빠, 저녁 먹어야지!" 아버지가 장난치는 줄 알고 살짝 밀자 그는 땅바닥에 쓰러졌다. 이미 죽어 있었던 것이다. 서른여섯 시간 뒤 약제사의 요청으로 카니베 씨가 달려왔다. 그를 해부해 보았지만 아무것도 발견하지 못했다.[20]

그에게 있어서 시체의 강박관념은 죽음의 유혹과 전락의 유혹이 한데 합쳐진 것이다. 즉 고통과 절망의 시간성 속에 사로잡혀 있

---

20 Gustave Flaubert, *Madame Bovary* (*Garnier*, 1971), p. 356.

는 대자를 아무런 고통이 없는 물질 상태인 즉자로 바꾸고자 하는 유혹이다.

시체에 대한 강박관념은 어린 시절의 환경에서 유래했다고 볼 수도 있다. 학구적 외과의사였던 그의 아버지는 열심히 연구했고, 늘상 해부실에서 시체를 해부했다. 병원과 살림집이 붙어 있었으므로 어린 귀스타브와 누이동생 카롤린은 손쉽게 창문으로 그것을 들여다 보았을 것이다. 『허삼관 매혈기』를 쓴 중국 작가 위화(余華)도 아버지가 의사였기 때문에 어린 시절 집 옆에 있는 시체 안치소에 들어가 서늘한 콘크리트 대에 자주 누웠던 기억이 있다고 했는데, 사르트르와의 상호텍스트성이 강하게 느껴진다.

사르트르는 프로이트의 용어를 빌려 이와 같은 시체와의 초기 대면을 '최초의 광경(vision primitive)'이라고 명명했다(L'Idiot II, 1867).[21] 시체는 '손으로 다룰 수 있는(maniable)' 딱딱한 물건이다. 의사는 해부대 위에 이것을 눕히고 옷을 벗기고 배를 가른다. 이렇게 다른 사람의 손놀림에 완전히 몸을 내맡기고 절대적인 수동성 속에서 조작 가능한(maniable) 물체의 상태로 있는 것은 갓난아기도 마찬가지다. 다른 사람의 손에 몸을 내맡긴, 무책임의 상태라는 점에서 시체, 갓난아기, 그리고 정신병자는 동렬에 놓이게 된다.

---

21 프로이트는 아이가 부모의 성행위를 목격하는 장면을 '최초의 장면'이라고 하였다. 사르트르는 플로베르의 물질성의 강박관념, 나아가 수동성의 선망이, 아버지의 시체 해부 장면에서 유래했다고 생각하여 그것을 최초의 장면이라고 말했다.

심신상실자, 시체, 그리고 갓난아기는 손으로 조작 가능한, 그러나 아직은 인간적인 무책임성의 각기 다른 단계를 나타내 준다. 육체는 적어도 의식적(儀式的) 행사의 대상으로 규정되는 것이다. (*L'Idiot II*, 1867)

그러니까 플로베르가 간질 발작을 일으켜 정신병자가 된 것은 완전한 수동성의 시체로 존속하기 위함이었다는 것, 다시 말해 속세적 일에서 벗어나 가족의 보살핌을 받으며 평생 무책임하게 살 수 있는 방편이었다는 것이 사르트르의 가설이다(Ibid.).

4. "내가 이 세상에 태어나기를 원했단 말인가?"

이처럼 물체를 선망하고 일체의 행동을 악으로 규정하는 정적주의의 저변에는 다른 인간들에 대한 경멸이 깔려 있다. 이것은 혼자 고고하게 누워 세상의 인간들을 내려다보는 고공비행의 의식이다. 그러므로 물질성은 당연히 인간혐오와 고공의식의 주제로 이어진다.[22]

18세 때 친구 에르네스트 슈발리에(Ernest Chevalier)에게 보낸 편지에 플로베르의 인간 경멸이 잘 나타나 있다. 인간에 대한 증오를 나타내기 위해 그는 인간을 한껏 깎아내려 희화화함으로써 그들을

---

22 *Correspondance*, A Ernest Chevalier, 24 février 1839.

조롱한다. 인간은 까마귀로 비유되고, 개나 돼지처럼 길에서 교미하는 것으로 묘사되기도 한다. 소설 『스마르』(1839)에서 인간은 개나 돼지의 등급으로 내려간다.[23] 그래서 그는 인간을 한껏 조롱한 네로 황제나 사드(Sade) 후작을 존경하고, 문인 중에서는 라블레(Rabelais)와 바이런(Byron)을 존경한다. 그들은 정면으로 인류를 조롱하거나 인류에게 해를 끼친 사람들이기 때문이다.[24]

그런데 이처럼 인간을 경멸하는 것은 인간들 위에 올라서서 그들을 내려다볼 때 가능한 것이다. 즉 '오만한 비상(飛翔)(l'envol d'orgueil)'(*L'Idiot II*, 1500)이다. 높은 곳에 올라가 마치 연극 구경 하듯 인간사를 내려다보며 웃는다는 이야기가 그의 편지에는 자주 나온다.[25]

『한 미치광이의 추억』 중 한 구절, "너는 왜 태어났니? 네가 그걸 원하기라도 했니…"라는 문장도 "인간 앞에 자리 잡아, 정면으로 인간을 조롱한다"는 플로베르의 의도를 잘 보여 주는 것이다. 그는 이미 13세 때 고공의식을 암시하는 듯한 글을 썼었다(*L'Idiot II*, 1179).

플로베르의 이러한 고공의식—인간혐오를 사르트르는 '위로부터의 시각(le point de vue d'en haut)', '수직상승(l'ascension verticale)', '탈상황(désituation)' 등으로 개념화했다.

23 Gustave Flaubert, *Smarh* (*L'Idiot II*, 1584 재인용).
24 *Correspondance*, A Ernest Chevalier, 13 septembre 1838.
25 Ibid.

자기가 소속해 있는 인류를 위에서부터 내려다봄으로써 그는 의식[26]의 단위인 경험적 자아로부터 초인적 주체를 끌어낸다. 단순한 반성적 사고를 수직상승과 동일시하고, 이 수직상승에 유사 현실성을 부여한다. 자신의 뿌리나 실체성을 부정하지 않은 채 그 뿌리나 실체성의 중요성에 이의를 제기하고, 또 반성적 의식을 상식적 '고공의식'의 유사물로 파악하면서 모든 조건에서 벗어나려 한다. (*L'Idiot II*, 1558)

한 인간은 어느 한 가정, 어떤 특정의 환경, 그리고 특정의 사회에서 태어난다. 이것이 그의 뿌리(enracinement)이다. 그러나 존재론적으로 보면 그가 이 세상에 태어날 하등의 이유나 필연성은 없다. 그는 그저 우연히 세상에 나와 존재하게 되었다. 이것이 인간의 존재론적 사실성(facticité)[27]이다. 근원적 우연성 말고도 그의 인생의 모든 것을 규정 짓고 한계 짓는 여러 조건들(conditionnement)이 있을 것이다. 이런 것의 집합이 경험적 자아(Moi empirique)일 것이다.

그런데 플로베르는 마치 자기가 인류의 일원이 아니기라도 한 듯 인류 전체에 오만한 시선을 던짐으로써 자신이 초인이라는 의식을 갖는다. 그러니까 그의 나머지 부분들은 그대로 땅 위에 내버려 둔 채 자신의 반성적 의식만을 수직상승시킨다. 이때 수직상승은, 자

---

26 사르트르는 프로이트의 정신분석에 나오는 무의식이라는 개념에 동의하지 않는다. 그는 무의식과 의식을 모두 포괄하는 개념인 '체험(vécu)'을 더 선호한다고 밝혔다 (*Situations IX*, 108, 110-11 등).

27 실존주의 용어로는, 아무런 이유도 필연성도 없이 그저 단순히 존재한다는 사실.

기 상황에서 **빠져나오는** 방식을 통해 이루어진다. 고공의식은 실제적인 것이 아니라 상상적일 수밖에 없는데, 이 상상의 고공의식과 반성적 의식은 결국 밀착된 두 겹을 이루고 있다. 쉽게 말하면, 모든 물질적 조건은 하나도 포기하거나 부정하지 않은 채, 의식만 고고하게 높은 곳에 올라가 세상을 경멸의 눈으로 내려다보는 것이다. 물질적 조건들에 가끔 이의를 제기하기는 하지만 대부분의 경우 그것들의 혜택은 고스란히 즐기면서 말이다.

플로베르의 이와 같은 자세를 사르트르는 고무풍선을 든 어린아이에 비유한다. 어린아이의 손가락에는 실이 감겨 있고 실의 끝, 허공에는 **빨간** 풍선이 매달려 있다. 풍선은 물론 어린아이의 손에 매달려 있기는 하지만 그것은 바람 부는 대로 이리 저리 날리며 유유자적 고공비행을 한다. 이때 어린아이의 손이 인간존재의 **뿌리**(enracinement), 사실성, 조건 등이라면, 풍선은 반성적 의식(conscience réflexive), 혹은 고공의식이다. 하늘 높이 올라가는 풍선은 수직상승 또는 탈상황의 행동(pratiques de dé-situation)이다. 수직상승으로 자기 상황에서 벗어나는 세 가지 길은 공간과의 단절, 시간과의 단절, 그리고 동시대인들과의 단절 등 세 가지의 방법을 통해서이다.

우선 자기가 처해 있는 상황에서 벗어나기 위해서는 공간과의 단절이 필수적이다. 플로베르는 항상 여행을 꿈꾸고 여행에 대한 갈망을 표출했다. 하지만 그의 여행이라는 것은 실제의 여행이 아니다. 더 정확히 말하면 그것은 반쯤만 실제의 여행이다. 그는 언제나 자신이 지금 여기가 아닌 다른 곳(ailleurs)에 있다고 주장했다. 그러나 그 다른 곳이란 실제의 공간이 아니라 상상의 공간이다. 여행을 꿈꾼다는 것은 자신이 들어 있는 공간과의 단절을 원한다는 뜻이다. 자신의 공간에서 벗어나면 누구네 집 아들, 어떤 능력, 어떤 성질의 인물이라는 자신의 사실성이 무의미해질 것이다. 그는 루앙에서의 자기 존재가 순전히 우연에 불과하다는 것을 보여 주고 싶었다. 그러니까 공간과의 단절을 꿈꾸는 것은 자신의 삶을 하나의 부재(absence)로서 살고 싶은 욕구의 표현인 것이다.

탈상황의 행동이 가장 잘 드러나는 것은 시간과의 단절에서이다. 앞서 정적주의에 대해 언급하면서 플로베르의 과거 집착 성향을 살펴보았다. 그는 미래에 대해 엄청난 공포감을 갖고 있다. 그에게 미래는 자기 운명의 비참한 결말을 의미하고, 볼테르적, 과학주의적 부르주아지의 승리를 뜻하기 때문이다. 즉 미래는, 그가 법학 공부를 마치고 변호사나 공증인이 되어 부르주아적 가치 체계 속에 편입되어 사는 것을 의미한다. 그래서 그는 시간을 현재에 정지시키고, 미래는 생각하지 않는 채 과거만 반추하며 살고 싶어 한다. 이러한 염원에 아주 잘 부합하는 것이 고공의식이다. 이것은 우선 동시대인과 자신을 잇는 끈을 조직적으로 부정하는 것에서 시작한다.[28]

그는 '절대적 시점(point de vue de l'Absolu)'을 취하여, 동시대인뿐만 아니라 아예 인류 전체와의 단절을 시도한다. 이것은 인간 자체

---

28 *Correspondance*, A Louise Colet (*L'Idiot II*, 1560 재인용).

에 대한 전면적인 부정이다.[29] 그는 자신이 얼룩말이나 인간을 포함한 '모든 살아 있는 것의 형제'라고 말했는데 이것은 범신론적 박애사상을 표현한 것이 아니라 인류에 대한 경멸을 표하기 위해서이다. 1871년 코뮌 사태 이후 친구 에르네스트 페이도(Ernest Feydeau)에게 보낸 편지에서 인류 전체를 자기의 토사물 속에 잠기게 하고 싶다[30]고 한 말이 그의 인간혐오를 잘 드러내 주고 있다.

고공의식 또는 탈상황의 구체적인 방법 중 하나는 '현실을 상상으로 대치(la substitution de l'maginaire au réel)'(*L'Idiot II*, 1558)하는 것이다. 다시 말해 현실에서 도피하여 상상의 세계로 들어가는 것이다. 이것은 정신 기능의 순간적인 정지, 즉 부재주의(absentéisme)로 이루어진다. 부재주의란 정신의 마비상태 또는 도취와 동의어라 할 수 있다. 여기서 부재란 보통 사람들의 정상적인 정신 기능이 부재하다는 이야기이다. 그러니까 쉽게 말해서 잠시 동안 정신 기능이 깜박 정지된 채, 마치 엑스터시와 같은 얼빠진 상태, 도취의 상태로 된다는 뜻이다. 플로베르는 어릴 때부터 자신이 대처할 수 없는 위험한 일만 생기면 정신이 멍해져 얼빠진 상태가 되었다고 한다(*L'Idiot II*, 1178). 멍한 상태는 위험한 순간들마다 그에게 찾아왔다. 이러한 도피가 수직상승이라는 기독교적 수직성의 구조를 마련해 주었다. 그 구조를 사르트르는 다음과 같이 표현한다.

---

29 Ibid. (*L'Idiot II*, 1561 재인용).
30 Ibid., A Ernest Feydeau (*L'Idiot III*, 495-96 재인용).

그러나 이러한 도피는 새로운 구조를 획득했다. 그의 간헐적인 사라짐에 '아래에서 위로'의 방향성을 부여하기 위해서는, 그리고 높은 곳에서 기절하기 위해서는 기독교적 수직성을 내재화하는 것만으로 충분했다. (Ibid.)

'사라짐(disparitions)'이란 정신 기능이 사라짐을 뜻하는 것이고, '기독교적 수직성'이란 인간에서 하느님 아버지로 이어지는 수직적 관계를 말한다. '높은 곳에서 기절하기(s'évanouir en hauteur)', 이것이야말로 플로베르의 경멸적인 부재주의를 가장 잘 나타내 주는 표현이다.

5. "나는 타인이다"

여기서 비실재(irréel)의 문제가 대두된다. 플로베르의 정적주의, 물질성, 고공의식, 인간혐오, 부재주의 등은 모두 '현실에서 도피하여 상상 속으로 들어가기(fuite du réel dans l'imaginaire)' 위한 것이다. 사르트르는 플로베르를 한마디로 상상의 인간, 비실재의 인간으로 규정한다. 『집안의 백치』에는 플로베르를 지칭하는 말들이 무수하게 많이 나오는데, 그것은 '상상의 영주(Seigneur de l'Imaginaire)', '무(無)의 기사(Chevalier du Néant)', '비실재의 거장(Maître de l'irréel)', '비실재성의 순교자(Martyr de l'irréalité)' 등이다. 사르트르에 의하면 플로베르는 어릴 때부터 비실재적인 상상의 세계 속에서 살았다.

이 어린아이는 비실재적인 것을 실현시키기 위해 상상에 경도한다. 이것이 당연히 그로 하여금 현실을 비현실화하게 만들었다. (*L'Idiot I*, 720)

그러면 귀스타브는 왜 이처럼 비현실적인 상상의 아이가 되었을까? 외부 세계의 요구에 행동으로 답할 수 없을 때, 우리는 우선 비현실적으로 된다. 그러면서 동시에 외부 세계도 그 실재성을 잃는다. 베네치아에서 강도를 만난 앙드레 지드(André Gide)의 경우와, 2차 대전중 사르트르의 경험이 그것이다.

베네치아에서 밤에 곤돌라를 타고 관광을 즐기던 지드에게 곤돌라 사공이 갑자기 강도로 돌변해 돈을 요구했다. 돈만이 아니라 목숨까지도 위태롭다는 생각이 들자 순간 지드는 모든 것이 비현실적으로 느껴졌다. 주위의 경치와 뱃사공까지 모든 것이 비실재적으로 보이고, 사람들이 모두 무대 위에서 연극을 하는 것처럼 보였다.

사르트르는 2차 대전이 한창이던 1940년 7월 부대원들과 함께 어떤 소도시의 광장에 있었는데, 앞에서는 독일군이 소총을 겨누고 있었고, 뒤의 성당 꼭대기에서는 프랑스군이 숨어서 광장을 향해 총을 겨누고 있었다. 이 진퇴유곡의 급박한 상황 속에서 그는 갑자기 자신과 주위의 모든 것이 비현실적으로 느껴졌다고 회상한다.

세계의 도전에 능동적으로 대처할 수 없는 사람, 즉 수동적인 사람이 비현실 속에 빠지는 것은 당연한 일이다. 그런데 플로베르가 어느 한 순간만이 아니라 지속적으로 비현실성을 느끼는 '상상의 아이', '비현실의 영주'가 된 것은 정체성의 위기(crise d'identification) 때문이었다. 그는 자신이 느끼는(sentir) 자기와 남에게 보이는(mon-trer) 자기가 일치하지 않았고, 남이 기대하는 자기만을 연기하다 보니 자신의 존재가 사라져 버렸다. 당연히 그는 현실감을 잃었다.

> 귀스타브는 그의 부모가 생각하는 낯선 모습이 정말 자기라고 생각했다. 그는 애써 이 모습의 자기를 연출하려 했는데 그것은 단지 부모를 즐겁게 하기 위해서만이 아니라 자신의 객관적 실체에 근접하기 위해서였다. 그는 이 흉내 내기 제스처에 의해 구성된 자신의 객관적 실체가 자기 속으로 미끄러져 들어가 텅 빈 자신을 충만하게 채워 주기를 원했다. 요컨대 그는 낯선 자기를 체현(體現)하여, 이 추상적 자아에 자신의 육체를 제공하고자 했다. 그러나 이런 체현의 의식을 거행할 때마다 그는 남에게 보이는 모습의 자신과 자기가 생각하는 자신이 결코 일치하지 않는다는 것을 뼈저리게 느꼈다. 다시 말해 그는 타인의 손 안에 들어 있는 자신의 즉자대자존재를 빼앗아 오고 싶어 했다. 그러나 타인의 손에 들어 있는 자신의 존재는 자신의 의식과 결코 일치하지 않으므로 체현은 필요하면서 동시에 불가능한 것이 된다. 그래서 이 아이는 근본적으로 자신이 비실재적 존재임을 느끼게 되었다. (*L'Idiot I*, 672-73)

인간이 자기소외를 경험하는 것은 이런 과정을 통해서이다. 즉 타인이 생각하는 자기와 자신이 느끼는 자기가 다를 때 우리는 당

황하고, 타인이 생각하는 자기, 즉 객관적 자기에 일치하기 위해 그
러한 타아(他我)를 연기한다. 그렇게 함으로써 타인의 손 안에 들어
있는 자신의 자아를 탈취하려 하나, 그것은 근본적으로 자기가 느
끼는 자아가 아니므로 두 자아의 일치는 불가능하다. 이것이 인간
의 자기소외이다.

> 사람들은 그를 귀스타브로 취급한다. 다시 말해서 정확히 자신이 그
> 러하다고 느끼지 않는 그런 모습의 자기로 믿어 주는 것이다. 타인의
> 믿음은 그로 하여금 자기 존재를 연기하도록 강요한다. 그리하여 그
> 는 미리 정해진, 그러나 자신은 잘 모르는 규범에 따라 맹목적으로
> 연기를 하며, 자신이 결코 납득할 수 없는 객관적 자아를 타아성(他
> 我性)의 차원에서 실현시킨다. 이런 점에서 남들의 믿음은 그의 인격
> 형성의 구성 요인이 된다. (*L'Idiot I*, 673)

타인들이 보아 주는 모습으로 자신을 연출한다는 점에서 그는
자기 모습을 흉내 내는 배우이다. 그러니까 그의 존재는 진정한 자
아(personne)가 아니라 허구적 자아(personnage)이다. 그의 존재가 이
처럼 원천적으로 자기소외라면 타인의 판단이 그의 자기의식보다
훨씬 더 우월한 지위에 있음이 틀림없다. 사르트르는 인간존재를
묘사할 때, 특히 부르주아를 비난할 때 항상 이 도식을 언급했다.
부르주아 계급은 그 어느 계급보다 특히 자신이 직접 느끼는 자기
자신을 하찮게, 중요하지 않게, 실재성이 없는 것으로 생각한다. 그

들은 자신에 대한 타인들의 판단만을 중요하게 여긴다.

　허구적 자아가 타인의 시선에 부합하는 허구적 인물을 연출할 때 필연적으로 비실재성이 발생한다. 인물의 연기에 몰두하다가 문득 자기 자신을 돌아보면, 자신이 이미 실재가 아니라 비실재라는 것을 깨닫게 되기 때문이다. 자신의 허상만을 만들어 내는 사람은 근본적으로 자기 자신도 허상이 아닐까, 라는 의문이 드는 것은 당연하다.

> 자기 자신, 다시 말해 비진실에 되돌아왔을 때 귀스타브는 망연자실
> 하여 자신의 비실재성을 발견한다. (*L'Idiot I*, 676)

　남들에게 그는 지극히 실재적인 존재이다. 남들은 그를 보고 그를 알고 있으며, 그 자신이 모르는 그에 대한 정보들을 갖고 있다. 이 정보들을 가지고 그들은 그를 판단한다. 남들은 그의 진실을 압류하고 있으며, 그것을 그에게 감추고 있다. 결국 그는 자신의 존재를 도둑맞았다. 그는 아무도 아닌 것이다. 비실재성이 곧 정체성의 위기로 이어지는 이유가 바로 이것이다(*L'Idiot I*, 678). 일찍이 시인 랭보(Rimbaud)도 "나는 타인이다(Je est un Autre)"라는 말을 한 적이 있다.

　사르트르의 글에 라이트모티프(leitmotiv)처럼 반복해 나오는 '역할을 연기하다(jouer la comédie)'라는 말은 역설적으로 그 자신의 강박관념과 정체성의 위기를 보여 주는 듯하다. 실상 플로베르를 묘사할 때 썼던 이 말들은 그의 자전적인 책 『말들』에서 자신의 어린

시절을 묘사하는 구절과 그대로 일치한다. 또 『존재와 무』에서 '자기기만(mauvaise foi)'이나 '대타(對他)존재(l'Etre pour-autrui)'를 분석할 때의 말들과도 그대로 일치한다. 이런 것들이 『집안의 백치』를 실질적인 사르트르의 자서전으로 읽게 하는 요인이다.

6. 잉여인간 플로베르

사르트르는 플로베르의 비실재성이 그의 수동적인 성격에서 비롯되었고, 그의 수동성은 언어 문제에서 기인한다고 주장한다. 이 주제에서도 역시 우리는 사르트르와 플로베르의 존재가 서로 분신처럼 한데 접착되어 있음을 알 수 있다. 『말들』이나 『상황 IX(Situations IX)』의 「작가와 그의 언어(Ecrivain et sa langue)」를 읽어 보면 『집안의 백치』에서 분석되고 있는 플로베르의 언어 문제가 그대로 사르트르의 것임이 드러나 있기 때문이다. 물론 플로베르와 달리 사르트르는 글을 늦게 깨우치거나 지진아가 아니었다. 아니 오히려 신동에 가까웠다. 그러나 처음 글을 배우기 시작할 때의 당혹감, 인생의 초기에 언어에서 느꼈던 충격, 그리고 말과의 불편한 관계라든가 평생을 언어와의 씨름으로 보냈다는 점에서 사르트르의 언어 문제는 플로베르의 그것과 별로 다르지 않다. 플로베르와 마찬가지로 사르트르도 언어를 물질성으로 생각했으며, 언어와의 관계가 한 인간의 모든 성격과 운명까지도 결정한다고 생각한다. 그가 언어 문제를 가장 중요한 요소라고 생각한다는 것은 『말들』의 첫 장이 「읽기(Lire)」이고, 『백치』의 처음도 역시 '읽기(Lire)'라는 소제목으로 시작한다는 점에서 분명히 드러난다.

『백치』 첫 부분 '읽기'에서 플로베르의 언어 문제는 다음과 같이 전개되고 있다.

귀스타브의 형인 아실은 신동이라는 소리를 들었고, 막내인 누이동생 카롤린은 귀스타브가 글을 배울 때 어깨너머로 작은오빠보다 먼저 글을 깨쳤다. 두 신동 사이에서 귀스타브는 지진아였다. 그의 부모는 "귀스타브가 백치가 아닐까?"라는 의구심을 갖기 시작했다(사르트르가 자기 책 제목을 『집안의 백치』라고 지은 이유가 바로 이것이다). 그는 일곱 살이 될 때까지 글을 읽지 못했다. 자신의 좋은 두뇌와 노력으로 유명한 외과의사가 되어 스스로 신분 상승을 이룬 아버지 아실클레오파스는 차남의 이 지진아적 상태를 도저히 두고 볼 수가 없었다. 그는 가정의 명예를 지키기 위해 차남의 글공부를 직접 떠맡았다.

형을 도저히 따라갈 수 없다는 동생의 열등감, 경솔하게도 아들이 보는 앞에서 아들에 대한 실망감을 그대로 나타낸 아버지의 실수, 아들에게 별로 애정이 없었던 어머니의 냉정한 성격, 이런 것들이 귀스타브의 원초적 수동성을 형성했다고 사르트르는 추정한다. 여하튼 일곱 살까지 글을 읽지 못했던 플로베르는 아홉 살에 작가가 되기로 결심한다. 그는 자신의 지진아 상태를 부정하기 위해, 그리고 자신이 일찍 습득하지 못했던 언어를 '회수'하기 위해 글을 썼다.

글 읽기를 배우는 것은 인간의 최초의 실천(praxis)이다. 플로베르는 인생의 이 첫 번째 실천에서 실패했다. 오랫동안 그는 두 개의 글자가 모여 하나의 음절을 이루고, 몇 개의 음절이 모여 하나의 말이 되는 기본적인 관계를 이해하지 못했다(*L'Idiot I*, 16). 말이 특정의 의미를 전달하는 기능을 갖고 있다는 것을 깨닫기 전에 그는 우선 단어들 자체를 독립된 사물로 생각했다. 즉 언어의 물질성에 매혹되었던 것이다(21). 언어의 물질성이란 언어를 사물로 생각한다는 뜻이다. 언어가 사물이므로 그것은 나의 안에 있는 것이 아니라 나와 상관없이 독립해 나의 밖에 있다.

이것은 사르트르에게도 그대로 해당하는 이야기이다. 『상황 IX』에 수록된 인터뷰 「작가와 그의 언어」에서 그는 언어를 '거대한 실재(immense réalité)', 또는 '타성태적 전체(ensemble pratico-inerte)'(*Situations IX*, 40)로 규정하면서 어릴 때 언어와의 관계를 피력하고 있다. 그러니까 그 자신의 언어 문제는 『집안의 백치』에서 기술되는 플로베르의 언어 문제와 똑같다.

말들은 내 안에 있지 않고 나의 밖에 있다. […] 어릴 때부터 나는 오랫동안 말과 사물을 혼동했다. 즉 책상이라는 말, 그것이 바로 책상이었다. 글을 쓰기 시작할 때 나에게는 이런 고전적인 순간이 있었다. 나는 아직도 거기서 벗어나지 못하고 있다. 언제나 나는, 책상을 소유하는 것은 책상이라는 말을 소유하는 것이라고 생각해 왔다. 그러니까 말과 나 사이에는 내면적인 관계가 있는데 그것은 소유의 관계이다. 즉 나는 언어와 소유적 관계를 맺고 있는 것이다. (*Situations IX*, 41)

언어학 이론으로 말해 본다면 기표(signifiant)와 기의(signifié)의 혼동이다. 사르트르가 어린 플로베르의 언어 관계를 언급하는 다음의 표현에서 그것이 잘 드러난다.

아이가 귀로 듣는 말도 엄연한 사실이지만, 이 말이 지시하는 실제의 존재가 있다는 것도 엄연한 사실인데, 아이는 그 두 개의 사실을 구분하지 못했다. (*L'Idiot I*, 24)

의미가 먼저 있고 그것을 가리키기 위해서 기호가 있는 것이 아니라, 기호 자체의 물질성이 먼저 있고 그 다음에 거기서 의미가 생겨난다는 것이 어린 플로베르 또는 어린 사르트르의 생각이었다. 플로베르는 어릴 때 자주 남의 이야기를 제대로 이해하지 못하고 멍한 상태에 빠지는 경우가 많았다. 그는 자신의 생각을 정확하게 말로 나타내는 영리한 아이가 아니었다. 여섯 살에 기호와 의미를 혼동하여, 기호의 물질성이 의미의 진실성을 보장해 준다고 믿었던 이 왜곡된 언어 관계가 그를 다른 사람들과 잘 섞이지 못하는 외톨이로 만들었다(Ibid.).

언어와의 불편한 관계가 왜곡하는 것은 타자와의 관계만이 아니다. 그것은 자신과의 관계를 왜곡하고, 더 나아가 인생 역정 자체를 결정짓게 될 것이다. 사르트르는 이처럼 언어와의 첫 만남에 큰 의미를 부여한다.

이 어린아이에게 언어는 나쁜 안내자였다. 언어를 통해 왜곡되는 것은 타인과의 관계만이 아니었다. 동시에 자신과의 관계도 왜곡되었다. (*L'Idiot I*, 26)

말과의 이 불편한 관계가 그의 인생 역정을 결정했다는 것을 우리는 보게 될 것이다. (13)

다른 사람들은 자신의 감정이나 의식을 말로 표현한다. 다시 말하면 그것들을 언어의 대상으로 생각하는 것이다. 그러나 플로베르에게는 그것들과 언어 사이에 전혀 공통의 척도가 없다. 말이 자기 내부에 있지 않고, 자기 것이 아니며, 자기 외부에 있는 어떤 물건이라고 한다면, 자기 느낌을 말로 표현한다는 것은 애당초 불가능한 일일 것이다. 인간이 산다는 것은 의미를 생산함을 의미한다. 인간은 외부의 의미를 받아들이는 삼투성(滲透性)이기도 하고 또 스스로 의미를 생산하기도 한다. 그런데 플로베르는 말을 외부적 사물로 생각했으므로 자기 스스로 의미를 생산할 수 없었다(26).

이처럼 플로베르가 자기 생각을 말로 표현하지 못하고 말과 불편한 관계를 갖게 된 것은 그의 어머니 때문이라고 사르트르는 주장한다. 플로베르의 어머니는 남편을 너무 사랑한 나머지 자식들에게, 특히 아들에게 별 애정이 없는 냉담한 여자였다는 것이다. '헌신적인 아내, 의무만의 어머니'였다는 것이 사르트르가 묘사하는 플로베르 부인의 모습이다. 이 가설은 비평가들로부터 '진짜 소설'이니

'엉터리 정신분석'이니 하는 호된 비판을 받고 있는 부분이기도 하다.[31] 플로베르의 가족 관계에 대한 사르트르의 자료 조사가 사실과 다른지 어떤지는 우리의 관심사가 아니다. 그것은 또 다른 논문의 주제가 될 수 있을 것이다. 다만 우리는 언어와 인간존재의 관계에 대한 사르트르의 분석이 탁월한 통찰력을 보이고 있다는 것을 인정하지 않을 수 없다. 이어지는 사르트르의 묘사는 마치 교육학 이론서의 한 부분 같다.

타고난 아내인 플로베르 부인은 단지 의무감만의 어머니였다고 나는 상상해 본다. 나무랄 데 없는 어머니였다. 그러나 부드럽지는 않았다. 정확하고 민첩하고, 빈틈이 없었다. 그 이상의 아무것도 없었다. 차남은 세심하게 보살펴졌다. 기저귀도 눈 깜짝할 사이에 갈아 채워졌다. 아이는 울 필요가 없었다. 젖도 정확히 제시간마다 물려졌다. 따라서 귀스타브는 공격성을 발전시킬 기회가 아예 없었다. (*L'Idiot I*, 136)

어머니가 이처럼 완벽하게 아이를 보살핀 것은 위로 두 아들이 죽고 난 다음에 귀스타브가 태어났기 때문이다. 이 아이도 언제 죽

---

31 조제트 파칼리는, 사르트르의 방법을 정신분석이라고 부르는 자체가 용어의 남용이며 극도의 순진성 (*Miroir*, 37)이라고 말했다. 정신분석에 이토록 무지한데 어떻게 그것을 마르크시즘과 통합하겠다고 주장할 수 있는가, 라고 그녀는 물었다(56). 한편 클로드 뷔르줄랭은 "사르트르가 재구성한 플로베르의 유년 시절을 읽으면 쓴웃음을 짓지 않을 수 없다. 정신분석이 각광을 받던 1965~1975년의 시기에 이런 무지를 보였다는 것이 놀랍기만 하다"라고 했다(Burgelin, "De Sartre à Flaubert...," p. 695).

을지 모른다는 불안감 때문에 정확하고 빈틈없이 아이를 보살폈다. 그러나 너무 철저하게 아이의 욕구를 앞질러 가며 꼼꼼하게 보살폈기 때문에 아이는 자신의 욕구를 울음으로 표출할 기회가 전혀 없었다. 어린아이는 배고픔 같은 욕구의 표출을 통해 공격성을 배우게 되는데 귀스타브는 그럴 기회가 없었다. 공격성이 곧 적극적 능동성과 통하는 것이라면 그의 수동성은 유년기의 과보호에서 기인한다는 결론이 나온다. 그뿐만이 아니다. 어머니의 보살핌에 만일 애정이 깃들여 있었다면 아이는 어머니의 애정을 통해 인간의 상호성을 배웠을 것이다. 어머니의 애정 어린 말과 애무에 어린아이가 옹알이로 답하는 것, 이것이야말로 인간이 상호성을 배우는 첫 단계이기 때문이다. 그런데 플로베르에게는 이것이 없었다고 사르트르는 단정적으로 말한다.

> 유년 시절에 그에게 행해진 차가운 과잉보호는 그의 욕구가 타인에 대한 공격성으로 형성되는 것을 방해했다. [···] 어머니의 사랑을 느끼지 못했고, 그저 단순한 보살핌의 대상이었으므로, 그는 이 최초의 교류, 즉 애정의 상호성을 알지 못했다. (*L'Idiot I*, 668)

어린 시절, 그리고 어른이 된 후에도 플로베르는 말이 어눌했다. 자신 있게 말한다는 것은 정신적으로 자신감이 있다는 것을 의미한다. 자기 생각이 상대방의 의식에 고스란히 전달될 것으로 기대하는 사람만이 말에 힘이 있고 자신감이 들어 있게 된다. 모든 말은 타자에 대한 자신의 권리이기 때문이다. 말은 비록 그것이 정보 전달을 위한 것이라 하더라도, 하나의 질문, 독촉, 명령, 수락, 거부 등을 함축한다. 당당한 자기주장인 것이다. 따라서 수동적인 인간에게는 당연히 대화가 어렵다. 여기에는 물론 상호성도 전제되어 있다. 내 생각이 남의 의식에 정확하게 전달되듯이 남의 생각도 내 의식에 분명하게 전달될 것이라는, 상호 교류에 대한 믿음 말이다. 대화란 말에 의한 상호성의 실현이다. 『구토』의 주인공 로캉탱이 말했듯이 혼자 사는 사람은 이야기를 할 줄도 모른다.

플로베르의 말에 힘이 없고 자신감이 결여되어 있었다면 그것은 그가 자기 삶에 아무런 자신이 없고, 또 인간 교류의 상호성이 결핍되어 있다는 것을 뜻한다. 그가 남들과 이야기를 나눌 때면, 그것은 대화가 아니라 '독백의 교대(alternance de monologues)'(L'Idiot I, 669)였다. 그리고 자신이 독백할 차례가 되면, 그는 말을 시작하기도 전에 미리 자기가 실패할 것이라고 확신한다. 남들의 말은 마치 비수처럼 힘차게 자신의 속에 꽂히는데, 자기 긍정의 힘이 약한 그는 도저히 자신의 말을 그들의 의식에까지 전달시킬 자신이 없다. 그래서 독백을 읊조리는 순간부터 그의 말은 완전히 힘이 없어진다. 그와 상대방 사이에는 뛰어넘을 수 없는 거리가 생기고, 그는 자신의 감정을 도저히 남에게 전달할 수 없다는 절망감을 느낀다. 플로베르의 수동성을 야기한 이와 같은 '언어 앞에서의 절망감'이 모두 요람에서 비롯된 것이라고 사르트르는 생각한다.

그에게 있어서, 식물적이고 비장하기까지 한 의식의 체계는 기호들의 체계와 공통의 척도가 없었다. […] 그에게도 언어는 중요한 도구였지만, 그러나 요람에서부터 수많은 교환의 형태를 익히지 못했기 때문에, 아주 미세한, 그러나 결코 넘어설 수 없는 거리가 그와 대화 상대자 사이에 형성되었다. 그는 자신의 감정을 소통 불가능의 것으로 생각하게 되었다. (*L'Idiot I*, 668)

그러면, 플로베르를 이토록 수동적 인간으로 만든 것이 그의 어머니였다고 사르트르가 주장하는 이유는 무엇일까? 사르트르의 이러한 가설은, 플로베르의 어머니인 마담 카롤린 플로베르(Caroline Flaubert)가 고아로 성장했다는 사실에 근거를 두고 있다. 그녀는 태어나자마자 어머니가 죽고 열 살쯤에 아버지도 죽어서 천애의 고아가 되었다. 심한 애정의 박탈감, 특히 유년기 10년 동안 절대적 애정의 대상이었던 아버지의 사랑에 대한 박탈감을 느꼈을 것이다. 이러한 여자에게 아홉 살 연상인, 머리 좋고 유능한 외과의사 플로베르 박사는 남편이라기보다 은밀한 '근친상간적 아버지'였을 것이다. 따라서 그녀에게는 남편에 대한 존경심과 애정만이 있을 뿐 자식에 대한 관심은 없었을 것이다.

그러나 딸하고의 문제는 좀 달랐다. 플로베르 부인은 잦은 임신 끝에 다섯 아들을 낳고(그중 셋이 죽었다) 끝으로 딸을 낳은 후 단산했다. 그녀는 딸을 몹시 사랑했고, 딸에게 자기와 똑같은 카롤린이라는 이름을 붙여 주기까지 했다. 딸을 통해 자신의 유년 시절을 다시 행복하게 되살리고 싶어서 딸에게 자기 이름을 물려준 것이다. 이와 같은 딸에 대한 집착을 사르트르는, 자신의 불행한 어린 시절을 딸을 통해 보상 받고자 하는 심리로 해석한다. 헤이즐 반스는 이 주장이 "살짝 설득력이 있지만 그러나 전혀 납득이 되지는 않는다 (mildly persuasive but not really convincing)"[32]고 말하고, 플로베르 부인의 손녀 역시 이름이 똑같은 카롤린임을 상기시킨다.

냉담한 어머니라는 사르트르의 가설은 결국 귀스타브가 그 가정에서 원하던 아이가 아니었다는 것을 증명하기 위한 포석이다. 장자권 사상을 가진 아버지는 자신의 재산과 학문을 이어받을 장남에게 애정을 쏟고, 차남에게는 별 관심이 없었을 것이다. 그런데 설상가상으로 차남이 지진아 같은 모습을 보였기 때문에 차남에 대한 애정은 더욱 엷어질 수밖에 없었다. 한편 어머니는 존경하는 남편에게 대를 이을 아들을 하나 낳아 주는 것을 의무로 생각했을 것이며, 그런 의미에서 장남을 존중해 주었을 것이다. 따라서 그녀에게 아들은 하나면 족했고, 그 외 일체의 관심은 자기의 분신과도 같은 딸에게 집중되었을 것이다. 그러니까 귀스타브는 그 가정에서 있어도 그만 없어도 그만인 잉여적인 존재였을 것이다. 그래서 사르트르는 그 시대, 그런 가정에 차남으로 태어났다는 것 자체가 치명적인 함정이었다고 말한다.

---

32 Barnes, *Sartre and Flaubert*, p. 38.

그의 비탄, 권태, 염세주의, 인간혐오 등의 뿌리가 의외로 깊고 진지하다는 것을 증명해 주는 과거 사실을 검토해 본 결과, 그 시대에, 그런 가정에 차남으로 태어났다는 것이 치명적 함정이라는 결론이 나온다. (*L'Idiot I*, 331)

이것이 사르트르가 세운 가설이다. 플로베르의 글 속에 자신을 잉여인간으로 간주하는 표현이 자주 반복되어 나오는 것을 보면 사르트르의 가설이 전혀 허구적인 것은 아닌 것 같다. 사르트르는 '잉여(de trop)'의 개념이 플로베르의 인생에서 라이트모티프과도 같다고 말했다.

"우리, 예술의 노동자들은 잉여인간들이다"라고 그는 1870년에 외쳤다. 이것은 그의 유년기의 매순간마다 그가 느꼈을 생각이다. 잉여인간, 그것은 그의 일생을 통해 반복되던 라이트모티프와 같은 것이었다. (*L'Idiot I*, 231)

'잉여'라면 사르트르의 글에서도 낯익은 말이다. 사르트르는 『구토』에서 로캉탱의 존재론적 각성의 단서를 이 '잉여'의 의식에서 잡았고 그 이후의 모든 글에서 역시 하나의 라이트모티프처럼 이 말을 자주 사용한다는 것을 우리는 알고 있다. 『구토』는 그 음울한 도시의 배경과 주인공의 폐쇄적인 생활 등 플로베르의 색조가 가장 짙게 깔려 있는 작품으로 평가되는데, '잉여'도 그 유사성 중의 한 요소가 되고 있다.

사르트르는 플로베르 특유의 형식미 추구, 문체에 대한 과도한 신뢰, 순수예술과 절대예술에의 경도 등이 모두 그의 인생 초기의 언어 문제에서 비롯되었다고 말한다. 그러나 "귀스타브는 결코 자신의 유년에서 벗어나지 못했다"(*L'Idiot I*, 56)거나 "하나의 인생이란 유년의 다양한 변주에 불과하다"(Ibid.)라는 일반론은 모든 결정론을 부정하는 자유의 철학자로서는 다소 의외의 발언이 아닐 수 없다. 그의 실천(praxis) 철학의 입장을 결정적으로 약화시키는 구절이라 생각된다.

Chapter 4

Déréalisation

탈실재화

1. 상상 입문

사르트르에 의하면 플로베르의 문학 입문은 곧 상상 입문이고, 문학을 선택한 것은 곧 상상을 선택한 것이다. 상상은 현실의 반대 개념이므로 상상 속에 들어간다는 것은 현실에서 도피한다는 의미이다. 사르트르는 그 상상 입문의 방법을 '세계의 탈실재화(脫實在化)를 위한 자신의 비실재화, 또는 자신의 비실재화를 위한 세계의 탈실재화(s'irréaliser pour déréaliser le monde et déréaliser le monde pour s'ir-réaliser)'(*L'Idiot II*, 1931-32)라는 도식으로 표현한다. 상상의 세계 속으로 들어가기 위해, 즉 상상적인 세계를 구축하기 위해서는('세계의 탈실재화') 자신이 먼저 비실재화해야 하고, 다른 한편 자신이 상상적인 태도를 갖기 위해서는('자신의 비실재화') 이 세계를 탈실재화해야 한다.

구체적으로 말해 보면, 의도적으로 자신의 머릿속을 텅 비우고 상상으로 가득 채운 사람의 정신은 물론 상상적이다. 그러나 머릿속만 상상의 세계에 들어갔을 뿐 그의 몸과 모든 감각기관은 여전히 현실 속에 위치해 있다. 머리는 상상의 세계에서 노닐고 있지만 그가 만지는 물체, 그가 듣는 소리 등은 모두 실재의 대상들이다. 하지만 상상의 침입을 받은 몽롱한 정신에 의해 바라보여지는 세계 역시 현실 그대로의 세계는 아니다. 아무리 우리가 실재적으로 감각하는 경험적 세계라 해도 상상적 의식 앞에 놓인 세계는 어쩐지 꿈속 같은 몽환적 세계일 것이다. 예컨대 사르트르를 포스트모던적으로 해석하고 있는 프레드릭 제임슨(Fredric Jameson)은 두안 핸슨(Duane Hanson)의 너무나 사실적인 실물대 인물상 전시를 보고 난 후 갤러리 안에 걸어 다니는 사람들이 모두 플라스틱 인간들처럼 보였다고 말했는데, 그것이 바로 세계의 탈실재화이다.

실제의 인간이 자기 자신을 상상에 완전히 집어삼키도록 내버려 두면서, 그러나 그렇다고 해서 자신의 실재성은 결코 잃지 않을 때, 그의 정신은 상상과 일치하게 된다. 그 결과, 그가 관계를 가질 수 있는 유일한 대상은 현실세계인데, 단지 이때의 현실 세계는 탈실재화된 상태의 세계이다. (*L'Idiot II*, 1931-32)

간질 발작 후 1년간의 플로베르의 상태가 바로 이것이었다. 실제로 그는 여러 편지에서, 자신의 정열은 모두 죽었으며, "평온은 자신의 머릿속을 텅 비움으로써 가능했다(calme nait du vide réel de son âme)"(1930)고 말했다. 이러한 금욕의 상태를 사르트르는 '히스테리적 방심(distraction hystérique)'(Ibid.)의 상태라고 불렀다. 원한, 증오, 수치, 분노, 격렬한 욕망 같은 강렬한 충동을 하루아침에 눌러 없앤다는 것은 병적인 정신상태가 아니고는 불가능하다. 이런 감정이 다시 생겨나 평온을 뒤흔들지 않도록 하기 위해서는 끊임없이 세심한 주의가 필요하다. 정열을 잊기 위해서는 그 대신 다른 어떤 것을 생각해야만 하는데, 그것이 바로 상상이다. 의도적으로 내부를 텅 비우는 행위, 그리고 자신의 존재와 세계를 동시에 비실재화시키는 행위를 사르트르는 '자기암시적 부재주의(absentéisme pithiatique)'(1931-32)라고 불렀다. 플로베르는 이 의도적 상상 행위가 예술 행위에 꼭 필요한 미적 태도(attitude esthétique)'라고 했다. 사르트르가 『상상계』 이래 즐겨 쓰는 '미적 태도'라는 개념이 원래 플로베르의 용어였다는 것이 흥미롭다.

결국 자기암시적 부재주의는 순수예술과 연결된다. 모든 것에 무감각하고 무감동해지는 냉정함이야말로 예술로 향하는 필수적 조건이다. 첫 번 『감정 교육』의 다음 구절이 그것이다.

앞서 느꼈던 예비적 고통이 없었다면, 그리고 그가 아직도 한정적 관계들 속에 얽매여 있었다면 그는 이 예술, 특히 순수예술의 개념을 어떻게 얻었겠는가?[33]

---

33 Flaubert, (première) *L'Education sentimentale* (*L'Idiot II*, 1932 재인용).

여기서 '한정적 관계들(liens du fini)'이란, 그의 존재를 한정시켜 주는 여러 끈들, 예컨대 그를 부르주아로 고정시켜 주는 의사, 변호사 등의 직업이라든가 그 외 여러 가지 결정적 조건을 뜻한다. 부르주아적 직업을 하나 선택하거나 또는 결혼하여 아버지와 남편이 되는 것은 그만큼 자신의 인생을 좁게 한정시키는 것이다. 그러나 아무런 직업도, 아무런 신분도, 아무런 조건도 택하지 않는 것은 이러한 결정에서 벗어난 자유로운 상태가 되는 것이다. 플로베르가 자주 말한 "누군가가 되는 것, 그것은 자기 결정의 노예가 되는 것이다(Etre quelqu'un, c'est esclave de sa détermination)"(L'Idiot II, 1932)의 의미가 바로 그것이다. 그러니까 '아무것도 되지 않는 것(n'être personne)', 즉 '절대적인 비결정을 선택하는 것(choisir l'indétermination absolue)'(1933)과 정열을 끊기 위한 금욕의 고통은 예술가가 되기 위한 필수적인 전제조건이다. 여기에 플로베르의 순수예술 개념이 고스란히 들어 있다. 무감동(impassibilité), 초인적 인간경멸, 고공의식, 그리고 상상에 대한 절대적 가치 부여가 그것이다.

결국 '자신의 비실재화와 세계의 탈실재화'라는 상상 행위와 자기암시적 부재주의, 그리고 미적 태도는 모두 표현만 다를 뿐 결국 같은 의미인 셈이다. 사르트르는 이 상상 이론을 토대로, 예술작품이란 도대체 무엇인가, 그리고 예술작품과 예술가, 또는 예술작품과 수용자와의 관계는 무엇인가에 대한 이론화 작업을 시도했다. 그것이 '비실재화 중심'이라고 그가 이름 붙인 미적 대상(objet esthétique)의 개념이다. 『상상계』에서 '아날로공(analogon)'이라고 이름 붙였던 것이 『집안의 백치』에서는 '비실재화의 중심'으로 바뀌었다.

2. 배우와 조각품

사르트르는, 자신을 비실재화함으로써 세계를 탈실재화하고, 또 세계를 탈실재화하면서 자신을 비실재화하는 미적 대상을 '비실재화의 영원하고도 실제적인 중심(centre réel et permanent d'irréalisation)'이라고 설명한다.

우선 대리석으로 조각된 비너스상을 예로 들어 보자. 물론 비너스라는 여인은 존재하지 않는다. 그러나 실제의 한 조각가가 있어, 고심 끝에 작품 구상을 하고, 실제의 노력을 기울여, 실제의 끌로 대리석을 정교하게 다듬어 하나의 여인상을 만들어 낸다. 실제의 돌로, 실제의 수고를 들여, 실제의 조각가가 만들어 냈지만 그 결과 나온 것은 미(美)의 영원한 이상이다. 다시 말하면 비실재적인 오브제(objet)이다. 비록 대리석이라는 물질로 되어 있지만 우리는 대리석 덩어리에서 느끼지 못하는 감동을 이 조각상에서 느낀다. 우리가 느끼는 감동은 그러니까 비물질적이고 비실재적인 어떤 미적 대상에 대한 것임에 틀림없다.

한갓 야산의 돌덩이에 불과하던 이 질료가 갑자기 이처럼 비실재의 미적 오브제로 변한 것은 무슨 까닭일까? 엄연한 실재인 구체적 물질이 어떻게 갑자기 상상의 세계, 즉 비실재의 세계로 들어갈 수 있는가? 그것은 비존재(non-être)의 형상화라는 기능이 이 돌에 부여되었기 때문이다. 물론 그 기능을 부여한 것은 예술가이다.

> 사실상 이 조각품이 하나의 개체적 존재가 되고, 단순히 카라르 산의 돌로 남아 있지 않게 된 것은 사람이 돌에게 어떤 존재를 형상화하는 기능을 주었기 때문이다. (*L'Idiot I*, 786)

그런데 스스로 비실재화한 이 돌은 자신을 비실재화했을 뿐만 아니라 이것을 바라보는 사람들도 역시 실재에서 **빠져나오게** 한다.

> 단단한 무생물의 물질인 돌은 여러 사람들 앞에서 스스로를 탈실재화하고, 동시에 자신을 바라보는 사람들을 탈실재화한다. (Ibid.)

그러니까 '자신의 비실재화, 세계의 탈실재화'를 이루는 기능은 사람에게만 있는 것이 아니라 물질에도 있다고 사르트르는 생각하는 것이다. 이처럼 자신과 타인을 동시에 비실재화하여 타인에게 미적 즐거움을 주는 물체가 다름 아닌 '비실재화의 영원하고도 실제적인 중심'이다. 이때 실제적(réel)이라는 것은, 비실재화의 기능을 가진 이 물체가, 그러나 그 기능과는 정반대로 너무나 구체적인 실재성을 갖고 있다는 의미이다. '영원한'이라는 형용사는 무기력한 물질성의 의미와 함께 영원한 반복을 의미한다.

연극의 경우는 어떨까? 배우는 물론 인간의 노동을 흡수하여 예술적 물체가 된 대리석 같은 무기물(無機物)이 아니다. 그는 생각할 줄 아는 살아 있는 인간이다. 그러나 그는 매일 밤, 무대 위에서 상상의 인물을 반복해서 꾸며 낸다. 자신의 실제적 성격, 신분을 모두 벗어 던지고 셰익스피어의 주인공이 됨으로써 스스로를 비실재화한다. 그리고 햄릿을 연기하기 위해 자신의 모든 감정과 제스처를 사용한다. 이때 그는 자기 자신의 모든 실제 감정과 제스처를 비실재화시키는 것이다. 무대 위에서 그는 완전히 비실재적 양식의 삶을 산다. 그가 실제로 눈물을 흘리고 울어 보았자 소용없다. 그 자신도, 관객들도, 그것을 햄릿의 눈물이라고 생각한다. 다시 말해 비실재의 눈물로 생각하는 것이다.

사르트르가 초기 저작 『상상계』와 말년의 저서 『집안의 백치』에서 한결같이 예로 드는 것은 19세기 영국의 유명 배우 킨(Kean)[34]이다. 사르트르는 킨을 다룬 알렉상드르 뒤마의 희곡을 직접 각색하기도 했다(1954). 『상상계』에서 그는 배우의 극중 변신을 우리의 꿈 속에서의 변신에 비교한다. 우리가 꿈속에서 비현실적으로 나 아닌 다른 인물로 변신하듯이 배우도 실제로 존재하지 않는 어떤 가공의 인물로 스스로 변신한다는 것이다.

---

34 Edmund Kean(1787-1833), 셰익스피어 연극의 주인공으로 뛰어난 연기를 보여 낭만주의 시대 영국 최고의 배우로 손꼽힌다.

그는 우리가 꿈속에서 하는 것과 비슷한 변신을 한다. 배우는 전면적으로 비실재의 기습을 받고, 비실재에 덥석 사로잡혀 있다. 허구의 극 중 인물이 배우 안에서 실재화하는 게 아니라 오히려 배우가 극중 인물 속으로 자신을 비실재화한다. (*L'Idiot I*, 368)

여기서 우리는 상상, 비실재, 꿈, 비존재가 모두 같은 의미를 띠고 있음을 알 수 있다. 사르트르(혹은 플로베르)에 의하면 예술이란, 머릿속의 상상을 실재화하여 물질적 대상으로 만들어 놓은 것이 아니라, 정반대로 현실을 상상화하여 그것을 비실재로 만들어 놓는 행위이다. 그러므로 배우는 당연히 관객의 집단적 비실재화를 위해 자신을 비실재화하는 사람이다.

결국 매일 저녁, 그는 오백 명을 집단적으로 비실재 속에 끌어넣기 위해 스스로 실재에서 벗어난다. (787)

사르트르는 이처럼 비실재화의 기능을 가진 배우와 어린 귀스타브 플로베르를 동렬에 놓는다. 냉담한 어머니, 엄격한 아버지, 그리고 머리 좋은 형에 대한 열등감 속에서 비실재성의 성격을 키운 플로베르는 자신의 모든 행동을 마치 배우가 연기하듯 연기했고, 상상 속에 빠져들었다는 것이다.

그들[킨과 플로베르]은 무대 위에서, 그들을 바라보는 증인들과 완전히 분리된 채, 결코 사람들의 손이 닿지 않는 곳에 있었다. 그들과 관객을 분리해 주는 것은 조명 불빛이라기보다는 차라리 상상의 불꽃이었다. (784)

이처럼 '비실재화의 영원하고도 실제적인 중심'이라는 점에서 생명체인 배우와 무생물인 대리석 조각이 서로 닮았다고 사르트르는 주장한다.

여하튼: 그는 비실재화의 영원하고도 실제적이며 안정된 중심이라는 점에서 조각상과 닮았다. (786)

그러나 조각품이 한번 비실재화를 이루면 영원히 비실재화의 물체로 남아 있는 것과는 달리 배우의 비실재화는 언제나 중도에서 그칠 수밖에 없다. 『백치』의 한 구절은 희곡 『킨』의 대사와 놀랍도록 비슷하다.

킨   극작가들이 매일 저녁, 나를 가짜 상황 속에 넣고 있어. 그러나 매일 저녁, 그들은 또 나를 거기서 끌어내 주기도 하지.[35]

그러나 킨은, 자기 자신이 아닌 것, 자기가 결코 될 수 없다는 것을 잘

---

35 Sartre, *Kean*, pp. 31–32.

아는 그런 인물이 되기 위해 연기한다. 그렇게 해서 매일 저녁, 하나의 변신이 일어나는데, 그 변신은 한중간에서, 언제나 같은 지점에서 중단된다는 것을 그는 잘 안다. (*L'Idiot I*, 664)

이처럼 배우의 비실재화가 완전하게 이루어지지 않고 언제나 한 중간에서 그치는 것은, 비실재화의 질료가 연극, 조각, 문학에서 각기 다르기 때문이다. 조각가의 질료는 대리석 덩어리로, 그의 외부, 즉 세계 내에 있다. 그는 자신의 끌을 가지고 이 대리석 덩어리를 비실재화한다. 한편 작가의 질료는 언어이다. 그는 종이 위에 이 기호들을 써 냄으로써 허구의 예술 물질을 만들어 낸다. 그의 질료 역시 그의 몸 밖, 세계 안에 있다. 이처럼 조각가나 작가의 질료가 그들의 몸 밖에 그들과 분리되어 있다는 점에서 그들은 모두 자신의 존재 그대로 남아 있으면서 상상의 작업을 할 수 있다. 그러나 배우는 그럴 수가 없다. 그의 질료는 그의 몸과 인격 그 자체이다. 그의 목표는 스스로 비실재적인 타인이 되는 것이다. 따라서 그는 공연 때마다, 극작가가 지시한 대로, 또 자신의 연기 기법에 따라, 정해진 분량만큼의 비실재화를 이루고, 그것이 끝나면 다시 자기 자신으로 돌아온다.

조각품은 완전히 비실재화를 이룬 물체이고, 배우는 언제나 비실재화를 중도에서 그치고 자꾸만 현실로 되돌아오는 물체(미적 물체라는 카테고리이므로 편의상 이렇게 부르기로 하자)이다. 그런데도 사르트르는 조각품과 배우를 동렬에 놓는다. 조각품과 배우만이 아니라 미술, 소설, 시 등을 모두 같은 카테고리 안에 포함시킨다. 미술, 조각, 소설, 시 등은 예술가가 만들어 낸 예술작품이고, 배우는 예술가의 작품을 실현시키는 일종의 수단이고 보면 이것들을 전부 같은 범주 안에 포함시킨다는 것은 아무래도 무리다. 그는 『상상계』에서 이미 그런 범주화를 시도했는데, 『백치』에서도 아무런 수정 없이 그것을 다시 채택했다. 다만, 『상상계』에서 썼던 '유사물(아날로공 analogon)'이라는 단어를 『백치』에서는 '비실재화의 실제적 중심'이라는 말로 교체했다는 점이 다를 뿐이다. 『상상계』의 해당 구절은 다음과 같다.

> 우리가 방금 미술에 대해 제시한 것은 소설, 시, 연극에도 쉽게 적용될 것이다. 소설가, 시인, 극작가는 언어라는 유사물[아날로공]을 통해 비실재의 물체를 만들어 낸다. 또 햄릿을 연기하는 배우도 자신의 육체 전체를 이 허구적 인물의 유사물로서 사용하고 있다.[36]

사르트르가 미적 태도(attitude esthétique)라고 부르는 '자신의 비실재화와 세계의 탈실재화' 역시 예술작품을 창조하는 예술가에게도 있고 동시에 예술 감상자에게도 있으며 더 나아가 예술작품에도 있다. 우선 대리석 조각품은 '자신을 바라보는 사람들을 탈실재화하면서 자신도 스스로 대중 앞에서 탈실재화(se déréaliser publique-

---

36 Jean-Paul Sartre, *L'Imaginaire* (idées nrf, 1971), p. 367. 이하, '*L'Imaginaire*, 367'처럼 약함. 국역으로는 윤정임 옮김, 『사르트르의 상상계』(에크리, 2010)가 있다.

ment en déréalisant ceux qui le regardent)'한다. 다시 말해 예술작품이 감상자들을 '탈실재화'시키면, 연쇄적으로 예술 감상자들도 '자신의 비실재화와 세계의 탈실재화'를 작동시킨다. 한편 예술가인 플로베르의 경우, 그는 의도적인 상상 행위(자기암시적 부재주의)를 통해 자신을 비실재화하면서 세계를 탈실재화하였다. 사르트르는 이것을 미적 태도라고 말하고, 예술가가 예술작품을 만들어 내기 위한 필수적인 의식작용이라고 했다.

사르트르에서 '자신의 비실재화와 세계의 탈실재화'라는 상상 작용은 결국 예술 창작과 예술 감상, 더 나아가 예술작품에도 똑같이 적용된다는 것을 알 수 있다. 유일한 차이는 예술가와 감상자의 경우 '자신을 비실재화(s'irréaliser)'하고, 예술작품의 경우는 '자신을 탈실재화(se déréaliser)'한다는 것뿐이다. 그러니까 예술가, 예술품, 감상자의 세 당사자가 모두 똑같은 상상 작용으로 미와 관계를 맺는다는 것인데, 예술의 창작과 감상이 이렇게 똑같은 과정으로 이루어지는 것인가에는 좀 더 논의가 필요할 것이다.

3. 아날로공과 미적 태도

(1) 아날로공

'비실재적 물체의 언어적 유사물들(analoga verbaux d'un objet irréel)', 또는 '상상적 인물의 유사물(analogon de ce personnage imaginaire)'이

라는 구절의 '아날로공(analogon, 복수 analoga)'은 사르트르의 상상의 미학, 비실재의 미학, 더 나아가 무(無)의 미학의 가장 핵심적인 개념이다. 가장 단순화시켜서 말해 본다면 아날로공은 상상과 현실이 만나는 지점, 다시 말해서 존재와 무가 합쳐지는 지점이고, 다름 아닌 예술작품 바로 그것이다. 그런 점에서 찰스 테니(Charles D. Tenney)의 다음과 같은 말은 사르트르의 아날로공을 명료하게 요약했다고 볼 수 있다.

> 실재의 것과 상상의 것은 서로 별개의 두 사물이다. 그것들은 유사물 또는 상징 속에서만 서로 접근할 수 있다. 이 유사물 또는 상징이야 말로 존재와 무가 일치하는 근원이다.[37]

아날로공 즉 예술작품 안에서 상상과 실재가 서로 접근한다는 것은, 예술작품이 상상의 산물이며, 또 그 상상은 실재와 뗄 수 없는 관계에 있다는 것을 뜻한다.『상상계』에서 사르트르는 "예술작품은 하나의 비실재이다(l'oeuvre d'art est un irréel)"(*L'Imaginaire*, 362)라는 원칙을 세워 놓고 아날로공의 개념을 정립했다. 아날로공을 설명하기 위해 그가 예로 든 것은 샤를 8세(Charles VIII)의 초상화와 마티스(Matisse)의 그림, 그리고 베토벤의 제7교향곡이다.

---

37 Charles D. Tenney, "Aesthetics in the Philosophy of Jean-Paul Sartre", in Paul Schilpp, ed., *The Philosophy of Jean-Paul Sartre*, The Library of Living Philosophers, vol. XVI (La Salle, Ill.: Open Court, 1981), p. 124.

우선 예술작품은 하나의 사물(objet)이다. 음악은 좀 다르지만 〈샤를 8세 초상〉이나 마티스의 그림은 우리 눈에 보이는 구체적인 사물이다. 그것이 사물이라는 점에서 예술작품은 그 외의 일반적인 물건들과 일차적으로는 똑같다.

여기 키 큰 나무들과 나무 사이 길이 그려진 그림이 있다고 치자. 나무 사이 길은 화사한 핑크색 혹은 보라색이다. 헝겊(캔버스)과 나무 액자로 이루어졌다는 점에서 이 그림은 여느 거실에 있는 탁자, 또는 전등갓과 조금도 다르지 않은 하나의 물건이다. 그런데 탁자나 전등갓 앞에서 우리는 무심하게 지나치지만, 이 풍경화 앞에 시선이 머물면 의식 속에 뭔지 모를 잔잔한 파문이 일어난다. 슬픔 같은 쓸쓸함 같은 아련한 느낌이 가슴속에 서서히 차오르면서 눈물이 핑 돌기도 한다. 그 그림이 우리에게 미적 즐거움을 준 것이다.

그렇다면 왜 다른 물체에서 느끼지 못했던 감동을 우리는 예술작품이라는 물체에서 느끼는 것일까? 사르트르는 사물의 이원론을 편다. 현실 속의 물체는 그냥 철두철미하게 겉이나 속이나 똑같이 하나의 물체일 뿐이다. 탁자는 겉도 나무지만 그 내면도 나무다. 이때 내면이란 물질적인 내부를 뜻하는 것이 아니라 비물질적, 비가시적인 관념적 내면을 뜻한다. 그런데 예술작품의 구조는 두 개의 물체가 한데 합쳐 있는 형상이다. 예술작품은 물질적 물체(objet matériel)와 상상의 물체(objet imagé)가 합쳐져 있는 오브제이다. 즉 겉은 여느 사물과 다름없이 나무, 종이, 헝겊, 물감 등으로 되어 있지만, 그 내부에는 비실재적인 물체(objet irréel) 즉 상상의 물체(objet imaginaire)가 들어 있다. 눈에 보이지 않고, 만져지지 않는 이 비실재의 물체를 사르트르는 미적 대상(objet esthétique) 또는 미적 감상의 대상(objet d'appréciation esthétique)이라고 불렀다.

여기서 아날로공의 개념이 나온다. 예술작품이 가진 물질적 측면, 즉 물질적 물체가 바로 아날로공인 것이다. 이 물질적 물체는 상상의 물체를 드러내 주기 위한 구체적 물질이다. 데이비드 호크니(David Hockney)의 키 큰 나무 그림들은 캔버스와 그 위에 채색된 초록, 빨강, 분홍, 보라 등의 물감으로 되어 있다. 그것들이 이 그림의 물질적 물체이다. 캔버스와 몇 가지의 물감들, 이렇게 분해해 보면 거기서 우리에게 미적 즐거움을 줄 만한 것은 아무것도 없다. 그런데 이상하게 그것들이 다 합쳐진 사각형의 평면 채색화는 우리에게 감동을 준다. 왜일까? 그 물질적 물체 뒤에 어떤 또 하나의 물체가 있기 때문이다. 그 또 하나의 물체가 우리에게 미적 감동을 준다. 미적 감동을 주는 물체라는 점에서 그것은 미적 대상(objet esthétique)이라는 이름을 갖는다.

캔버스니 액자니 하는 것들이 현실 안에 존재하는 실물임에 반하여 이 미적 대상은 현실에 존재하는 것이 아니라 하나의 상(像) 또는 비실재이다. 그래서 그것은 상상의 물체(objet imagé) 또는 비실재의 물체(objet irréel)라고 불린다. 그런데 이 상으로서의 물체는 현실 속에 없는 것이므로 우리 눈에 보이지 않고 우리 손으로 만질 수도 없다. 그것이 어떤 물질성을 가져야만 감상자에게 전달될 수 있다. 비가시적 물체를 현실 속에서 드러내 줄 일종의 하드웨어로서의 구체적 물건(support)이 필요한 것이다. 그것이 바로 캔버스 위에 이러저러한 색깔이 칠해진 그 그림이다. 우리는 이 실재적 물체를 통해 그 너머에 있는 어떤 비존재에 도달한다. 비실재의 어떤 것을 드러내 주는 하드웨어로서의 물체는, 그것이 드러내 주고자 하는 비실재의 물체 또는 미적 대상과 똑같은 모습이다. 우리 눈에 보이는 풍경화가 푸른 풀밭 위에 하늘 높이 치솟은 세밀한 나뭇가지의 모습을 하고 있다면, 그 너머의 미적 대상 역시 푸른 풀밭 위에 하늘 높이 치솟은 세밀한 나뭇가지의 모습을 띠고 있을 것이다. 다만 물질적 물체가 우리 눈에 보는 가시적 물체인 데 반해, 그것은 우리 눈에 보이지 않는 비실재적 존재일 뿐이다.

그러니까 물질적 물체는 상상의 물체와 똑같은 형태로 우리 눈 앞에 나타나 우리를 그 너머 상상의 세계로 인도한다. 바로 이 똑같다는 점에서 아날로공(유사물)이라는 명칭이 나왔다. 물질적 물체가 상상의 물체와 똑같다는 점에서, 다시 말해 그것의 유사물이라는 점에서 물질적 물체를 미적 대상과 혼동하는 오류가 범해진다. 물질적 물체가 그대로 미적 대상이 아니라는 것을 말하기 위해 사르트르는 샤를 8세의 초상화가 불탔을 경우를 상상해 보라고 한다. 그때 불에 타는 것은 물감이 칠해진 종이와 액자 등 물질적 물체일 뿐, 그 그림 너머에 있던 상상의 물체는 결코 불에 타지 않았다는 것이다.

이번에는 마티스의 그림을 생각해 보자. 사르트르는 마티스의 그림을 좋아했던 것 같다. 탁자 옆에 빨간색 양탄자가 있는 마티스의 그림을 보면 누구나 "아름답다!"라고 말한다. 마치 칸트(Kant)의 '공통감(sensus communis)'을 증명하기라도 하듯 그 그림은 모든 사람들에게 똑같은 미학적인 즐거움을 준다. 무엇이 이 그림을 그토록 아름답게 만들어 주는가? 양탄자의 빨간색이 따뜻한 느낌이어서? 그러면 그 양탄자와 똑같은 색깔의 빨강을 페인트 통 속에서 보았다고 하자. 그 빨강은 마티스의 그림에서와 같은 그런 감동을 우리에게 줄까? 여기서 우리는 양탄자의 그 빨간색이 결코 순수한 색 그 자체가 아님을 이해하게 된다. 그것은 마티스가 그린, 탁자 옆 양탄자의 빨강일 뿐이다. 마티스가 실제의 어떤 양탄자를 보고 그렸다 하더라도 엄밀히 말해서 그림 속의 양탄자는 이 현실의 세계 속에는 없다. 그것은 마티스의 양탄자라는 비실재의 물체일 뿐이다. 그 빨강이 그토록 아름답게 보이는 것은 그것이 마티스가 창조해 낸 어떤 비실재의 물체의 반영이기 때문이다. 사르트르는 우리에게 미적 즐거움을 주는 것이 단순히 그림의 색칠 상태나 선의 처리, 또는 화폭이 아니라고 주장한다. 그것은 단지 우리의 상상의 세계에 존재하는 어떤 물체를 실재적으로 우리에게 드러내 보여 주기 위한 유사물일 뿐이다. 미적 대상과 감상자 사이에 있는 이 매개물이 바로 아날로공이다.

사르트르는 연극에서 아날로공은 배우라고 말한다.

킨은 열광적으로, 온몸을 다 바쳐 햄릿이 되지만 그러나 상호성이 없다. 다시 말해서 햄릿은 결코 킨이 아니라는 유보를 전제로 한다. 그러니까 배우는 하나의 (허구의) 모습이 존재하도록 하기 위해 자신을 희생시키고, 스스로 선택하여, 비존재의 속을 채우는 물건이 된다. (*L'Idiot I*, 664)

현실에 존재하지 않는 허구의 어떤 인물을 연기할 때 그 연기가 아무리 사실적이어도 배우는 실재적 인물의 반사물, 환영, 또는 신기루에 불과할 것이다. 희곡 『킨』의 대사에 나오는 말들이다.

대공   그녀들이 킨에게 반해 있지만, 사실 그녀들은 사람의 환영(幻影)을 뒤쫓고 있는 것뿐이오.

엘레나   환영이라뇨? 킨은 사람이 아니라는 말인가요?

대공   그렇습니다. 부인, 그 사람은 배우입니다.

엘레나   배우가 도대체 뭔데요?

대공   그건 신기루입니다.[38]

킨   배우는 사람이 아니라고요?

엘레나   그래요, 게일 공의 말이 맞아요. 배우는 그림자예요.[39]

요즘 사람들이 열광하는 탤런트나 아이돌 가수들도 모두 실재가 아니라 환영 혹은 허깨비에 불과하지만 그 허상의 이미지가 실재

---

38   Sartre, *Kean*, p. 29.
39   Ibid., p. 194.

보다 더 큰 힘을 발휘하고 있다는 것이 현대의 시뮬라크르(simulacre) 이론이다. 시뮬라크르 이론을 알지 못했던 사르트르였지만, 그의 미학적 비실재 이론은 들뢰즈나 보드리야르 같은 후기구조주의 철학자들과 우연하게도 접합점을 이루고 있다. 비록 시뮬라크르 이론과 거리가 있기는 하지만, 예술작품의 미적 힘을 이미지의 비실재성에서 찾았다는 점에서 그러하다.

미술에서 아날로공이 캔버스 위에 색칠된 그림이고, 연극에서 아날로공이 배우라면, 조각에서 아날로공은 조각상이다. 대리석의 비너스상은 상상 속의 여인이지 실재의 여인이 아니다. 조각품인 이 비너스의 원본 여신은 현재 존재하는 것도 아니고 과거에 존재한 적도 없다. 어떤 비실재의 물체일 뿐이다. 대리석으로 빚어진 이 조각품은 여신의 유사물, 아날로공이다. 그리고 이 물체는 비실재화(자신의 비실재화, 세계의 탈실재화)의 내용물(support de l'irréalisation)(*L'Idiot I*, 786)이다.

그렇다면 아날로공이 보여 주고 있는 비실재의 물체와 아날로공과는 어떻게 구분되는가? 아날로공은 자신의 원형인 비실재의 물체와 똑같은 모습으로 그것과 밀착되어 있어서, 사람들은 흔히 우리에게 감동을 주는 미적 대상(비현실의 오브제)과 그 유사물인 가시적 물건(그림이나 조각 등)을 혼동한다. 다시 말해서 아날로공을 미적 대상으로 오인하는 것이다. 그러나 아날로공은 존재하지 않는 상상의 물체에 구체적 부피를 제공해 주는 하드웨어일 뿐이다. 그것은 비실재의 텅 빈 껍데기에 속을 채워 주는 '비존재의 내용물

(soutien du non-être)'이다. 아날로공이 어떤 비실재의 물체를 반사해 주고 있다는 말은 얼핏 플라톤의 이데아(idéa) 개념을 연상시킨다. 그러나 사르트르는 자신의 '비실재'는 플라톤의 이데아와는 다르다고 말한다.

> 헉슬리의 소설 『대위법』에 나오는 스팬드럴처럼 또는 플라톤주의자들처럼 그것이 다른 세계, 혹은 관념의 하늘 속에 존재한다고 생각해서는 안 된다. 그것은 단지 공간과 시간에서 벗어나 실재의 밖, 존재의 밖에 위치해 있다. (*L'Imaginaire*, 371)

(2) 미적 태도

미적 대상이 존재하는 비실재의 세계와 우리의 일상생활이 영위되는 실재의 세계는 전혀 다른 별개의 두 세계가 아니라 같은 세계이다. 다만 그 세계를 대하는 인간의 태도가 상상적이냐, 실재적이냐에 따라 예술과 일상생활이 갈린다. 사르트르는 그것을 각기 상상적 태도(l'attutude imageante)와 실재적 태도(l'attitude réalisante)라고 불렀다. 예컨대 캔버스에 칠해진 색깔, 선과 면의 분할만을 눈여겨보는 사람이 있다면 그는 전혀 미적인 감동을 느낄 수 없다. 그것은 아날로공에 불과하기 때문이다. 이 아날로공을 넘어서서, 이것이 비춰 보여 주고 있는 비실재의 물체, 즉 미적 물체를 파악하기 위해서는, 자신을 비실재화하는 태도의 변화가 있어야 한다.

우리가 화폭과 액자 그 자체만을 바라본다면, 〈샤를 8세〉라는 미적 대상은 결코 나타나지 않는다. 그것이 화폭에 가려 숨겨진 것이 아니라 다만 그것이 우리의 실재적 의식에 주어지지 않을 뿐이다. 그것은 우리가 스스로 상상적인 의식이 되었을 때에만 우리에게 주어진다. (*L'Imaginaire*, 362)

이로써 상상적 의식과 실재적 의식이라는 의식의 이분법이 제기된다. 예술품이라는 아날로공을 통해 그 너머 비존재의 세계에 있는 비실재의 미적 대상을 바라보기 위해서는 상상적 태도가 필요한데, 이러한 태도는 우리의 의식을 상상 의식으로 전환했을 때만 가능하다. 일상사의 걱정거리가 있으면 아무리 좋은 영화를 보고 아무리 아름다운 그림을 보아도 아무런 감흥을 느끼지 못했던 기억이 누구에게나 있을 것이다. 그것은 우리의 의식이 현실의 걱정거리에 압도되어 예술 감상에 필요한 상상 의식으로의 전환이 이루어지지 않았기 때문이다. 한편, 감동적인 영화나 연주회를 보고 나오면서 갑자기 맞닥뜨린 현실에 순간적으로 당혹감을 느끼는 경우도 있다. 이것은 상상 의식이 아직 실재 의식으로 재빨리 전환하지 못했기 때문이다. 그렇다면 상상 의식이란 어떤 것인가? 『상상계』의 다음 구절이 그것을 설명하고 있다.

그러므로 상상은 매순간 실재의 암묵의 의미를 표상한다. 엄밀한 의미에서, 상상 행위는 자기 앞에 허상을 놓는 행위이다. 그것은 실재의 의미를 공공연하게 드러내 주는 행위이다. 상상의 이 특별한 자세는 비실재의 토대인 세계의 붕괴를 수반한다. 세계는 상상의 무화(無化)된 토대이다. (360)

상상이란 자기 의식 앞에 허상을 놓는 행위라는 것, 그리고 상상의 토대는 실재라는 것이 가장 중요한 포인트이다. 우리가 머릿속에서 제아무리 기발한 공상을 한다고 해도 그 공상의 상(像)을 제공하는 것은 우리가 언제, 어디서인가 본 실재의 물체이다. 따라서 상상은 실재와 무관하게 하늘에서 뚝 떨어진 기이한 물건이 아니라 현실에 존재하는 물건의 반영(reflet)이다. 상상은 실재에 뿌리를 두고 있고, 실재에서 나온 것이다.

4. 상상, 지각, 현실

데카르트가 현실을 꿈보다 우위에 놓았던 이유도 꿈의 질료가 현실의 요소들로 이루어져 있기 때문이었다. "꿈은 좀 더 단순하고 좀 더 보편적인 사물들을 만들어 낼 수 없다"고 그는 『성찰(Les Méditations)』에서 말했는데, 이것은 상상에 대해 사르트르가 말한 것과 거의 다르지 않다. 사르트르의 상상 이론의 먼 기원이 데카르트임을 확인할 수 있다.

꿈이나 상상은 모두 현실 세계에서 우리가 지각했던 사물들이 허상으로 나타나는 것이다. 지금 현재 내 앞에 있는 꽃다발을 눈으로 바라보면 그것이 지각(知覺, perception)이고, 눈을 지그시 감고 어제 본 꽃다발을 내 의식 앞에 떠올리면 그것이 바로 상상(imagination)이다. 꿈도 마찬가지다. 깨어 있을 때 눈 내리는 창밖의 경치를 바라보면 지각이고, 잠잘 때 허상으로 눈 내리는 경치를 바라보면 그것이 꿈이다. 사르트르가 지각과 상상이 양립할 수 없다고 말했듯이 데카르트에게 있어서도 지각과 꿈은 비양립적이다. 지각하면 꿈꿀 수 없고, 꿈꾸면 지각할 수 없다. 사르트르도 지각하면 상상할 수 없고, 상상하면 지각할 수 없다고 했다.

그렇다면 실제로 내리는 눈이냐 아니면 눈 내리는 허상의 이미지이냐가 다를 뿐 눈 내리는 경치는 똑같다는 이야기가 된다. 크기와 수, 양(量)과 모양, 그리고 연장(延長, extension, 물질이 공간을 차지하는 성질)의 성질을 가진 실제의 눈송이들이 실제의 장소에 실제의 자리를 차지하고 실제의 시간 동안 지속되고 있는 데 반해 상상 속에서 내리는 눈은 이런 물체적 본성을 하나도 갖고 있지 못하다는 점만이 다를 뿐이다. 결국 상상 속의 이미지 또는 꿈속의 이미지가 실재의 사물과 똑같다는 결론에 도달하게 된다.

그러나 그리스 신화의 반인반어(半人半魚) 세이렌(사이렌)이나 반인반수(半人半獸)의 사티로스 같은 상상도 있고, 샤갈이나 달리 같은 화가들의 초현실적 상상도 있다. 이것들이 현실의 어떤 사물들과 일치하느냐고 반문할 수도 있을 것이다. 하지만 아무리 기상천외한 상상이라도 그것을 구성하는 요소는 현실의 실재의 사물에서

따온 것들이다. 세이렌은 여자와 물고기라는 실체, 사티로스는 남자와 짐승이라는 실체를 각기 조합한 것이다. 초현실주의 화가들의 기괴한 상상의 그림도 사실은 여러 실재의 요소들을 조합한 것이고, 더 내려가 보면 삼각형, 사각형 같은 도형이나 빨강, 하양 같은 색깔들을 조합한 것이다.

현실을 아무리 해체한다 해도 더 이상 환원할 수 없는 도형 또는 색깔들을 데카르트는 '가장 단순하고 가장 보편적인 사물'이라고 말했다. 더 이상 환원할 수 없는 형태이므로 단순하고, 모든 실재의 사물 안에 들어 있으므로 보편적인 것이다.

우리의 상상이나 꿈은 이런 '단순하고 보편적인' 요소들을 거의 무한정의 순열과 조합을 통해 이리저리 결합한 것이다. 상상은 이런 요소들을 조합하는 능력은 있으되 그 '단순하고 보편적인' 사물들을 만들어 내는 능력은 없다. 그것들은 어디까지나 현실 안에서 만들어진 것이며, 상상은 그것들을 그저 차용했을 뿐이다.

그러면 실재가 '상상의 무화(無化)된 토대'라는 것은 무슨 이야기인가? 상상의 작동은 그것이 토대로 삼고 있는 실재를 무화(néanti-sation) 또는 부정(négation)할 때에만 가능하다. '무화'란 아무것도 아닌 것으로 만들기, 제로로 만들기이므로 실체적 존재를 없애 버린다는 이야기다. 창문 밖의 눈 내리는 경치를 바라보며 어느 순간 눈을 감고 아득한 눈발 속으로 들어가는 상상을 할 때 그것이 바로 상상이다. 실재를 실재 그대로 본다는 것은 실재적 의식이지 상상 의식일 수 없기 때문이다. 따라서 상상 의식은 실재를 무화하고 부정하는 행위이다. 실제로 내리는 눈을 일단 부정하고 무화시켰을 때 우리는 아득한 상상의 눈발 속으로 들어갈 수 있다. 아득한 눈발은 우리가 실재의 눈발을 무화했을 때만 생겨나는 경치이다. 그래서 실재는 비실재의 무화된 토대인 것이다.

플로베르의 상상 이론과 자연주의, 사실주의, 상징주의 등의 예술 사조를 비교해 보는 것도 재미있을 것이다. 에밀 졸라(Emil Zola)는 자기 시대 프랑스 사회의 인간 군상을 적나라하게 그리기 위해 창녀, 그랑[大]부르주아, 농민, 노동자 등을 꼼꼼하게 묘사했다. 자연주의, 또는 사실주의의 주요 관심은 진실성(véridicité)의 문제였다.[40] 허구의 이야기를 쓰기는 하되 그것이 얼마만큼 현실에 부합하는가에 작가들의 온갖 관심이 기울여졌다. "좀 더 진실을 말하기 위해 거짓을 말한다(On ment pour dire mieux le vrai)"는 것이 그들의 좌우명이었다.

그와 반대로 상징주의자들은 상상에 온갖 가치를 부여했는데, 이때 이들의 상상은 완전히 현실과 분리된 별개의 물체였다. 순수한 비실재의 구조에 매료되어 그들은 "존재하지 않는 것만큼 아름다운 것은 없다(rien n'est beau que ce qui n'est pas)"라고 주장했다. 그들의 세계는 결국 비(非)세계(non-monde)이며 그들은 자주 이것을 꿈이라고도 불렀다. 만일 누군가 상상과 현실 사이의 관계를 묻는다면

---

40 「지식인을 위한 변명(Plaidoyer pour les intellectuels)」에서 사르트르는 졸라를 신화적인 작가(écrivain mythique)로 부를 수도 있다고 말함으로써 그를 자연주의자로만 보는 시각에서 탈피했다(*Situations VIII* [1972], 438-39).

그들은 "아무것도 없다"고 대답했을 것이다. 그러나 상상에 대한 플로베르의 생각은 이들과 조금 다르다.

플로베르의 어정쩡한 입장은, 그가 위에서 내려다보는 이 세계의 비실재성을 완전히 인정하면서도 여전히 이 비실재적 세계와, 자기가 뿌리 박고 있는 현실 세계가 동일하다고 확인하는 데에서 나온다. (*L'Idiot II*, 1157)

플로베르에게 상상과 실재는 다르지 않으며, 다만 실재는 상상속으로 들어가기 위한 도약대(tremplin)이다. 그는 자연주의자들이 도약판에 불과한 현실에 집착하고 있다고 다음과 같이 비난했다.

내 생각에는 현실은 하나의 도약대 이상이 되어서는 안 된다. 우리의 친구들은 현실만이 전부인 것처럼 생각한다. 이 물질주의에 나는 분노를 금할 수 없다.[41]

여기서 도약대라는 것이 상상의 세계, 비현실의 세계로 들어가기 위한 도약대임은 두말 할 나위가 없다. 그가 생각하는 예술의 최고의 기능은 사람들을 상상 속으로 인도하는 것, 즉 꿈꾸게 만드는 것이었다.

---

41 *Correspondance*, A Mme Roger des Genettes, 10 novembre, 1877; *Préface*, 280.

내게 있어서 예술의 가장 높은 경지(이것이 가장 어렵기도 한데)는 사람들을 웃기거나, 울리거나, 또는 정욕을 유발하거나 분노하게 만드는 것이 아니라 가장 자연스러운 행위, 즉 꿈꾸게 만드는 것이다. 아름다운 작품들은 모두 이런 성격을 가지고 있다.[42]

사르트르도 플로베르의 태도를 그대로 계승하여 상상에 절대적 가치를 부여한다. 흔히 예술작품은 상상의 실재화라는 것이 일반적인 생각이지만 그는 반대로 실재의 상상화가 예술작품이라고 규정한다.

흔히, 예술가는 어떤 관념을 이미지로 갖고 있다가 나중에 그것을 화폭에 실재로 옮겨 놓는다고들 말한다. 그러니까 화가는, 그것 자체로는 전달이 불가능한 어떤 추상적 이미지에서 출발하여, 작업을 통해 그것을 모든 사람이 바라볼 수 있는 하나의 실재적 물체로 만들어 대중 앞에 내놓는다는 것이다. 즉 상상에서 현실로의 전이가 있다고 생각하는 것이다. 오류는 여기서 시작된다. 이것은 전혀 사실이 아니다. 물론 붓질의 결과인 화폭 위의 두터운 물감, 결, 광택 들이 엄연한 실재인 것은 사실이다. 그러나 정확히 말해서 이 모든 것은 결코 미적 감상의 대상이 아니다. '아름다운 것'은 우리의 지각에 주어지는 것이 아니라 이 세계와 분리되어 있는 어떤 존재이다. (*L'Imaginaire*, 363)

---

42 *Correspondance*, A Louise Colet, 26 août 1853; *Préface*, 144-45.

그러니까 예술행위는 예술가의 머릿속에 떠오르는 막연한 상을 가시적 물체(조각, 그림, 시, 소설 등)로 옮겨 놓는 상상의 실재화가 아니라, 오히려 우리 눈앞에 보이는 구체적인 물체에서 시작하여 그것을 매개로 우리를 상상의 세계로 이끄는, 현실의 상상화 작업이라는 것이다. 이때 상상과 현실을 잇는 매개물이 아날로공이다. 예술가가 자신의 머릿속에 있는 비실재적 물체를 아날로공을 통해 다른 사람들 앞에 제시하면 감상자는 이 아날로공을 통해 예술가의 비실재적 물체(objet irréel)에 도달하는 것이다.

그렇다면 우리가 아날로공을 통해 당도하는 미적 물체는 도대체 무엇일까? 무엇이 아름다움인가?

5. "실재하지 않는 것이 아름답다"

예술가는 현실을 상상화하는 사람이고, 예술의 기능은 사람들을 상상 속에 끌어넣는 것이다. 이것이 사르트르와 플로베르가 공유하는 기본 미학이다. 그런데 상상이란 무엇일까? 그것은 실재가 아니라 비실재(irréel)이다. 우리 눈앞 현실 속에 실제로 존재하지 않는 것이다. 그렇다면 미의 실체는 '비실재'이다.

우리는 물론 캔버스 같은 실재적 사물 앞에서 미적 즐거움을 느낀다. 그러나 우리의 미적 즐거움은 결코 실제의 색깔에 의해 저절로 야기되는 것이 아니다. 실제의 색깔 같은 구체적 물질성은 비실재적 물체를 붙잡기 위한 한 방법에 불과하다(*L'Imaginaire*, 366). 예술작품은 어디까지나 비실재이다(362). 사르트르는 아예 아름다움이라는 것이 비실재적 물체들의 총체라고 규정한다(366). 그는 실재는 결코 아름답지 않다고까지 단정적으로 말한다.

우리 주변의 하찮은 생활 집기들은 현실 속에서 전혀 아름답다고 느껴지지 않았는데 그것의 실재성을 죽여서, 다시 말해 그것을 무화시켜 상상의 세계로 옮겨 놓으면, 즉 캔버스 위에 그림으로 그리면 비로소 그때부터 오지그릇이니 물병이니 하는 사소한 물건들이 아름다움으로 빛난다. 이제야 우리는 그 마술 같은 물질의 변화를 이해할 수 있다. 사르트르의 미학에서 아름다움은 상상에만 적용되는 가치이다. 그 본질적 구조 안에서 아름다움은 이 세계의 무화를 포함하고 있다(372).

왜 무화인가? 비실재란 존재하지 않음이고, 존재하지 않음이란 바로 무(néant)이다. 사르트르는 우리가 교향악단의 연주를 통해 듣는 베토벤의 제7교향곡이 영원히 다른 곳에 있고, 영원히 부재(un perpétuel ailleurs, une perpétuelle absence)라고 말한다. 배우 킨은 스스로 자신이 '비존재의 내용물(soutien du non-étre)'이 되기로 선택한다. 그래서 예술가의 미학적 명령은 무에 대한 믿음이라고 사르트르는 말한다(371).

사르트르에 의하면 우리가 예술작품을 보고 아름다움을 느끼는 것은 그것이 무(無)를 표상하고 있기 때문이다. 우리는 가끔, 별 감흥이 없던 현실 속의 물체가 일단 화폭에 옮겨지면 미적 감흥을 일으키는 것을 경험할 때가 있다. 미감과는 거리가 먼 주전자, 전등 갓, 탁자 같은 것도 화가가 캔버스에 옮겨 놓으면 실제의 물건들에서 느낄 수 없었던 아름다움을 발산한다. 초록의 잔디밭 속에 노란 민들레나 보라색 제비꽃이 드문드문 피어 있는 봄날의 잔디밭을 보고 "이 풍경을 그림으로 그리면 참 예쁠 텐데"라고 말하기도 한다. 왜 우리는 그대로의 실재보다는 그것을 물질로 전환한 그림에서 더 아름다움을 느낄까? 현실 속의 연인들은 하고많은데 왜 드라마나 영화 속의 연인들은 그렇게 사무치게 아름다워 보이는가? 현실 속에서 그냥 언제나 3차원의 세계 속에 살고 있는데, 굳이 영화에서 3차원이 구현되었다고 왜 그리 감격하고 열광하는가?

수수께끼의 답은 '무'에 있다. 실재는 '실체가 있음', 즉 존재이지만 그림은 '아무 실체가 없음', 즉 무이기 때문이다. 실재는 무로 환원되어야만 아름답다. 현실 속 우리 주변의 3차원의 세계는 실재이기 때문에 아름답지 않고 영화 속 3차원의 세계는 존재가 없는 무이기 때문에 아름답다. 사르트르의 무의 미학이 탄생하는 순간이다.

칸트는 하나의 대상 앞에서 우리의 상상력과 오성(entendment)이 조화롭게 일치할 때 거기서 쾌감이 발생하고 이때 미가 발생한다고 말했는데, 사르트르에게서는 실재가 무로 전환할 때 미가 발생한다.

플로베르에서는 이 무가 결국 불가능으로 귀착된다. 그에게 미란 언어에 의해 이 세계를 상상적으로 전체화하는 것인데, 언어는 그 성질상 이런 기능을 수행할 능력이 없다. 그래서 그는 예술이란 하나의 미끼, 함정이라고 말한다. 손에 잡히지 않는 미가 어쩌다 우연히 떠오른 한 줄의 문장에서 반짝거리기도 하는데, 그 반짝임에 이끌려 가까이 가 보면 그 미는 사라지고 없다는 것이다. 그래서 "미란 불가능이 아니고 무엇이겠는가(Qu'est-ce que le Beau, sinon l'impossible)?"[43]라고 그는 한탄한다. 이 말은 그의 미학을 한마디로 간결하게 보여준다. 여기서 미란 사람이 만들 수도 소유할 수도 없다는 이중의 의미가 드러난다. 그래서 그는 예술을 아예 불가능에 대한 추구로서 정의한다. 아름다운 것은 단순히 존재하지 않을 뿐만 아니라 결코 존재할 수가 없다. 그런데도 그는 이 절망적인 '불가능의 추구'에 집착한다.

> 그는 그것이 불가능인 줄 뻔히 알면서도 그 불가능을 원하고, 원칙적으로 비존재인 것에게 존재를 부여하려 한다. (*L'Idiot II*, 2090)

결국 미의 존재론적 구조는 불가능한 당위 존재이고, 예술가란 가능의 세계인 현실과 불가능의 세계인 미를 이어 주는 매개자가 된다(Ibid.).

플로베르에서와 마찬가지로 사르트르의 미학에서도 아름다움은 언제나 비실재적인 것이다. 실재는 결코 아름답지 않고 비실재의

---

43 *Correspondance*, A Ernest Chevalier, 24 juin 1832; *Préface*, 24.

것, 부재의 것, 없는 것만이 아름답다. 그는 이런 식으로 미적 대상의 성격을 비실재, 상상, 부재, 비존재, 무 등 여러 가지 말로 표현했는데 그것들은 똑같이 '현실에 없음'이기는 하지만 그 철학적인 수준은 물론 각기 상당히 다르다.

이러한 개념상의 불명확성을 들어서 그의 아날로공의 개념을 공격할 수도 있겠다. 『상상계』에서 중요하게 다루어지던 아날로공이 말년의 저서인 『집안의 백치』에서 빠진 것은 아마도 그런 이유가 아닌가 싶다.

6. 상상 및 아날로공 이론에 대한 철학적 비판

보들레르는 상상이 "세계를 창조한다"고 했는데, 사르트르는 상상이 세계를 부정한다고 보았고, 일종의 반(反)세계(anti-monde)로 생각했다(L'Imaginaire, 261). 칸트, 셸링(Schelling), 노발리스(Novalis), 블레이크(Blake) 등은 상상에 생산적인 힘이 있다고 보았는데, 사르트르는 상상이란 단지 정신작용일 뿐이라고 말했다.[44] 즉 지각, 사고, 감정 같은 여러 '의식의 자세(attitudes de conscience)' 중의 한 양식이라는 것이다.

후설(Husserl)의 현상학을 그대로 계승한 사르트르에게 의식

---

44 Edward S. Casey, "Sartre on Imagination," in The Philosophy of Jean-Paul Sartre, p. 140.

은 철저하게 현상학적이다. 의식은 실체가 따로 있는 것이 아니라 그 앞에 어떤 물체가 나타났을 때에만 작동하는 정신작용이다. 즉 "의식이란 항상 그 무엇에 대한 의식(Toute conscience est conscience de quelque chose)"(*L'Imaginaire*, 28)이다. 이처럼 언제나 '그 무엇'에 대한 의식이므로, 의식이 작동하려면 항상 의식의 앞에 어떤 대상이 놓여 있어야 한다. '의식 앞에 대상을 놓는 행위'를 정립(定立, poser, 영 posit)이라고 한다. 그런데 '그 무엇'은 우리가 감각할 수 있는 실체의 물건일 수도 있지만 단순히 허상일 수도 있다. 의식 앞에 실제로 존재하는 사물을 놓으면 그것이 지각이다. 강의실 창문 밖에 저 멀리 보이는 나무를 내 의식 앞에 놓았을 때 나는 그 나무를 지각하는 것이다. 그러나 같은 나무라도 집에 돌아와 그 나무의 상(像)을 내 의식 앞에 놓았다면 그것은 상상이다. 그러니까 실제로 존재하지 않는 사물을 대상으로 정립하는 것이 바로 상상이다. 실제로 존재하지 않는 나무의 허상, 그것이 바로 이미지(image)이다.

> 나무를 이미지의 형태로 인식하는 선험적 의식도 물론 나무를 자기 앞에 위치시킨다. 그러나 그것은 이미지로서의 나무인 것이다. 다시 말하면 지각 의식의 방법과는 다른 방법으로 대상을 정립(定立)하는 것이다. (*L'Imaginaire*, 30)

상상 작용은 그 대상을 이미지의 형태, 즉 비존재의 상태로 투사한다. 이미지의 형태는 엄밀히 말해서 존재하지 않는다는 뜻이다.

지각의 대상과 달리 이미지에는 실재적 존재형태가 결여되어 있다. 이미지들은 명백한 무(néant)의 성격을 갖고 있다.

이처럼 '실제로 존재하지 않는 사물'인 이미지에는 네 가지 종류가 있다. (1) 비존재(inexistence), (2) 부재(absence), (3) 다른 곳에 존재함(existence ailleurs), (4) 정확한 중립성(존재하는 것도, 존재하지 않는 것도 아님)이다(Ibid.).

이 중 (1) 비존재는 다시 세 가지 가능성으로 나뉜다. 첫 번째는, 원래 지각이 가능했으나 이제는 존재하기를 그친 대상, 예를 들면 죽은 친구 같은 경우이다. 두 번째는, 한번도 존재한 적이 없으므로 절대로 지각 불가능한 대상, 예컨대 반인반수의 괴물인 켄타우로스 같은 것이다. 세 번째는, 지각 가능하기는 하지만 아직은 존재하지 않는 것, 예컨대 내가 앞으로 사게 될 나의 책 같은 것이다. (2) 부재는, 대상이 그것 자체로는 존재하고 또 지각도 가능하지만, 다만 현재 나의 지각장 안에 들어 있지 않은 경우이다. 오늘 강의에 나오지 않은 나의 친구의 모습 같은 것이다. 그는 상을 갖고 있지만 그러나 그것은 내 의식에 지각될 만큼의 현전이 아니다. (3) 다른 곳에 존재함은, (2)번과 유사하지만 좀 더 거리가 있는 대상을 말한다. (4) 중립성은, 의식 앞의 엄연한 실재를 의도적으로 허상인 듯이 생각하는 의식의 자세이다. 사르트르가 플로베르의 미적 자세로 규정했던 '자신의 비실재화와 세계의 탈실재화'가 이에 해당할 것이다.

이 네 종류의 이미지에 공통적인 성격은 그것들이 모두 각기 상이한 등급의 부정의 카테고리를 포함하고 있다는 사실이다(L'Imag-

inaire, 351). 그러므로 상상이란 그것 자체로 세계의 부정이다. 이런 점에서 "상상 행위와 실재 행위는 정반대이다(On voit que l'acte imageant est à l'inverse de l'acte réalisant)"(347)

그렇다면 상상 행위와 실재 행위는 어떻게 다른가? 사르트르는 카펫의 아라베스크 무늬를 예로 들어 설명한다. 여기 내 눈앞에 있는 카펫의 아라베스크 무늬는 나의 직관에 부분적으로만 제시되어 있다. 왜냐하면 창가에 놓인 소파가 그 일부를 가려 주고 있기 때문이다. 그러나 나는 숨겨진 아라베스크 무늬가 비록 가려지기는 했지만 여전히 '현실적으로 존재한다(existant présentement)'고 생각한다. 그것이 결코 부재라고는 생각하지 않는다. 가려지지 않은 부분의 무늬로 미루어 그 무늬의 처음과 끝을 연속선으로 파악하기 때문이다. 주어지지 않은 사실을 실재로서 정립하는 방법은 이런 메커니즘을 갖고 있다. 이때 주어지지 않은 사실은 주어진 사실과 똑같은 의미와 성격을 갖고, 똑같은 정도로 실재적이다. 이때 나의 인식은 주어진 것과 주어지지 않은 것을 하나의 전체로서 파악하는 것이다. 이것이 실재적 행위이다.

그러나 똑같은 경우를 조금 다르게 생각해 보자. 이번에 나는 감추어진 아라베스크 무늬를 전체 카펫의 부분으로 생각하지 않고 그것만 따로 떼어(고립시켜서), 그것 자체에만 관심을 집중시킨다. 눈에 보이는 실재에서부터 출발하여 그것을 보기를 그쳤으므로, 그 숨겨진 부분만 파악하기 위해서는 나는 그것을 부재로서 생각해야만 한다. 틀림없이 그것이 소파 밑에 있기는 하지만 정확히 나의 지각에 감지되지 않는 장소의 것을 대상으로 하고 있으므로 나는 그것을 무로서 파악한다. 즉 무화시킨다.

따라서 상상 행위는 이미지를 형성하는 행위이면서 동시에 고립적, 무화적 행위이다. (*L'Imaginaire*, 348)

여기서 실재와 비실재(또는 상상)의 관계가 성립된다. 실재를 부정(또는 무화)하는 것이 상상이고, 따라서 상상(또는 실재)의 토대는 실재이다. 다시 말해 상상 의식 앞에 우리가 정립하는 대상은 세계에 비해 보면 무이고, 또 반대로 이 대상에 비해 볼 때 세계는 무가 된다.

세계가 무의 한가운데로 미끄러져 들어가는 것, 또는 이 무 속에서 인간존재가 떠오르는 것은 어떤 대상의 정립에 의해서만 가능한데, 이 대상은 세계에 비하면 무이고, 또 한편 세계는 이것에 비해 보면 무이다. (359)

"세계는 이것에 비해 보면 무"라는 말은 상상 의식의 정립이 세계의 붕괴와 병행한다는 의미이다. 반대로 세계가 상상의 토대라는 의미도 된다. 세계를 부정하는 것이 상상적 정립 작용이기 때문이다. 따라서 모든 실재는 당연히 비실재의 상을 만들어 내고, 반대로 하나의 이미지는 그 토대인 현실과의 관계에서만 모습을 드러낸다. 그런 의미에서 상상은 이중의 무이다.

세계와 비교하여 자기 자신이 무이고, 또 자신과 비교하여 세계가 무인 이중적 무의 비실재는 항상 자기가 부정하는 세계의 토대 위에서만 구축될 수 있다. (357)

보드리야르(Baudrillard)는 이미지가 실재를 죽이는 기능이 있다고 했는데, 그것은 사르트르의 상상 이론과 그대로 일치한다. 사르트르에게 상상의 대상은 무이고(28), 이미지는 그것 자체 속에 무를 품고 있다.

우리는 이미지가 어떤 무를 내포하고 있다고 말할 수 있다. 이미지는 단순히 대상을 그대로 복제하는 것이 아니라 자기를 주장한다. 그러나 자기주장을 하면서 이미지는 그 대상을 파괴한다. 이미지가 제아무리 생생하고 감동적이고 강하다 하더라도 그것은 자신의 대상을 존재하지 않는 것으로서 제시한다. (33)

상상을 하기 위해서는 실재를 무화하여, 존재하지 않는 것으로 지양해 가야 한다. 그런데 문제는 무의 성격이 무엇인가 하는 점이다. 비존재란 존재가 없는 것인데, 사르트르는 무가 어떤 존재론적 존재(ontic being)를 갖고 있다고 말한다. 사르트르에 의하면 상상은 단순히 '없음'이 아니다. 거기에는 엄연히 그 고유의 존재가 있다. "상상은 언제나, 그것을 향해 존재가 지양해 가는 구체적인 '어떤 것'이다"(359)라거나, "비실재의 물체는, 물론 비실재로서, 그리고 부동(不

動)의 것으로서이기는 하지만 여하튼 그것의 존재는 부인할 수 없다"(269)라는 문장들이 그것이다. 이러한 모순이 사르트르의 상상 연구의 큰 약점이라고 케이시(Edward Casey)는 지적한다. "무에 존재가 있다면 도대체 이 이상한 왕국은 무엇이며, 어떤 점에서 이것이 비실재적인가?"[45] 무에 대한 직관은 있을 수 없다는 사르트르 자신의 말이 우리의 혼란을 한층 더 가중시킨다.

> 무에 대한 직관은 있을 수 없다. 왜냐하면 무는 '아무것도 아닌 것'인데, 모든 의식은 '어떤 것'에 대한 의식이기 때문이다. 무는 '어떤 것'의 하부구조(infrastructure)로서 제시될 수밖에 없다. (L'Imaginaire, 358-59)

사르트르의 상상 분석의 주요 개념인 아날로공도 부적당한 묘사라는 비판을 받는다. 케이시는 아날로공이 사르트르의 상상 분석의 열쇠이면서 동시에 아킬레스건이라고 말한다. 아날로공은 거기서부터 모든 상상이 시작되는 출발점이지만, 그러나 항상 지양되어야만 하는 대용물이다.[46]

현재 부재중인 친구 피에르의 사진을 보며 내가 그를 마음속에 떠올릴 때 내 의식작용은 우선 사진으로 향한다. 그 사진은 하찮은 얄팍한 물건이지만 그것을 발판으로 하여 내가 떠올리고자 하

---

45 Casey, "Sartre on Imagination," p. 154.
46 Ibid., p. 147.

는 피에르의 상에 도달할 수 있다. 말하자면 사진은 내 의식이 지향하는 실제 대상의 대용물이다. 그러나 그것은 상상의 출발점을 제공하기만 할 뿐, 곧 극복해야 할 대용물이다. 이때 이 사진이 아날로공이다.

예술작품과 그 미적 대상 사이의 관계도 아날로공이다. 그러나 케이시에 의하면 우리는 사르트르가 주장하듯이 배우의 눈물을 햄릿의 비실재적 눈물의 유사물로 보지 않으며, 베토벤의 제7교향곡을 비실재적 제7교향곡의 유사물로 생각하지 않는다. 한마디로 우리는 예술작품을 있는 그대로 감상할 뿐, 그것을 그 뒤의 어떤 것의 대용물로 간주하지 않는다.

우리는 작품의 물질적 현전성을 넘어서서, 이 현전성의 뒤에 있는 유사적 원본으로 향해 가지 않는다. 작품이 훌륭하기만 하면 우리의 미적 관심은 그 지각 가능한 표면에 고착된다. 이 표면의 위에, 그리고 그 안에서 미적 체험의 완전한 내용이 역할을 다하고 있다.[47]

다시 말하면 예술작품은 우리 눈에 보이는 물체, 또는 귀에 들리는 음향 그것 자체일 뿐, 그 뒤에 진짜 무엇이 있는 것은 아니며, 우리의 미적 감동도 그 물체, 그 음향과의 만남에서 이루어질 뿐, 그것을 뛰어넘어 어떤 것을 향해 가는 것이 아니라는 이야기이다.

---

47 Ibid., p. 153.

케이시는 사르트르의 상상 분석이 다음과 같은 다섯 가지 점에서 왜곡되었다고 말한다.

첫째, 아날로공의 개념은 사르트르가 주장하듯이 상상적 경험에서 그렇게 깊고도 명백한 요소가 아니다. 이것을 인간의 모든 상상 행위의 명백한 요소라고 주장하는 것은 현상학적 서술이 아니라 주지주의(主知主義)적 설명이다.

둘째, 사르트르는 상상의 대상을 정립하는 방식을 '비존재', '부재', '다른 곳에 존재', '존재도 비존재도 아닌 것' 등 네 가지 형태로 가정했는데, 이것들은 각기 '존재', '현전', '이곳에 존재', '존재 또는 비존재로 정립하기'와 서로 상반적인 짝을 이루고 있다. 이 같은 이분법적 사고는, 엄격하게 양립이 불가능한 두 사항 가운데에서 깨끗한 선택을 하기를 좋아하는 사르트르의 주지주의적 성향의 반영이다. 이렇게 일도양단의 가설 말고 중간의 가능성은 없는가, 라고 케이시는 반문한다.

> 우리가 상상하는 것은 단순히 부재, 비존재, 또는 딴 곳에 존재의 형태로만 정립되는 것은 아니다. 그것은 순전히 가능성으로서 정립될 수도 있다. 즉 실체의 성격을 가지면서도, 그것에 대한 상상이 경험적 한계를 살짝 넘어설 수 있는 그러한 가능성 말이다.[48]

---

48 Ibid., p. 162.

셋째, 상상을 의식작용으로만 간주한 것이 잘못이다. 『상상계』를 쓸 당시 사르트르는 오직 두 가지 선택만을 허용하는 존재론을 생각하고 있었다. 즉 우리가 체험하는 것은 무엇이든지 사물 아니면 의식이어야 했다. 다시 말해 무기력성(inertie, 생명이 없는 사물의 성질)이거나 아니면 자발성, 또는 즉자 아니면 대자이어야 했다. 이미지도 역시 물체 같은 것이거나 아니면 의식 같은 것이어야만 했다. 사르트르는 이미지를 작은 사물로 간주하기를 거부했으므로, 당연히 그것은 의식의 성격을 가질 수밖에 없었다. 그러나 이미지에서 물질성을 떼어내기 위해 그것을 의식의 형태로 보아야만 할 이유는 없다. 우리의 경험 대상 중에는 무기력하지 않고, 그렇다고 자발적이지도 않은 것들이 분명 있다. 이미지가 바로 그것이다. 이미지는 사물도 아니고 행동도 아니다. 케이시는 제3의 형태를 제시한다.

좀 다르게 문제를 정리해 본다면, 아마도 상상은 정신작용의 하나의 독립적인 양태로서, 지각과 사고 사이에 존재하는 것 같다. 의식의 제3형태로서의 이 정신작용의 중요성은, 사르트르가 초기 저작에서 채택했던 것보다 훨씬 더 변증법적인 정신과 존재 속에서만 인정될 수 있을 것이다.[49]

---

49 Ibid.

넷째, 의식이 이미지를 동반하지 않을 때, 그것은 순전히 반성적이거나 아니면 순전히 지각적이라는 주장도 틀린 것이다. 사르트르에게 있어서는 사고와 지각만이 이미지 없는 정신작용으로 간주된다. 그러나 다른 선택도 있을 수 있다. 우리는 비상적(非像的, non-imagistic) 방법으로도 상상을 할 수 있다. 그렇다면 모든 상상 행위가 상의 형태를 띠고 있다는 주장은 오류가 아닐까, 라고 케이시는 묻는다.

우리가 만일 이미지를 사용하지 않고도 상상을 할 수 있다면 모든 상상이 상의 형태를 띠고 있다는 주장은 오류일 것이다. 그러한 주장은 상상 체험의 모든 범위를 올바르게 평가하지 못하는 것이다.[50]

다섯째, 케이시는 사르트르의 분석 방법에 대해서도 문제를 제기한다. 사르트르는 『상상계』에서 직관적 요소와 경험적 요소를 한데 합친 중간적 자세를 취하고 있다. 그런데 이 두 가지는 이론상 한데 결합될 수 없는 것이다. 따라서 사르트르가 실제로 적용한 방법은 그의 이론과 모순된다. 그는 경험주의와 합리주의를 유일하게 적합한 철학적 방법으로 생각하고 있다. 그러나 이것은 그 자체가 주지주의의 표현일 뿐이다. 주지주의는 원래 현상/본질, 경험적/합리적, 지각적/반성적 등 엄격한 이분법의 사고만을 강요하는 사유

---

50 Ibid., p. 163.

패턴이다. 그러나 상상은 지각이나 사유에 포함되기를 완강하게 거부하는 정신현상이다.[51]

7. 의식의 현상학

베르그손(Bergson)은 이미지를 실재에 대한 추억(souvenir)이라고 했다. 고전적 이론은 이미지를 실재의 축소판(miniature)로 본다. 이 두 경우 모두 이미지를 사물로 보는 입장(position de chosifier l'image)이다. 그러나 이처럼 이미지를 물체로 보게 되면 의식의 역동성은 완전히 무시된다. 왜냐하면 의식의 주된 기능은 존재(être)보다 인식(connaître)이기 때문이다. 사르트르는 베르그손이 이미지를 물체화했다고 비난하면서 "텐(Taine)의 무거운 돌을 가벼운 안개로 대치시키기는 했으나, 안개도 여전히 물체이기는 마찬가지다"(L'Imaginaire, 69)라고 빈정거렸다. 이미지의 물체화를 막기 위해 그가 내세운 것이 현상학적 방법이었다.

　사르트르가 상상에 적용한 현상학적 방법에 의하면 첫째, 상상은 의식(conscience)이다. 의식은 언제나 자신의 밖으로 나아가는 자기 초월이다. 그러므로 이미지도 자아의 밖에 존재하는 선험성(transcendance)이다. 둘째, 상상의 물체는 있는 모습 그대로 즉각 나타

51　Ibid., p. 164.

난다. 이것이 상상과 의식의 차이점이다. 예컨대 지각적 인식(savoir perceptif)은 연속적 접근의 방식으로 천천히 형성되는데, 상상의 물체(objet imagé)는 즉각, 완성된 모습 그대로 우리의 의식 앞에 나타난다. 셋째, 상상 의식은 자신의 대상을 무(無)로 정립한다. '있지 않음(ne pas être)'이 이미지의 범주다. 스스로 대상을 정립한다는 의미에서 상상 의식은 자발성(spontanéité)이다.

여기서 '상상의 자발성 대 실제적 인식(connaissance vraie)'이라는 사르트르의 이원론을 읽을 수 있다. 앞에서 우리는 그가 인간의 의식을 상상 의식과 실재 의식으로 나누었음을 살펴 본 바 있다. 상상 의식이란 상상의 물체를 정립하는 기능이고, 실재 의식이란 실재의 물체를 정립하는 기능이다. 현실에 존재하지 않는 상상의 물체를 의식하는 행위와 실제로 눈앞에 있는 실재적 물체를 의식하는 행위가 같을 수 없으므로 이와 같은 이원론은 가장 합리적인 해결 방법인 듯이 보인다. 그런데 『상상계』의 거의 전편을 통해 유지되던 이 이원론이 마지막 부분에 이르러서는 갑작스럽게 코기토(cogito)적 일원론으로 수렴하고 만다.

> 매순간 실재를 지양하는 이 자유의식은 결국, 코기토 속에서 스스로의 모습을 드러내는 단순한 의식, 그것이 아니고 무엇이란 말인가?
> (*L'Imaginaire*, 236)

이미지는 실재를 부정함으로써 생기는 것이라고 주장했으면 그

논리적 결론도 이 부정성(négativité)에서 끌어내는 것이 합당하다. 그런데 사르트르는 '세계에 대한 지각적 또는 개념적 확인(l'affirmation perceptive ou conceptuelle du monde)'과 '상상이라는 비실재적 환상(les fantaisies irréelisantes de l'imagination)'을 똑같이 무화의 개념으로 설명함으로써 실재 의식과 비실재 의식을 한데 합쳐 버렸다. 질베르 뒤랑(Gilbert Durand)이 사르트르를 비난하는 것도 바로 이것 때문이다. 그는 사르트르의 혼동을 다음과 같이 확인했다.

실재 의식과 비실재 의식이 서로 합쳐지는 것은 무화라는 일반적 과정 속에서이다.[52]

뒤랑에 의하면 사르트르가 상상 연구의 분야에 기여한 것은, 상상의 기능을 지각적, 기억적 행동과 구별했다는 점이다. 그러나 『상상계』의 뒷부분으로 갈수록 상상의 역할과 이미지는 사라지고, 상상에 대한 평가절하만이 두드러지게 나타난다. 사르트르는 『상상력(L'Imagination)』(1937)[53]에서 고전적 상상론자들이 "상(像) 없는 상상 이론을 세웠다(faire une théorie de l'imagination sans images)"고 비난했는데, 이러한 오류를 『상상계』에서 바로 자신이 저지르고 있다고 뒤랑은 주장한다.

---

52 Gilbert Durand, *Les Structures anthropologiques de l'imaginaire* (Bordas, 1983), pp. 18-19.
53 지영래 옮김, 『사르트르의 상상력』(에크리, 2008).

사르트르의 두 저서 『상상계』와 『상상력』은 상상을 철저히 다루고 있음에도 불구하고, 다 읽고 나면 상상의 모습은 떠오르지 않고 무화(néantiser)라는 의식작용만이 부각되는 것이 사실이다. 한마디로 사르트르는 상상 작용의 심리적 모델을 제시하는 데 실패했다. 이러한 실패는 현상학적 방법을 너무 제한적으로 적용한 데서 비롯되었다고 뒤랑은 말한다. 특히 그는 시(詩)라는 인류의 상상적 유산을 고찰함이 없이 상상의 현상학을 시도한 것은 무모하다고 지적하고, 사르트르의 상상론을 편협한 심리주의(psychologisme étroit autant que partial)[54]로 규정했다.

후설 현상학을 그대로 계승하고 있는 사르트르는 우리의 의식 앞에 놓여진(정립된) 물체가 구체적, 가시적 물체일 수도 있고, 또 혹은 구체적 물질성이 아닌 순전히 관념상의 어떤 상(像)일 수도 있다고 본다. 그는 구체적 물체를 의식 앞에 정립하는 행위를 지각, 관념적인 상을 정립하는 행위를 상상이라고 했다. 이러한 구분은 합리적인 듯이 보인다. 그러나 현상학적 묘사에 집착한 나머지 사르트르의 상상론이 상상의 본질에서 벗어났다는 뒤랑의 말에도 일리가 있다. 뒤랑은 사르트르보다는 시적 충동(élan poétique)의 개념을 제시한 바슐라르(Bachelard)의 상상론을 지지하는 입장이다.

사르트르가 무(néant)의 네 가지 상태를 비존재, 부재, 딴 곳에 존재, 중립성 등으로 구분함으로써 '없음'이라는 말뜻과는 달리 무

---

54 Durand, *Les Structures anthropologiques...*, p. 20.

에 실체적 존재를 부여한 것도 비판의 대상이 되고 있다. 사르트르의 철학서 『존재와 무』에서 보듯이 무는 그냥 '없음'이 아니라 '무'라는 형태의 존재이다. 앙리 비로(Henry Birault)는 사르트르에게 있어서 존재는 '물질적 즉자존재(l'être en-soi matériel)'이고 무(néant)는 대자, 즉 의식이라고 해석했다.[55] 우리 눈에 보이고 우리 손으로 만질 수 있는 모든 경험적 대상이 존재이고 우리의 의식이나 정신 관념 같은 비가시적인 모든 '있음'이 바로 무이다. 사르트르의 실존주의에서 존재는 모든 즉자존재, 그러니까 모든 경험적 사물들이고, 무는 대자존재, 그러니까 인간의 의식을 뜻한다. 그런데 의식은 다름 아닌 '자유'이므로 사르트르에게서 무와 의식과 자유 이 세 가지는 동일한 것이다. 데카르트의 이원론의 재현이라고도 할 수 있다. 데카르트에서 물질(matière)과 사유(pensée)인 것이 사르트르에서는 존재와 무이다. 존재는 가시적, 구체적 물체이고 무는 물질성이 없는 관념적인 것의 총칭이다.

인간은 육체를 가졌다는 점에서 즉자존재이고, 의식을 가졌다는 점에서 대자존재이다. 하이데거가 먼저 한 말이지만 사르트르는 인간을 '벌레 먹은 사과'로 비유하기를 좋아한다. 겉의 사과가 즉자적 존재라면 그 안에 벌레가 먹어 생긴 텅 빈 공동, 즉 무가 바로 의식이고, 대자존재이다. 인간이 만든 예술작품도 마찬가지다. 예술작품은 그 속에 존재와 무를 포함하고 있는, 즉자이면서 동시에 대

---

55 Pierre Verstraeten, *Autour de Jean-Paul Sartre: Littérature et philosophie* (Gallimard, 1981), p. 238.

자인 물체이다. 예술작품에서 존재는 그 가시적 물체이고, 무는 그 속에 있는 것으로 여겨지는 관념성이다. 마치 컴퓨터에서 소프트웨어와 하드웨어의 차이와도 같다. 사르트르가 아날로공을 지칭할 때 쓴 'support(하드웨어)'라는 용어가 한층 더 우리의 이러한 심증을 굳혀 준다. 찰스 테니가 미를 즉자-대자의 결합으로 본 것도 그러한 의미에서 일 것이다.

> 미는 그 안에 즉자와 대자가 결합되어 있는 가치이다. 사르트르가 흔히 하이픈으로 연결하여 즉자-대자-존재라고 지칭하는 그러한 결합이다. 예술과 미 이외에 이 세상에는 이와 같은 즉자대자존재가 없다.[56]

"예술작품이 아름다운 것은 그 물질성 뒤에 무가 있기 때문이다"라는 사르트르의 주장은 매우 흥미롭다. 그러나 예술철학적 측면 말고도 이 논의가 우리의 관심을 끄는 것은 사르트르가 청년기에 발표했던 이 미학 이론을 말년의 저작 『집안의 백치』에서 다시 지지하고 나섰다는 점에서다. 『성 주네』에서 상상의 실재화를 강조했던 그가 『백치』에서는 '탈실재의 중심'이라는 말로 아날로공적인 개념을 다시 강조했기 때문이다. 『백치』의 연구 대상인 플로베르가 곧 사르트르 자신이라는 하나의 방증인 셈이다. 왜냐하면 아날로공은

---

56 Tenney, "Aesthetics in the Philosophy of Jean-Paul Sartre," p. 128.

사르트르가 플로베르에 심취해 있던 시절에 플로베르의 미학에 철학적 해석을 가하여 만들어 낸 개념이기 때문이다.

l'Art pur

순수예술

Chapter 5

l'Art absolu

절대로서의 예술

어린 시절의 언어 문제에서부터 신경증 발작에 이르기까지 플로베르의 모든 것이 문학을 향한 준비 단계였다. 그 모든 것의 목표이며 종착점인 그의 문학에 대해 이야기할 차례이다.

플로베르의 문학은 순수예술이며 절대예술인데, 이것은 결국 신경증 예술이다. 이러한 신경증 예술이 플로베르 개인의 것만이 아니라 19세기 후반기의 객관정신이었다는 사실이 플로베르 연구의 보편타당성을 담보한다. 절대예술이란 무엇이며, 그 역사, 사회적 요인은 무엇인가?

플로베르의 예술을 논할 때 비평가들은 흔히 '절대예술(l'Art ab-solu)', 또는 '예술을 위한 예술(l'Art pour l'art)'이라는 말을 한다. 사르트르는 여기에 '신경증 예술(l'Art-névrose)'이라는 꼬리표를 하나 더 붙인다. 이 말은 단순히 플로베르가 간질 발작의 병력이 있는 신경증 환자이기 때문에 붙여진 말은 아니다. 그것은 19세기 낭만주의 후기 작가들이 공통적으로 보여 주었던 이상한 예술관을 설명하기 위해 그들의 예술 형태를 일종의 집단 히스테리로 진단하는 관점이다.

사르트르도 『구토』 또는 『상상계』를 쓰던 시기에는 순수예술론을 지지했으나, 마르크시즘에 경도되어 참여문학을 주장하면서부터는 문학의 효용 혹은 사회적 실천을 부르짖고 나섰다. 그러나 말년에 쓴 『집안의 백치』나 여러 인터뷰들을 보면, 그는 장년기를 거쳐 말년에 이르기까지 평생 순수예술에 대한 미련을 버리지 못했던 것이 아닌가 하는 의구심이 든다.

우선 플로베르의 절대예술관을 살펴보고, 이어서 그것이 19세기 후반 프랑스 문학계에서 신경증 예술이라는 객관성을 획득한 사회적 상황을 고찰한 후, 사르트르에 대한 플로베르의 영향은 어느 정도인지 살펴보고자 한다.

1. 불가능한 미

플로베르의 예술관을 단적으로 표현하는 가장 유명한 말은 그가 16세 때 친구 에르네스트 슈발리에에게 보낸 편지 속에 나오는 "아름다움이란 불가능이 아니고 무엇이겠는가(Qu'est-ce que le Beau sinon l'impossible)?"[01]라는 구절이다. 이 말에 모든 것이 다 함축되어 있다.

---

01 *Correspondance*, A Ernest Chevalier, 24 juin 1837; *Préface*, 24

비현실, 비실재가 곧 아름다움이라는 미학 이론에서부터 언어의 소통 불가능성에 이르기까지 절대예술의 모든 문제를 예고하고 있기 때문이다. 미는 플로베르가 평생 추구했던 지고의 가치이며 예술의 목표이다. 가령 다음과 같은 말의 그의 탐미주의적 예술관을 잘 말해 주고 있다.

진실을 그리는 것은 예술의 첫 번째 조건이 아닌 것 같습니다. 미(美)를 겨냥하는 것, 그것이야말로 가장 중요한 조건입니다.[02]

아름다운 것이 도덕적이라고 할 정도로 플로베르는 미에 절대적인 가치를 부여했다. 그렇다면 그에게 미란 도대체 어떤 것일까? '비실재(irréel)'의 미학적 고찰에서 보았듯이 그것은 환상(illusion), 신기루(chimère), 무(néant)이다. 현실은 역겹고 환상만이 아름다우며, 존재하는 것은 추하지만 존재하지 않는 것은 모두 아름답다. 그에게 있어서 현실에 대한 상상의 우위는 절대적이다. 그런데 미는 상상의 세계, 비실재의 세계에 있는 것이므로 우리가 가질 수도 만질 수도 없다. 그것은 우리의 손이 닿지 않는 곳에 있다. 다시 말하면 그것은 부재이다. 존재하지 않는 것을 추구하므로 플로베르의 예술은 '불가능의 추구'이다.

02　*Correspondance*, A la princesse Mathilde, 4 octobre 1876; *Préface*, 275.

그는 예술을 불가능의 추구로서 정의했다. 아름다운 것은 단순히 존재하지 않는 것일 뿐만 아니라, 아예 존재할 수가 없는 것이다. (*L'Idiot II*, 2090)

그는 불가능하다는 것을 잘 알면서도 그 불가능을 원한다. 플로베르의 예술은 비존재에 존재를 부여하는 것이다(Ibid.). 그는 있지도 않는 것을 있게 하고, 불가능한 것을 가능하게 만들려 한다. 다시 말하면 미리 패배를 수락한다. 그러니까 그의 예술작업은 순교자의 행위와도 같다. 차라리 패배를 원하고 거기에 집착한다고까지 말할 수 있다. 그것이 그의 위대한 점이다. 틀림없이 실패할 것에 대한 집착은 더 높은 세계로의 고양을 의미하기 때문이다. 그는 "반드시 있어야 하나 결코 존재하지 않을 어떤 것을 위해(au nom de ce qui devrait être et ne sera jamais)"(Ibid.) 존재 자체에 이의를 제기한다. '반드시 있어야 하나 결코 있을 수 없는 것', 이것이야 말로 미의 존재론적 구조라고 사르트르는 말한다. 결코 '있을 수 없다는 것'을 잘 알면서도 그것을 추구한다는 것은 실패를 위한 실패이다. 그것은 절망이지만 그러나 오만한 절망이다(Ibid.).

간질 발작의 해석에 쓰였던 '실패의 행동(conduite d'échec)'은 그의 문학에도 여전히 유효하다. 이것이 사르트르가 즐겨 사용하는 유명한 금언 '지는 자가 이기리라'의 의미임을 제1장에서 보았다.

예술은 형식과 내용으로 되어 있다. 그런데 플로베르가 표현해야 할 내용은 '없는 것'이다. 그는 아무것에 관해서도 말하지 않는 책, 외부와의 연결이 전혀 없는 책, 마치 아무 받침도 없이 허공중에 떠 있는 땅처럼 순전히 문체의 내적 힘에 의해서만 몸을 꼿꼿이 세우고 있는 책, 즉 주제가 전혀 없거나 있다 하더라도 거의 보이지 않는 그러한 책을 쓰고 싶다고 말한 적이 있다.[03] 그렇다면 내용과 형식 중에서 당연히 형식 쪽에 절대적인 비중이 주어질 것이다. 플로베르에게 미란, '언어에 의해 이 세계를 상상적으로 전체화'하는 것이라고 사르트르는 정의한다.

> 미는 언어에 의한 이 세계의 전체화인데, 언어는 성질상 이런 기능을 수행할 능력이 없으므로 결론은 이렇게 날 수밖에 없다. 즉 "미란 불가능이 아니고 무엇이란 말인가?" (*L'Idiot I*, 976)

'언어에 의한 이 세계의 상상적 전체화'란 언어의 도구를 사용하여 상상적인 어떤 세계를 구축한다는 뜻이다. 따라서 상상의 세계를 구축하는 방법, 즉 형식이 더 중요하다는 의미이다. 그러니까 플로베르에게 아름답다는 것은 글의 주제가 아니라 그것을 표현하는 방법의 문제이다. 여기서 언어의 문제가 제기된다. 문학에서 아름다움을 표현하는 도구는 언어이기 때문이다.

플로베르의 인격 형성 시기부터 언어는 그와 매우 특수한 관계를 맺고 있었다. 어릴 때 그는 두 개의 글자가 한데 합쳐 하나의 음

---

03 *Correspondance*, A Louise Colet, 16 janvier 1852; *Préface*, 63.

절을 이루는 것을 이해하지 못하여 글을 늦게 깨우쳤다. 그것이 아버지를 실망시켰고 결국 그는 수동적, 비현실적 인간이 되었다. 일곱 살에 글을 몰랐던 그는 아홉 살에 작가가 되기로 결심한다. 그의 모든 문제는 언어에서 비롯되고 언어에서 끝났다고 해도 과언이 아니다. 글쓰기를 금은 세공, 또는 대리석 조각으로 비유할 만큼 언어를 다듬는 데 심혈을 기울였던 그의 예술 형태는 어린 시절의 이 좌절감에서 나온 것이라고 해도 좋을 것이다. 사르트르는 플로베르가 언어를 '회수'하기 위해 글을 썼다고 했다.

> 플로베르는 유년기의 지진아 상태를 부정하기 위해, 자신을 확인하기 위해, 언어를 회수하기 위해 글을 썼다. 그는 언어에 집착했는데, 왜냐하면 사람들이 그에게 언어를 거부했기 때문이다.[04]

그런데 언어란 도대체 무엇일까? 말들은 우선 시각적, 청각적 형상을 갖고 있고, 그 형상이 지시해 주는 의미 내용을 갖고 있다. 예술가가 아닌 보통 사람들은 일상생활 속에서 말의 물질성을 무시한 채 그것이 지시하는 의미 내용만을 따른다. 다시 말하면 언어를 투명한 도구로만 생각하는 것이다. 철학자나 과학자도 마찬가지이다.

---

04 Sartre, "L'Anthropologie," *Situations IX*, 96.

그러나 소설가 시인에게는 사정이 다르다.[05] 글을 쓰는 것은 일종의 창조 행위인데, 신의 창조와는 달리 예술적 창조는 무에서 유를 만들어 내는 것이 아니다. 인류 역사 이래 수많은 사람들이 써 왔고, 수많은 애매모호함이 첨가된 그런 말들을 질료로 하여 새로운 것을 창조해 내야 한다. 언어는 역사적 산물이고, 매순간마다 말하는 나에 의해 다시 만들어지는 가공(加工) 물질(une matière ouvrée)이다.[06] 플로베르의 문제도 언어가 타성태적(inerte) 물체라는 데 있었다. 자기가 말을 창조하는 것이 아니라, 타인의 언어에서 자기 의도에 가장 적합한 말들을 선택해야만 했다. 다시 말하면 자신의 생각을 전혀 손상함이 없이 언어라는 사회적 형태 속에 그것을 집어넣어야만 했다. 이미 닳을 대로 닳아빠진 타인의 말들을 여하히 조립하고, 그 말들 안에 있는 침묵의 부분을 어떻게 사용하느냐에 예술의 성패가 달려 있었다. 잘못하면 그것은 상식의 수준으로 떨어져 완전히 진부하고 천하게 될 것이다. 플로베르는 말이 자신의 생각을 나타내 주는 것이 아니라 오히려 왜곡한다고 믿게 되었다.

말이 생각을 드러내 준다는 것은 바보 같은 말이다. 오히려 말이 생각을 왜곡한다는 것이 더 정확할 것이다. 당신이 생각하는 그대로를

---

05 마르쿠제(Marcuse)도 시적 언어는 일상 언어와 달리 인간의 타자성, 초월성이라는 것을 다음과 같이 말했다. "시의 언어는 그 모든 힘과 진실을 그 타자임(otherness), 초월 (transcendence)에서 끌어 오는 듯하다"(Herbert Marcuse, *An Essay on Liberation*, London: Penguin Press, 1969, p. 41).

06 Sartre, "L'Ecrivain et sa langue," *Situations IX*, 53.

말로 표현해 본 적이 있는가? 당신이 구상했던 소설을 그대로 써 본 적이 있는가?[07]

문학은 언어로 미를 표현해야 하는데 언어는 그럴 능력이 없다. 그래도 문학가는 언어에 매달려야 한다. 따라서 미는 불가능이다. 플로베르는 18세 때도, 30세 때도 "예술은 끔찍하다(l'Art m'épouvante)"고 말했는데, 이 말이야말로 예술의 불가능성에 대한 절망감을 나타내는 것이었다. 사르트르는 플로베르의 예술 작업을 다음과 같이 묘사했다.

> 연장을 훔치고, 그것을 자기가 고안해 낸 엄격한 법칙에 따라 사용하고, 자신의 생각을 문체 속에 부어 넣고, 그러나 자신의 생각을 남에게 또는 스스로에게 도저히 말로 표명할 수 없는 채, 다만 문체에 의해서만 그것을 알게 된다. (*L'Idiot II*, 1620)

여기서 언어와 문체(style)의 문제가 대두된다. '연장을 훔치고(voler les outils)'에서 연장이란 언어를 뜻한다. 작가는 자신의 예술 도구인 언어를 자기가 새로 만들어 내는 것이 아니라 보통 사람들이 일상생활에서 쓰고 있는 것들을 그대로 써야 한다. 즉 그들에게서 연장을 빌리는 것이다. 그런데 언어는 '배가 고프다', '무엇이 먹

---

07 Flaubert, *Souvenirs* (*L'Idiot II*, 1615 재인용).

고 싶다'는 정도의 수준에서는 말하는 사람의 의사를 충분히 전달하는 도구이지만, 예컨대 우리의 상상의 세계를 전달하기에는 너무나 미흡한 물건이다. 사람들에게서 연장을 빌려 오기는 하되 그것의 용도를 변경하여 예술가의 상상을 최대한도로 전달할 수 있도록 다듬어야 한다. 그러니까 사람들에게서 연장을 단순히 빌려 오는 것이 아니라 훔치는 것이다. 사르트르는 플로베르의 언어관을 다음과 같이 가상의 대화체로 재구성해 본다.

플로베르는 우리에게 이렇게 이야기한다. "인간들에게서 언어를 훔치고, 그 언어로 하여금 자신의 실용적 목적에 등을 돌리게 하고, 그 언어의 물질성을 이용하여, 말로 표현할 수 없는 상상을 표현하게 하라. 그러면 당신은 당신의 글 속에서 모든 상상의 극(極)을 나타낼 수 있을 것이다." (1616)

그런데 플로베르가 훔쳐 오는 언어는 하층민의 언어가 아니라 자신의 출신계급인 부르주아의 언어이다.

무가성(無價性)일 때 언어는 얼마나 아름다운가, 다시 말해서 언어에 대해 미적 태도를 취할 때, 그리고 언어를 부르주아들에게서 훔쳐 왔을 때 그 언어는 아름답다. (2090)

이렇게 부르주아에게서 훔쳐 온 연장을 예술가는, 자기가 고안해 낸 엄격한 법칙에 따라 사용한다. 자기가 고안해 낸 엄격한 법칙이란 다름 아닌 작가 특유의 문체일 것이다. 문체는 마치 주물을 만들어 내는 거푸집과도 같다. 그러니까 이제 작가는 자기가 생각하는 어떤 상상의 예술품을 만들어 내기 위해, 마치 철물의 장인이 뜨겁게 액체 상태로 녹은 쇳물을 거푸집에 붓듯이, 그렇게 자기 생각을 문체 속에 부으면 된다. 언어는 상상을 전달하기에는 미흡한 도구이기 때문에 작가가 자신의 상상을 남에게 또는 자신에게 말로 표현할 수는 없다. 그것은 오로지 문체에 의해서만 표명되고 전달될 뿐이다. 그래서 플로베르는 생각을 형식으로 표현하는 것이 곧 예술이라고 생각한다.

예술은 생각을 형식으로 옮겨 놓는 이상한 번역 작업에 다름 아니다.[08]

문체란 무엇일까? 그것은 플로베르의 꿈을 전달해 줄 수 있는 유일한 방법이고, 언어가 가진 침묵의 부분으로 하여금 말하게 하는 것이다. 한마디로 예술가가 말하는 방식이다(*L'Idiot II*, 1616). 플로베르 자신도 "꽃무건 장미건 그것 자체로는 흥미가 없다. 그것들을 그리는 방법만이 흥미로운 뿐이다"[09]라고 말했다. 글을 도구로 삼는 문학에서 외형적 아름다움이란 정확한 언어와 짜임새 있는 구성 그

08 Ibid. (*L'Idiot II*, 1616 재인용).
09 *Correspondance*, A J.-K. Huysmans, février-mars 1879; *Préface*, 285.

리고 읽을 때 우리의 귀를 즐겁게 해 주는 낭랑한 소리의 조화와 리듬일 것이다. 이것은 다름 아닌 운문이다. 그래서 플로베르는 시와 문체를 문학의 두 요소로 생각하고, 산문도 시처럼 리듬과 음향을 갖추고 완벽해야 한다고 주장한다.

나는 산문도 운율의 견고성을 가질 수 있다고 믿는다. 좋은 산문은 좋은 운율만큼, 어느 부분도 바꿀 수 없이 완벽하고 리듬이 있고 음향의 조화가 있어야 한다.[10]

'어느 부분도 바꿀 수 없이(inchangeable)'라는 말은, 단어들이 너무나 정확하게 적재적소에 놓여 있고 짜임새 있는 조화를 이루고 있어서, 그중의 하나라도 바꾸면 전체의 조화가 깨지는 그런 상태를 뜻한다. 아리스토텔레스의 『시학』[11]과 알베르티(Alberti)의 『회화론』[12]을 떠올리게 하는 말이다. 플로베르도 아리스토텔레스 이래 서구 예술의 미학적 전통 속에 한자리를 차지하고 있음을 보여 주는 말이라 할 수도 있겠다. 다만 '운율의 견고성(consistance de vers)'이라는 말이 우리의 주의를 끈다. 그것은 단어들이 그것 자체로 단단하고 견고하다는 의미이다. 플로베르를 위시한 19세기 후반기의 작가들, 즉 사르트르가 신경증 예술이라고 이름 붙였던 작가들이 공통

---

10 *Correspondance*, A Louise Colet, 22 juillet 1852; *Préface*, 83.
11 박정자 옮김, 『아리스토텔레스의 시학 완역』(인문서재, 2013), p. 83.
12 김보경 옮김, 『회화론』(에크리, 2011), p. 23.

적으로 딱딱하고 견고한 광물을 예찬하고 있는 것은 형식미 추구의 환유라 할 수 있다. 물렁물렁하거나 흐물흐물한 무정형의 사물은 결코 완벽한 정합성이나 조화를 이룰 수 없기 때문이다. 플로베르는 그래서 산문의 어휘가 마치 과학의 언어처럼 정확해야 한다고 주장한다. 형식의 완벽성, 어휘의 정확성은 당연히 과학의 엄격함을 연상시킨다. 아버지와 형이 모두 의사인 과학자 집안의 영향인지도 모른다.

여하튼 '무엇을 쓰는가'와 '어떻게 쓰는가'가 문학의 두 요소라면 플로베르는 '어떻게 쓰는가'에만 모든 가치를 부여하고, 온갖 관심을 기울였다. 그는 주제에는 관심이 없었다. 좋은 주제, 나쁜 주제가 따로 있는 것이 아닐 뿐만 아니라, 차라리 주제가 없는 편이 더 좋다고까지 말한다.

> 아름다운 작품은 내용이 최소한으로 들어 있는 작품이다. […] 좋은
> 주제, 나쁜 주제가 있을 수 없다는 것은 이런 이유 때문이다. 그리고
> 순수문학의 관점에서 주제의 좋고 나쁨은 있을 수 없다는 것을 하나
> 의 철칙으로 세울 수 있다. 왜냐하면 문체만이 유일하게 사물을 바라
> 보는 절대적 수단이기 때문이다.[13]

여기서 순수예술(l'Art pur)의 첫 번째 정의가 내려진다. 순수예

---

13 *Correspondance*, A Louise Colet, 16 janvier 1852; *Préface*, 63.

술은 아름다움을 추구하는데, 그 아름다움은 표현 수단, 즉 형식에 있는 것이다. 플로베르는 이것을 극단으로 밀고 가, 아무것에 관해서도 이야기하지 않는, 순전히 형식만이 있는 작품을 쓰고 싶다고 했다. 이런 형식의 절대성이 러시아 형식주의로 이어졌을 것이다. 플로베르는 현대의 누보로망(nouveau roman) 또는 형식주의의 선구자로도 일컬어진다.

플로베르는 현실을 영원한 세계, 부동(不動)의 세계, 절대적인 세계, 이상적인 세계로 인도하는 수단이 바로 형식이라고 말했다. 사르트르는 언어가 갖고 있는 침묵의 부분을 드러내 주는 것이 형식이라고 했다.

언어의 침묵의 부분을 말하게 할 때 문체가 나타난다. (*L'Idiot II*, 1623)

마르쿠제도 형식이 침묵을 드러내 주는 것("말해지지 않은 것, 말할 수 없는 것에 낱말을 준다")이라는 데 동의하지만, 더 나아가 그는 형식에 카타르시스의 기능을 부여한다. 예컨대 십자가형(刑)의 공포는 십자가에 못 박힌 예수를 그린 아름다운 구도에 의해 정화되고, 정치의 두려움은 라신(Racine)의 아름다운 운율에 의해 정화되며, 영원한 이별의 공포는 말러의 〈대지의 노래(Lied von der Erde)〉의 선율과 가사로 깨끗이 씻어진다는 것이다. 따라서 형식은 무질서, 폭력, 고통의 부정이며 통제라는 것이다. 요컨대 형식에는 카타르시스의 기능이 있다는 것이 마르쿠제의 생각이다.

이와 같은 질서 회복과 함께, 형식은 진정 카타르시스를 성취한다─
현실에서의 공포와 기쁨은 깨끗이 순화된다.[14]

언어의 물질성에 매료되었다는 점에서도 플로베르와 사르트르
는 서로 유사하다. 두 사람은 똑같이 언어를 물질로 생각한다. 단어
들을 배치하고 조립하는 기술이 문체라면, 언어가 물질성을 획득하
는 것은 당연하다. 글 다듬기의 기술을 말할 때의 플로베르의 자세
는 언어를 완전히 촉지적(觸知的) 대상인 사물로 취급한다.

당신의 문체를 조여서 비단처럼 유연하고, 쇠사슬 갑옷처럼 팽팽한
옷감을 만들어라.[15]

언어가 물질성을 갖게 되었다는 것은 언어가 의미작용의 기능
을 잃었다는 뜻이 된다. 언어를 더 이상 의사 전달의 도구로 삼을
생각이 없을 때 그것은 당연히 하나의 물체가 된다. 사르트르는 플
로베르가 언어를 물체로 생각하는 과정을 다음과 같이 묘사한다.

의미를 지시하는 기능에서 단절된 언어는 다시 제 몸으로 돌아와 그
자체로 자리 잡고 앉게 되었다. 그가 언어의 풍요로움을 발견한 것은
바로 이때이다. 말들을 연장으로 사용할 생각이 없어질 때부터 말들

---

14 Marcuse, *An Essay on Liberation*, p. 50.
15 *Correspondance*, A Louise Colet, 16 janvier 1846; *Préface*, 41.

은 그것 자체로 감상할 수 있는 아름다운 물체가 된다. 그것들의 시각적 물질성, 그리고 특히 청각적인 물질성이 귀스타브를 황홀하게 했다. (*L'Idiot II*, 1616)

그러나 문장을 다듬어 아름다운 문제를 만드는 것은 쉽지 않은 일이다. 사르트르는 그것을 두 개의 목표를 좇는 작업이라고 말한다. 하나는 실용적인 정보 전달이고, 또 하나는 미적인 감동 유발이다. 즉, 소설 줄거리의 일관성과 논리를 정확히 전달하는 한편, 이 이야기를 형식적 아름다움에 의해 비실재화시켜야만 한다. 그 어느것 하나라도 놓치면 진부한 정보 전달이 되거나 아니면 요령부득의 헛소리가 될 것이다.

여기서 플로베르의 고행이 시작된다. 마치 석수장이가 대리석을 깎듯이, 또는 금은 세공사가 금은을 섬세하게 세공하듯이 그는 말들을 깎고, 다듬고, 박아 넣는 힘든 작업을 했다. 원고지 다섯 장을 고치는 데 여덟 시간이 걸리는가 하면, 사흘 동안 겨우 석 장을 쓰고도 그것이 마음에 안 들었고(détestables), 일주일 내내 석 장을 썼으나 전혀 기쁘지 않았으며(pas enchanté), 닷새 혹은 일주일 동안 한 장에 매달리기도 했고, 18일 동안 열 장, 5개월 동안 겨우 65장을 쓰기도 했다. 어느 때는 네 시간 동안 펜을 들고 앉아 단 한 줄도 쓰지 못할 때가 있었다. 그의 편지들에는 글쓰기가 형벌, 고문과도 같다는 말이 수없이 반복되어 나온다. 다음의 편지 구절은 그의 뼈를 깎는 고통을 잘 나타내 주고 있다.

나의 작업이 내게 내린 가혹한 고문을 견디기 위해서는 헤라클레스 같은 힘이 있어야 할 것이다. 불가능을 꿈꾸지 않는 자들은 얼마나 행복할까? 현실 생활의 정열들을 모두 포기한 것이 아주 현명하다고 생각했었다. 그 무슨 헛된 생각이었던가? 단 한 장의 원고지를 채우고 또 그것에 만족하는 일은 백만장자가 되기보다 더 어렵다. [···] 경험이 쌓이면 쌓일수록 이 기술은 내게 형벌과도 같은 고통으로 다가온다. [···] 당신은 종교적 관념에 사로잡혀 많은 고민을 한다고 했는데 나는 문체라는 신기루에 사로잡혀 고통스러워하고 있다. 이것은 내 몸과 정신을 닳아 없어지게 만든다.[16]

그의 문학 작업은 마치 구도에 정진하는 수도승의 고행과도 같고, 힘든 일에 매달리는 육체노동자의 격렬한 노동과도 같았다. 그는 그것을 금은 세공에 비유하기도("l'art, orfèvrerie du non-être")(L'Idiot II, 2072), 혹은 대리석을 깎는 석수장이에 비유하기도 한다("il faut travailler, tailler le marbre comme un bon ouvrier")(2063). 금은 세공이나 석수장이의 작업 대상은 실체가 있는 사물이기나 하지, 그가 다루는 대상은 아무 실체가 없는 비존재라는 점이 더욱 그를 절망스럽게 했다.

이처럼 문학을 수공업으로 간주하는 자세는 플로베르가 부르주아 출신이기 때문이라고 사르트르는 말한다. 막스 베버(Max Weber)

---

16 *Correspondance*, A Mlle Leroyer de Chantepie, 4 novembre 1857; *Préface*, 198.

를 상기하지 않더라도 부르주아의 윤리는 노동에 근거하고 있다. 상속 재산이 있는 귀족과 달리 부르주아는 자신의 노동에 의해서만 부를 모을 수 있다. 부르주아에게 노동은 신성한 것이며, 노동하지 않고 무위도식하는 것은 부도덕한 죄에 속한다. 플로베르의 가정에서도 아버지에서 아들에 이르기까지 누구나 열심히 일을 했다. 그런데 글쓰기라는 비생산적인 일에 몰두하는 그의 작업은 노동윤리에 투철한 아버지의 눈에 수상한 행동기피로밖에는 보이지 않았을 것이다. 그 죄의식을 불식해 주는 것이 노동으로서의 예술이었다. 예술이라는 것이 결과를 예측할 수 없는 투쟁을 일상적으로 전개하는 고역이고 의사의 작업보다 한층 더 힘든 노동이라면 그는 한결 마음이 편안해졌을 것이다. 플로베르의 문학이 엄격한 객관성과 물질성을 띠는 것은 자기 가정의 규범 및 부르주아 계급의 도덕과 화합한 것이라고 사르트르는 생각한다.

> 그는 자기 가정의 규범과, 자기가 부정은 하면서도 그 덕성에 이의를 제기할 수 없었던 계급의 도덕을 편안한 마음으로 자신의 탈인간적 활동에 적용시킬 수 있었다. 다시 말해서 그의 작업은 객관화되고, 선택된 질료 속에서 구현될 것이다. (*L'Idiot II*, 1598)

그렇다면 플로베르의 절대예술이 가진 무상성(無償性)은 부르주아의 공리주의와 순수예술의 이상이 한데 합쳐진 결과라고 볼 수 있다.

2. 무상성(無償性)

부르주아의 규범 속에서 심리적 안정을 느끼기 위해 그 노동윤리를 차용하기는 했지만 플로베르는 부르주아의 목적까지 공유한 것은 아니다. 부르주아들은 쓰임새 있는 물건과 생산적인 노동에만 가치를 부여한다. 쓸모없는 물건이나 아무런 소득이 없는 노동은 일고의 가치도 없다. 이것이 부르주아의 공리주의이다. 그러나 플로베르는 노동에 대한 가치 부여까지는 인정했으나 그 노동이 반드시 어떤 효용과 생산성을 수반해야 한다는 생각은 경멸한다. 그는 단지 힘들게 노력하는 과정만을 중요시한다. 그 노동에 의해 생산되는 물건이 이 세상에서 아무런 쓸모가 없는 물건일 수도 있다. 쓸모없는 물건이란 잉여물, 다시 말해서 무상성(無償性)이다.

'무상성'이란 예를 들어 '무상 배급' 같은 단어에서 볼 수 있듯이 '공짜로 주어진 물건'이라는 뜻이다. 비싼 값을 지불하지 않고 공짜로 얻은 물건이란 쓸모없고, 하찮고, 가치 없는 물건이기 십상이다. 굳이 내가 필요해서 돈을 주고 산 물건이 아니므로 있어도 좋고 없어도 좋은 물건이다. 꼭 필요하지 않으므로 그것은 남아도는 여분의 물건이다. '남아도는 여분의 것', 그것이 바로 잉여물이다. 사르트르의 실존주의의 가장 본질적인 개념이기도 하다.

우리는 우리가 원해서 혹은 어떤 고귀한 목적이 있어서 비싼 대가를 치르고 이 세상에 태어난 것이 아니라 우연히, 아무런 목적도 없이, 그저 공짜로 이 세상에 던져졌다. 따라서 모든 인간의 실존은

이 세상에 있어도 좋고 없어도 좋은 잉여물, 또는 무상성이다. 다시 말해 그 누구의 존재도 정당화될 수 없다. 그런데 부르주아들은 자기들이 당당하게 살 권리를 타고났다는 듯이, 그리하여 타인들을 지배할 권리가 있다는 듯이 오만하게 살고 있다. 여기서 사르트르의 실존주의 철학은 사회과학적 계급 이론과 합쳐진다.

그러나 플로베르가 말하는 무상성은 작품의 무상성이다. 그는 순전히 자기 자신을 즐겁게 하기 위해 바이올린을 연주하는 사람처럼, 또는 담배를 피고 싶을 때 담배를 피고, 잠자고 싶을 때 잠을 자는 것처럼, 그리고 난롯가에 혼자 앉아 구주희(九柱戲, ninepins) 놀이를 하듯 그렇게 글을 쓴다고 했다.

나는 나를 위해, 순전히 나를 위해 글을 쓴다. 마치 담배를 피거나 잠을 자는 거와 같다. 거의 동물적인 기능이라고까지 할 수 있다. 그 정도로 글쓰기는 나의 개인적인 일, 사적인 일이다. 무엇인가 할 때면 나는, 내 머릿속의 생각을 실현시키겠다는 일념밖에는 없다.[17]

예술 그 자체만을 위해서 예술을 한다는 것은, 예술이 독자와 상관이 없으며, 돈에 팔리는 물건이 아니라는 뜻이다.

예술은 예술 그 자체만을 위해서 해야지, 일반 독자를 바라보고 해

___

17 *Correspondance*, A Louise Colet, 16 août 1874; *Préface*, 198.

서는 안 된다.[18]

사르트르의 희곡 작품에서도 이와 똑같은 내용을 읽을 수 있다. 배우 킨이 하는 말이다.

나의 연기를 보고 사람들이 돈을 지불하는 줄 아는가? 나는 사제이다. 매일 밤 나는 미사를 집전하고, 일주일마다 헌금을 받는다. 그게 전부다. 돈은 냄새난다. 너는 그것을 훔치거나 상속으로 받을 수는 있다. 그러나 네가 번 돈을 쓰는 유일한 방법은 그것을 창문으로 던지는 것이다.[19]

이처럼 땀 흘려 수고한 대가로 버는 돈에 대한 경멸은 그대로 플로베르의 생각이었다. 그리고 예술을 마치 종교의식처럼 생각하는 것도 플로베르를 위시한 순수예술가들의 공통적인 자세였다. 1965년 〈미학 리뷰(Revue d'esthétique)〉와 가진 회견 「작가와 그의 언어 (L'Ecrivain et sa langue)」[20]에서 사르트르도 문학의 일차적 기능을 심심풀이 또는 자기만족이라고 말한다. 어린아이가 '탁자'라고 말할 때 그 말은 그대로 탁자 비슷한 것이 되어 아이는 마치 탁자를 소유

18 *Correspondance*, A Mlle Leroyer de Chantepie, juin 1872; *Préface*, 252.
19 Sartre, *Kean*, pp. 52-53.
20 Jean-Paul Sartre, "L'Ecrivain et sa langue," interview with Pierre Verstraeten (*Revue d'esthétique*, n° 3-4, juillet-décembre 1965), pp. 306-34. 같은 제목으로 *Situations IX*에 전재.

하는 듯한 착각을 가진다. 작가도 마찬가지이다. 모든 작가에게는 창조와 소유를 혼동하고, 커뮤니케이션에 관심을 갖지 않는 유아적 측면이 있다. 근원적으로 작가는 바닷가에서 모래성을 쌓는 어린아이와도 같다. 어린아이는 모래성의 아름다움을 위해 모래성을 쌓는 것이지, 누구에게 보이기 위해 그것을 쌓는 것이 아니다. 다 만들고 나서 엄마의 손을 이끌고 와 "내가 쌓은 이 멋진 모래성을 보세요"라고 말하면 엄마가 "참 멋진 성을 쌓았구나!"라고 칭찬하겠지만, 그러나 엄마의 감탄은 부차적인 것일 뿐 아이에게 있어서 일차적인 관심은 자기만족이다. 이때 "참 아름다운 성이로구나!"라고 감탄하는 엄마가 작가에게는 독자이다. 그러므로 독자의 찬사는 작가에게 어디까지나 부차적인 문제이다. 그렇다면 작가가 다른 사람들을 위해 글을 쓴다는 것은 결과론적인 이야기일 뿐, 그 근원에서는 진실이 아니라는 이야기가 된다. 문학의 사회적 실천을 주창했던 사르트르의 투사적 면모와는 동떨어진 의외의 발언이 아닐 수 없다. 사르트르에게 1965년은 참여문학을 주장하던 40년대도 지나고, 희곡과 에세이를 통해 혁명을 고취하던 50년대도 지난 시기이다.

아이의 모래성 쌓기 예화는 헤겔의 조약돌 던지는 아이의 예화를 연상시킨다. 헤겔에 의하면 인간의 자기의식은 외부의 사물을 변형시키고, 거기에 자신의 내적 존재를 각인시키고, 그 안에서 자신의 성격을 재발견함으로써 완성된다. 인간이 이런 행위를 하는 이유는 자유로운 주체로서 외부세계의 완강한 소원성(疏遠性, inflexible foreignness)을 없애고, 사물들의 형태 속에 실현된 자신의 외적 존재를 즐기기 위해서이다. 여기서 헤겔은 외부의 사물을 실천적으로 변형시키려는 어린아이의 최초의 충동을 예로 든다. 소년은 물가에 앉아 강물에 조약돌 던지는 놀이를 하면서 물속에 생기는 둥근 원의 파문들을 보고 기뻐한다. 소년은 그 파문들 속에서 자기 행위의 결과를 보았기 때문이다. 헤겔은 이것이 예술 행위의 기원이라고 생각한다. 자기만족을 예술의 기원으로 생각한다는 점에서 사르트르의 다음 구절은 헤겔과 놀랍게 닮아 있다.

> 작가들은 플로베르가 어디엔가 썼듯이 그냥 혼자 우뚝 서 있는 말의 성을 쌓고 싶어 한다. 나는 이것이 작가의 첫 번 행동이라고 생각한다. 그리고 한순간이나마 그렇게 하기를 꿈꾸어 보지 않은 사람은 작가가 될 수 없을 것이라고 생각한다.[21]

아이의 놀이 발언은 요한 호이징하(하위징하, Johan Huizinga)의 놀이 이론도 떠올리게 한다. 인간을 '놀이인간(Homo ludens)'으로 파악하는 호이징하는 시를 '놀이 속에서 놀이로서 탄생한 것'이라고 보고, 인간의 행위 중 시보다 더 순수한 놀이 개념에 가까운 것이 없다고 말한다. 호이징하에 의하면 놀이는 어떤 시간, 공간의 한계 속에서 무언가 의미를 지니고 진행되어 가는 하나의 행동이며, 그것은 가시적 질서와 엄격한 규칙에 따라 물질적 유용성 또는 필요성

---

21 Sartre, "L'Ecrivain et sa langue," *Situations IX*, 44.

의 영역 밖에서 행해진다. 물질적 유용성에서 벗어난다는 것은 바로 무상성이 아닌가? 그리고 엄격한 규칙과 질서라는 것은 이미 시적인 형식을 뜻하는 것이다. 시가 시적 언어, 즉 여러 가지 이미지를 형식을 갖추어 배열하고 여기에 질서를 부여하며 또 깊은 뜻을 함축한다는 점에서 그것은 그대로 놀이의 형식을 갖는다. 다시 말해서 시인은 시적 이미지를 갖고 노는 사람이다.

물론 유아적 유희의 단계를 극복해야만 작가가 될 수 있다는 말을 부연하기는 했지만, 사르트르가 자기만족을 문학의 근원으로 말한다는 것은 매우 놀라운 일이다. 여기서도 일생을 두고 플로베르의 그림자가 그의 위에 짙게 드리우고 있었다는 것을 짐작할 수 있다.

사르트르는 플로베르가 무상성을 내재화하게 된 것이 그의 친구 알프레드 르푸아트뱅의 영향이라고 믿는다. 알프레드의 영향으로 플로베르는 잉여존재(l'etre-de-trop)를 사치스러운 존재(l'être de luxe)로 바꿀 수 있었다. 부모의 인정을 받지 못하고 지진아 취급을 받았던 플로베르는 어려서부터 자신을 잉여적(surnuméraire)으로 생각했다. 이것은 일생을 두고 그의 강박관념이 된다. 청소년기를 지나 성인이 되어서도 그는 자기 집에서나 이 세상에서나 자신이 잉여임을 느꼈다. 사르트르가 즐겨 쓰는 말대로 그는 "비자 없는 생활을 영위했고 존재 허가증 없이 존재했다(il mène une vie sans visa, il existe sans permis d'existence)"(L'Idiot I, 103).

그러나 잉여성이 수치스러운 것이 아니라 오히려 사치스러운 장점이라고 생각하게 된 것은 친구 알프레드 때문이었다. 알프레드는 플로베르보다 네 살 위로 제사업(製絲業)을 하는 상층 부르주아 가정의 아들이었다. 그 가정의 엄청난 부에도 주눅이 들었지만, 플로베르는 친구의 탐미주의적 예술관에 완전히 매료되었다. 알프레드는 젊은 나이에 죽었는데 플로베르는 평생 그에 대한 열등감에서 벗어나지 못했다. 플로베르가 일생 동안 자신을 가난하다고 생각하고 부에 대한 깊은 선망을 나타냈던 것을 알프레드 때문이었다. 1846년 루이즈에게 보낸 편지에 부에 대한 그의 선망이 잘 나타나 있다.

이것이 내 성격의 숨겨진 상처, 그것도 아주 거대한 상처이다. 나는 지독히 가난하다. 내가 이런 말을 어머니에게 했을 때 [⋯] 상상의 궁핍이 궁핍 중에서 가장 괴로운 것인 줄을 모르는 어머니는 매우 상심했다. 어머니는, 열심히 일하여 가족을 웬만큼 잘살게 해 준 아버지에 대해 생각하셨다. 여하튼! 부의 본능을 갖고 가난하게 태어났다는 것을 매일 느끼며 산다는 것은 큰 불행이다.[22]

플로베르의 아버지는 병원에서 환자를 진료하고, 왕진을 다니고, 시체 해부를 하는 등 쉴 새 없이 일을 하여 돈도 벌고 명성도 얻었다. 그것은 거의 육체노동에 가까운 것이었다. 그러나 그렇게 힘든 노역의 대가로 벌어들이는 돈은 제사공장을 소유한 대기업가의 재력에 비하면 아무것도 아니었다. 힘들게 번 돈은 함부로 쓰지 못

---

22 *Correspondance*, A Louise Colet, 20 septembre 1846 (*L'Idiot I*, 1077 재인용).

하기도 하지만, 부르주아의 공리주의는 쓸모없는 물건을 사는 일을 죄악시한다. 플로베르의 집안은 검소하기 짝이 없었다. 어릴 때 플로베르는 크고 화려한 알프레드의 집에서 새장을 보고 깜짝 놀랐다. 아무런 현실적인 쓸모가 없는 새들을 가두어 놓은 이 새장은 하나의 상징이었다. 실용성이 없이 단지 눈을 즐겁게 하기 위해 있는 이 새장은 사치품이고 따라서 순수한 무상성이었다. 그것은 플로베르가 이때까지 알고 있던 공리주의와 정반대의 개념이었다.

알프레드의 어머니도 마찬가지였다. 가정의 번영을 위해 부지런히 일하며 검소하게 생활하는 플로베르의 어머니와는 달리 알프레드의 어머니는 아름답고 사치스러웠다. 함부로 말해 보자면, 실용적인 쓸모가 없었다. 꼭 필요하지 않은 것, 여분의 것, 잉여의 것이 아름답고 사치스러운 물건이라는 것을 플로베르는 난생 처음으로 깨달았다. 그런데 이와 같은 잉여물을 소유하기 위해서는 상당한 재력이 필요했다. 아버지가 의사의 직업으로 마련해 준 '적당히 편안한 생활(aisance honnête)'이 한껏 초라하게 느껴진 것은 이때부터였다.

플로베르가 선망한 것은 물질적인 부 그 자체만은 아니었다. 물론 물질적인 부는 인간을 혐오스러운 기본 욕구들에서 초월하게 해 주고, 사물을 단순히 도구성의 기능으로만 보지 않게 해 주며, 또 쓸모없는 잉여물을 소유할 능력을 준다. 그러나 그것만이 아니다. 알프레드의 집안 같은 당시의 상층 부르주아들은 엄청난 재력으로 교양을 넓히고 세련되어 갔다. 아들대에 이르면 세련은 한층 심화되어 부르주아의 공리주의를 거부하는 등 거의 귀족에 가까운 취미를 보인다.

인간의 모든 욕구가 다 채워졌을 때 남는 것은 무엇일까? 그때는 삶과 소비가 동의어가 된다. 외부적 물질의 소비에 진력이 나면 그때는 자기 자신의 몸을 소비하기 시작한다. 알프레드의 경우가 그러했다. 모든 돈은 자신의 건강을 해치는 데 쓰였고, 쾌락은 값비싸고 비생산적이고 몸을 망가뜨리는 것일수록 더 좋았다. 알프레드의 공리주의 거부는 그의 예술관에서도 마찬가지였다. 1845년의 한 편지에서 그는 "나는 매우 연약하고 섬세한 몸을 갖고 있다. 예술가가 될 수 있었다면 나는 뭔가를 했을 텐데"라고 썼다. 여기서 뭔가를 한다는 말은 예술작품을 만든다는 것이 아니라 스스로 예술작품이 되는 존재론적 변화(transmutation ontologique)(*L'Idiot I*, 1017)를 뜻한다고 사르트르는 해석한다. 보들레르를 위시한 세기말의 예술가들이 "자신의 인생을 예술작품으로 만든다"고 말했던 것과는 달리 알프레드 르푸아트뱅은 그냥 그 자신이 예술작품이었다. 그는 예술작품을 만들기를 거부했는데, 그것은 왜냐하면, 예술품의 기능이 다른 예술품을 만드는 데 있지 않기 때문이었다. 무감각하고 차가운 대리석 비너스상처럼 그는 그냥 그대로 존재하기만 하면 되었다. 그는 자신의 무기력성을 설명할 때면 흔히 광물질에 비교했는데, 그것도 반드시 인공이 가해진 광물질이었다. 또는 예술가에 의해 깎고 다듬어진 대리석에 비유하기도 했는데, 어떤 경우건 완전한 무상성이었다. 아무것도 받지 않고 아무것도 주지 않으며, 남들에게는 물론 자기 자신에게도 아무런 쓸모가 없는 순수 무상성이다. 사르트르는 칸트의 말을 빌려, 이것을 '목적 없는 합목적성(finalité sans fin)'(1018)이라고 불렀다. 자신은 아무런 목적도 갖지 않고, 자기 자신이 그대로 목적성인, 그러한 순수 무상성의 상태를 말하는 것이다.

친구 간이라기보다 봉건 영주와 가신과의 관계와도 같았던 두 젊은이는 똑같이 예술에 몸 바치기로 결심했으나, 두 사람의 입장은 크게 달랐다. 엄청난 부 속에서 일체의 공리주의를 거부하고 자기 자신까지도 순수 무상성으로 간주하는 알프레드에게 예술은 '그냥 존재하는 것'이었다. "손을 놀려 얻을 수 있는 영광을 나는 원치 않는다"고 그는 말했다. 그러나 어릴 때부터 사치스러운 잉여물을 소유할 재력이 없는 가정의 근면한 노동윤리에 젖어 있던 플로베르에게 예술은 '무엇을 만드는 것'이었다. 플로베르는 자기가 정신적으로 아무리 애를 써도 알프레드와 비슷하게 될 수 없다는 것을 일찌감치 깨달았다. 정신적인 문제가 아니라 물질적인 변화가 필요한 일이었다. 그러나 변화 정도로 가능한 일이 아니었다. 애초에 부자로 태어났어야 했다. 그러나 부자로 태어나지 못한 플로베르에게 알프레드는 영원히 손이 닿지 않는 높은 곳에 있었다. 알프레드와 똑같이 되고 싶다는 욕망과, 자기 존재를 손상시키지 않고는 도저히 그에 접근할 수 없다는 불가능성, 이 두 개의 모순을 그는 두 가지 방법으로 극복하고자 했다. 하나는 인간으로서의 잉여성, 또 하나는 작품의 무상성이다.

그는 인간으로서의 자신에게는 잉여성(le superflu)을 부여하여 일종의 이상으로 삼았고, 자기 작품에는 무상성을 절대적 정언명령으로서 제시했다. (*L'Idiot I*, 1075)

플로베르는 가능한 한 알프레드를 닮아서 자신도 잉여적 존재가 되기를 원했다. 이 '목적 없는 합목적성'은 우아하기 그지없었고, 인간적 질서에서 빠져나와 높은 곳에서 인간들을 내려다보는 것 같았다. 그러나 바로 이 순간 건전한 상식이 플로베르의 환상을 일깨워 주었다. 근면한 외과의사의 아들인 그는 어려서부터 지적 노동을 숭상하는 분위기에서 자라 왔다. 그의 가정의 규범은 게으른 것, 아무 일도 하지 않는 것을 용납하지 않았다. 자기 육체까지도 소비하는 알프레드의 자살적인 부동성(immobilisme suicidaire)이 그를 두렵게 만들었고, 자기 가정의 규범인 수고와 능력의 윤리를 새삼 깨우쳐 주었다. 그의 가정에서 노동은 유일한 가치였다. 어떤 장점을 획득하기 위해서는 이마에 땀을 흘리고 고통의 눈물을 흘려야 한다는 아버지의 윤리가 알게 모르게 그의 머릿속에 배어 있었다. 근면한 노동에 대한 찬양은 그의 편지 곳곳에서 발견된다.

끈질기게 일하는 습관만큼 변함없이 좋은 습관은 없다.[23]

그러나 알프레드를 닮고 싶다는 욕망은 버릴 수 없었다. 근접

---

23 *Correspondance*, A Louise Colet, 16 août 1874; *Préface*, 57.

불가능하므로 더 아름다워 보였다. 여기에서 나온 절충안, 그것이 '예술 노동자(ouvrier d'art)'라는 개념이었다. 쓸모없음으로 해서 더욱 더 아름다운 순수 무상성을 만들어 내기는 하되, 다만 그것을 수공업의 장인처럼 또는 육체노동자처럼 힘들게 만들어 내는 것이다.

그는 이제 아버지가 가졌던 엄격한 학구적 도덕성과 의사로서의 직업 정신을 순수 무상성의 제조에 적용시킬 것이다. 다시 말해서 상상을 제조해 내는 노동자가 될 것이다.

모든 것을 박탈 당했고, 태어나면서부터 잉여적이며, 실용적인 것 일체를 경멸한 귀스타브는 실제로는 상상의 노동자였다. 즉, 비인간적 목적의 수단이었다. (*L'Idiot I*, 1103)

만일 글쓰기를 자신의 슬픔, 분노, 원한 등의 감정을 나타내기 위한 도구로 생각한다면, 글은 그것 자체로 아무 의미도 없는 단순한 수단에 불과하게 될 것이다. 그것은 작가의 감정이나 생각을 독자에게 보여 주기 위한 투명한 물체일 뿐이다. 마치 햇빛이 유리창을 통해 들어오듯 작가의 머릿속에 있는 생각은 글이라는 매개체를 통해 우리에게 전달될 것이다. 이때 글은 작가의 주관성과 완전히 일치하게 될 것이다. 이것은 당연히 예술의 주관성이라는 관념으로 이어진다. 그러나 말을 의미 전달의 도구로 사용하지 않고, 언어를 기호(signe) 아닌 이미지(image)로 본다면, 다시 말해 언어를 물질로 생각한다면, 글은 더 이상 작가의 주관성이 아니라, 작가와 완전히 독립된 외부적 물체(objet)가 될 것이다. 거기서는 당연히 예술의 객관성이라는 관념이 도출된다. 플로베르의 경우가 그러했다. 언어를 마치 수공업의 장인이 깎고 다듬어 내는 하나의 물건처럼 생각했던 그에게 객관성은 예술의 절대적 규범이었다. 그는 예술의 객관성을 위해 자기 감정을 최대한도로 억제하고 냉정한 상태를 유지하려 했다. 소위 몰아성(沒我性, impersonnalisme)이다.

사르트르는 플로베르의 무상성과 몰아성이 부르주아지와의 타협의 산물이라고 생각한다. 즉 순수예술도 육체노동과 맞먹는 힘든 일이라는 것을 과시함으로써, 모든 사람이 노동의 대가로 생계비를 버는 이 근면한 사회 속에서 자신이 결코 기생적 존재가 아님을 증명하려는 것이다. 그러나 그렇다고 해서 플로베르가 부르주아 계급에 통합되기를 원했던 것은 절대로 아니다. 그는 십대의 청소년 시절부터 죽는 날까지 자신의 출신계급인 부르주아지를 혐오하고 증오했으며 그 계급에서 빠져나오기 위해 안간힘을 썼다. 그의 문학도 이러한 계급 이탈의 수단이었음은 더 말할 나위가 없다.

3. 계급 이탈과 자기소외로서의 문학

플로베르가 노동자라는 말을 즐겨 썼지만 그것은 육체노동자의 노동과는 물론 질이 다른 것이다. 그는 빵을 벌기 위해 땀 흘려 일하는 노동은 경멸했다. 다만, 아무 소용이 없고 실패할 것이 빤한, 그런 작품을 생산하기 위해 흘리는 땀만이 고상하다고 생각했다. 그가 이처럼 공리주의를 경멸하고 빈궁을 혐오한 것은 귀족에 대한 선망에서였다. 플로베르의 순수 무상성의 추구에서 우리는 특이한 '가족소설(roman familial)'과 계급 이탈의 도식을 찾아볼 수 있다. 즉, 그는 자신이 우연히 보잘것없는 한 부르주아 가정에서 태어났다고 생각한다. 그러나 이 미천한 태생이, 원천적으로 공리주의에서 빠져나오고자 하는 그의 '본성'을 막을 수는 없다. 왜냐하면 그는 부에 대한 본능을 지니고 있기 때문이다. 노동에 의해 획득된 적당한 안락을 그는 혐오한다. 세속적인 물질에 집착하지 않는다는 사실만으로 그는 물질의 지배를 뛰어 넘어선 것이다. 요컨대 그는 중간계급으로 태어날 사람이 아닌데 운수가 나빠서 그 사이로 떨어졌다. 이것이 플로베르 특유의 '가족소설'이었다.

그가 이 잘못 떨어진 집에서부터 다시 빠져나오려면 부르주아 이데올로기에서 벗어나는 길밖에 없다. 그것은 수단과 목적의 악순환에서 빠져나오는 것이다. 부르주아 이데올로기인 공리주의는 얼핏 보기에는 인간을 목표로 하는 것 같지만 사실은 사회생활의 모든 차원에서 인간을 물질 축적의 수단으로 삼는다. 부르주아로서의 장래를 수락한다는 것은 이처럼 목적이 수단이 되고, 다시 수단이 목적이 되는 영원한 악순환의 고리 속에 빠지는 것이다. 플로베르는 이 악순환의 고리에서 빠져나오기 위해 아예 다른 인간들과는 다른 목적을 설정해 놓고 스스로 그 목적의 유일하고도 본질적인 수단이 되었다. 보통 인간들의 목적과는 다르므로 비인간적이고, 또 다른 선택의 여지 없이 단호하므로 절대적인 이 목적은 다름 아닌 순수예술이었다. 그러니까 플로베르에게, 그리고 그 시대의 다른 예술가들에게 문학은, 부르주아 계급에서 벗어나 귀족계급으로 올라가는 유일하고 절대적인 수단이었다. "우리 예술가들은 선한 신의 귀족들이다"[24]라는 플로베르의 말이 바로 그것이다.

이처럼 문학을 탈계급, 즉 귀족성 획득의 수단으로 생각할 때 거기에는 필연적으로 다른 인간들을 거만하게 내려다보는 인간혐오, 또는 초인성(superhumanité)이 있다. 그리고 그것은 당연히 고공의식을 요구한다. 플로베르의 글에는 높은 곳에서 아래를 내려다보는 이미지가 자주 나오는데, 그것이야말로 그의 고공의식의 표현이다.

재능을 갖기 위해서는 그것을 소유했다는 확신을 가져야 한다. 그리고 순수의식을 보존하기 위해서는 자신의 의식을 다른 모든 사람들의 의식 위에 놓아야 한다. 평온하게 맑은 공기 속에서 사는 방법은 피라미드 위에 자리 잡고 앉는 것이다. 그 피라미드는 높이 솟아 있고 바닥만 단단하다면 어떤 모양이라도 상관없다. 아! 거기에서 물론 항상 즐겁기만 한 것은 아니다. 고독하기도 하다. 하지만 그 꼭대기에서 아래쪽으로 침을 뱉는 것은 참으로 통쾌한 일이다.[25]

---

24 Flaubert, *Souvenirs* (*L'Idiot I*, 1103 재인용).
25 *Correspondance*, A Louise Colet, 22 juillet 1852; *Préface*, 75-76.

인류 전체 위에 자리 잡고 그들에게 시선을 던지는 일 이외의 관계는 맺지 말라는 이야기도 있고, 2만 피트 상공의 올림피아 산의 고독을 말하는 편지도 있다. 이처럼 다른 인간들에게서 멀리 떨어져 높은 데서 미래를 내려다보며 하는 예술은 절대예술(l'Art absolu)일 수밖에 없다. 플로베르는 예술에 신성한 성격, 종교적인 성격을 부여한다.

> 악착같이 내게 달려들어 두 손 가득히, 있는 힘을 다해, 오만하게, 내 안에 있는 인간을 뽑아내었다. 초록색 잎이 달린 이 나무를 가지고 나는 하나의 기둥을 만들어, 그 꼭대기를 제단 삼아, 거기에 어떤 천상의 불꽃을 올려놓고 싶었다. […] 36세라는 나이에 내가 이토록 속이 텅 비고 가끔 그토록 피로를 느끼는 것은 그것 때문이다! (*L'Idiot II*, 2096)

이 글 안에 플로베르의 모든 것이 다 들어 있다. 자기 자신에게 악착같이 달려든다는 것은 인간의 보편적 조건에 대항한다는 뜻이다. 인간의 본능적 욕구와 정열, 그리고 인간 일반의 목표를 거부함으로써 자신의 생명을 차라리 영원한 무기물로 만들겠다는 의도이다. 자기 몸에서 뽑아낸 인간을 나무에 비유하는 것은, 나무가 하늘 높이 올라가는 수직성의 상징이기 때문이다. 그것은 고공의식, 초인성, 인간혐오를 모두 포함할 수 있는 비유이다. 그런데 이렇게 악착같은 거부를 통해 준비되는 목표는, '뭔가 알 수 없는 천상의 불꽃'이다. 플로베르 자신의 생명은 죽어 없어지고, 그 죽은 나무 기

등 꼭대기에서 천상의 불꽃이 새롭게 활활 타오르는 것이다. 여기서 '제단', '천상의 불꽃' 등의 말은 예술이 삶의 거부라는 신성한 성격을 가졌음을, 그리고 일종의 종교의식임을 상기시켜 준다. 자신의 몸을 죽은 나무 기둥에 비유하고 그 위에 천상의 불꽃이 타오르게 한다는 표현에서 우리는 예술에 대한 인간의 철저한 소외를 발견한다. 지상의 삶, 현세적인 인생을 완전히 고사시켜 오로지 예술의 불꽃이 타오르게 하는 일에만 모든 노력을 경주하겠다는 뜻이기 때문이다.

사르트르가 플로베르의 절대예술을 소외의 관점에서 분석한 것이 초기의 『상상계』와 말년의 『집안의 백치』의 다른 점이다. 플로베르는 예술을 위해 자기 인생을 완전히 희생시켰다. 인생의 모든 것을 포기하고 예술에만 몰두했다. 예술에 대한 인간의 소외인 것이다.

플로베르의 소외는 아버지, 부르주아 계급, 그리고 사회에 대한 세 가지 관점이 있을 수 있다. 우선 아버지는 플로베르에게 법학 공부를 시켜서 장차 공증인이나 변호사를 만들기로 결정했다. 그리고 플로베르 자신은 그것이 죽기보다 싫으면서도 아버지의 결정에 따라 법학을 택했다.

자기 자신의 운명을 자기가 전혀 결정하지 못했다는 점에서 플로베르는 아버지에 의해 소외되었다. 사르트르는 그것을 '아버지의 저주'라고 불렀다. 간질 발작으로 쓰러지기 전까지 플로베르는 자기 존재에서 자유를 전혀 느끼지 못했다. 소극적이고 내성적이기만 한 그는, 아버지가 모든 것을 결정해 주는 그러한 타율성에서 결코 벗어나지 못했다. 권위주의적이고 가부장적인 아버지 앞에서 반항은 금지되어 있었다. 그러나 플로베르는 아버지에 의해 결정된 숙명적 미래, 즉 부르주아적 존재에서 몸을 빼내어 자신을 구출하겠다는 갈망을 결코 버리지 않았다.

아버지의 저주에 맞서서 효과적으로 싸우는 방법, 다시 말해 아버지에 의한 소외에서 벗어나는 길은 다른 목표에서 자신을 소외시키는 일일 것이다. 불을 끄기 위해 맞불을 놓듯이 하나의 소외에서 벗어나기 위해 또 하나의 다른 소외 속으로 들어가는 것이다. 플로베르는 아버지에 의해 결정된 숙명적인 미래를 또 다른 숙명으로 대치함으로써 자신의 부르주아적 존재를 예술적 존재로 바꾸어 놓았다. 그러니까 그의 예술의 선택은 해방이 아니라 하나의 소외에 맞서기 위한 또 다른 소외이며, 아버지의 저주에 맞서는 새로운 저주인 셈이다(*L'Idiot II*, 1595).

또 다른 저주라는 것은, 그것이 소외에서 아주 벗어난 것이 아니라 다른 형태의 소외로 옮겨 갔을 뿐이라는 것, 그리고 글쓰기의 고통이 뼈를 깎듯 힘든 일이라는 것을 암시하는 말이다. 여하튼 아버지의 저주에서는 벗어나, 아버지에게 통쾌하게 복수를 한 셈이다. 아버지는 부르주아의 자식을 낳았다고 생각했으나 그 아들은 살짝 몸을 비켜 예술에 몸 바치는 신분이 되었다. 그는 이제 자기 아버지의 아들이 아니라 자기 작품의 아들이 되었다. 결국 그는 예술이라는 목표를 위해 이 세상에 태어난 것이 된다. 따라서 이때까지 그가 수치스럽게 생각하던 자신의 비정상적 성격이나 행동들을 그는 오히려 자랑스럽게 생각해야만 했다. 다른 사람으로부터 분리시켜 그를 괴상한 인간으로 보이게 했던 그 특성들은 그가 '선택 받은 인간이라는 표시(signes de son élection)'(1597)이기 때문이다. 남과 유별나게 다른 비정상성 덕분에 예술가가 되었으므로 그의 비정상성은 완전히 정당화되었다.

'선민(選民, élection)'이라는 말에서 우리는 목적과 수단이 완전히 뒤바뀌었음을 본다. 인간이 예술작품을 만드는 것이 아니라, 예술이라는 절대적 존재가 자기를 실현시키기 위해 예술가를 선택했다는 뜻이기 때문이다. 그러니까 플로베르는 자기 작품의 도구인 셈이다. 사르트르는 『돈키호테』가 세르반테스를 요구했고, 『리처드 2세』가 셰익스피어를 요구했다고까지 말한다.

『돈키호테』가 세르반테스를 요구했고, 『리처드 2세』가 셰익스피어를 요구했다. 따라서 예술의 노동자는 작품의 수단이다. [···] 유일한 수단인 예술가는 앞으로 만들어질 작품에 의해 그 작품의 가장 중요한 도구로서 선택된다. (1596)

플로베르는 부르주아 계급의 소외에서 벗어나기 위해 예술이라는 소외를 선택했지만, 부르주아의 소외가 상대적인 것임에 반해 예술의 소외는 철저하고 절대적이다. 이제 예술가는 자기 인간을 자기 작품에 완전히 희생시켜 작품이 인간을 지배하고, 인간에게 미학적 명령을 내리게 만든다. 플로베르는 이 미학적 규범을 채택함으로써 그의 인생은 철저하게 소외된다. 모파상(Maupassant)에게 보낸 편지에서 그것이 분명하게 드러난다.

예술가에게는 단 하나의 목표만이 있다. 즉 예술을 위해 모든 것을 희생시키는 것이다. 예술가는 인생을 하나의 수단으로만 간주해야 한다. 그 이상의 아무것도 아니다.[26]

예술을 위해 모든 것을 희생했다는 것은 쉽게 말해 예술을 제외한 모든 인생사에서 실패했다는 것을 뜻한다. 간질 발작으로 법학 공부를 포기하고 이 공부가 약속해 주는 미래도 포기한 채 다시 집으로 돌아와 두문불출, 어머니의 보살핌 속에 영원한 미성년자가 된 것은 상식인의 관점에서 본다면 완전히 실패한 인생이다. 그러나 그의 실패는 단순한 실패가 아니다. 인생에서의 실패라는 대가를 치르고 그는 이제 자기가 좋아하는 예술에 철두철미하게 몸을 바칠 수 있게 되었다.

이것이 우연한 결과가 아니라 세심하게 계획된 전략이라는 것이 사르트르의 주장이다. 마치 돈을 따기 위해서는 내깃돈이 필요하듯이, 자기가 원하는 어떤 것을 얻기 위해서는 다른 모든 것을 희생시키지 않으면 안 된다. 이것이 '지는 자가 이기리라'의 개념이다. 플

---

26 *Correspondance*, A Guy de Maupassant, 15 août 1878; *Préface*, 282.

로베르의 이러한 패배주의, 또는 실패의 행동(conduite d'échec)은 "말석에 앉은 자들이 제일 먼저 천국에 들어가리라(Les derniers seront les premiers)"[27]라는 성경 구절을 따른 것이라고 사르트르는 말한다 (*L'Idiot II*, 1191). 이 성경 구절의 의미는, 지상에서의 고통이 천상에서의 영원한 행복을 보장해 준다는 것이다. 현세에서 억눌리고 비참하게 사는 사람들은 그것을 꿋꿋하게 참고 견디기만 하면 현세의 그 어떤 세도가나 부자들보다 먼저 하늘나라에 들어가 영원히 안락한 생활을 누릴 수 있다. 따라서 현세에서의 불행이나 가난은 그가 하느님의 선택을 받았다는 선민의 표시이다.

플로베르에게도 모든 인간적인 실패는 그가 선택 받은 사람이라는 표시이다. 다만 그를 선택한 것은 기독교의 신이 아니라 예술인 것이다. 여기서 신과 비슷한 절대성이 예술에 부여되었다는 것을 알 수 있다. 기독교의 세계에서 전락이 깊으면 깊을수록 더욱 큰 은총을 받듯이 그는 전락이 깊으면 깊을수록 더욱 더 높이 비실재의 세계 속으로 뛰어오를 것이다. 왜냐하면 그에게 예술은 비실재의 선택을 의미하기 때문이다(1192).

예술가가 자기 작품의 수단이라는 것은 그가 예술을 이 세상에 선보이는 중개자라는 이야기가 된다. 즉 상상과 현실 사이의 중개자(médiateur entre l'imaginaire et l'expérience vécue)(1592-93)이다. 그 중개 방법은 다름 아닌 상상 속으로의 침잠이다.

---

27 "나중 된 자로서 먼저 되고 먼저 된 자로서 나중 되리라"(마태 20.16, 개역개정).

그는 자기 가정, 자기 환경, 인류 그리고 자기 자신에게서조차 몸을 빼내어, 기꺼이 자신을 버리고 상상 속으로 들어갔다. (1593)

그러나 이처럼 상상을 선택하기 전에 그는 우선 다른 인간들과 공통의 목표를 갖기를 거부했다. 다시 말해 부르주아적 목표를 거부한 것이다. 그는 젊을 때 부르주아로서 자신의 운명을 '사회의 틈막이(bouche-trou de la société)'라고 표현한 적이 있다. 모든 부르주아의 아들들은 미래의 공증인, 의사, 변호사 등 몇 개의 한정된 자리를 메우는 운명을 타고났다. 이처럼 제한적인 미래만이 있다는 것은, 부르주아 청년 개개인들이 부르주아지라는 거대한 실체에서 소외되어 있다는 것을 의미한다. 부르주아 사회에서 한 인간은 커다란 기계를 움직이는 데 필요한, 별로 중요하지 않은 작은 톱니바퀴에 불과하다. 전체가 잘 가동되기 위해 개인의 희생쯤은 아무것도 아니다. 다시 말해 인간-수단(l'homme-moyen)이다.

이와 같은 계급적 존재에서 빠져나오기 위해서는 부르주아들의 목표를 공유하지 않는 것만으로는 충분하지 않다. 공증인, 의사, 변호사가 되지 않겠다는 소극적인 거부를 넘어서서 뭔가 다른 인간들과 전혀 다른 절대적 목표를 설정해야만 할 것이다. 그래서 그가 만일 이 절대적 목표의 유일한 수단이라는 것이 증명된다면, 다시 말해 작가가 된다면, 그는 실용주의적 수단-목적의 영원한 악순환에서 빠져나와 부르주아 계급에서 벗어날 수 있을 것이다. 비인간적이고 절대적인 목표란 다름 아닌 미이다.

비인간적인 목표에 대한 인간의 소외인 미는 우선 예술에 대한 예술가의 소외이다. 이 엄격한 소외가 자신의 계급 존재를 해방시켜 준다고 플로베르는 생각했다. (*L'Idiot II*, 1487-88)

여기서 잠시 사르트르의 소외 개념을 검토해 보자. 그에 의하면 부르주아는 부르주아지에 소외되었고, 노동계급은 자기 노동의 산물에서 소외되었으며, 예술가는 자기 예술에 소외되었다. 여기서 예술가의 소외를 뺀, 부르주아와 노동계급의 소외 이론은 철저하게 마르크스주의적이다. 우선 개개인의 부르주아들은 부르주아지라는 거대한 실체를 유지시키기 위해, 마치 기계의 톱니바퀴처럼 그것의 부속품 역할을 하고 있다. 부르주아는 부르주아 계급에 소외되어 있는 것이다. 특히 상층 부르주아의 경우, 태어날 때부터 자신을 기다리고 있는 어떤 자리가 있어서, 자기 의사와는 상관없이 그 자리를 메꾸는 역할에 자기 인생을 바칠 때 그는 자기 자리에서 소외되어 있다. 그리고 더 나아가 그 자리들이 떠받치고 있는 부르주아 사회에서 소외되어 있다.

노동계급은 어떤가 하면, 그들은 물론 태어나면서부터 어떤 자리를 지정 받지는 않았다. 그들의 부모는 어떤 특별한 목적을 위해 자식을 낳은 것이 아니었다. 그런 점에서 노동자의 아들들은 한편으로는 살 권리를 갖지 못하고 태어났으며, 또 한편으로는 부르주아와는 달리 완전한 자유를 부여 받고 태어났다. 그러나 노동계급의 소외는 자기 노동의 산물을 도적맞았다는 사실에 있다. 자신이 열심히 일해 만들어 낸 물건은 생산이 되자마자 자기 손에서 떠나 남의 이익에 봉사하게 된다. 따라서 노동자는 자기 노동의 산물에서 소외되어 있다.[28]

절대적 비관주의의 세계에서는 달리 어떻게 할 방법이 없다. 이곳에서 소외는 전면적이다. 왜냐하면 인간들은 자기 생산물의 산물이기 때문이다. 인간이 만들어 낸 생산물이 거꾸로 절대적 목표가 되어, 그것을 위해 인간이 태어나고 죽는 정도이다. (*L'Idiot II*, 1597)

'절대적 비관주의의 세계(l'univers du pessimisme absolu)'가 우리 인간들이 살고 있는 세계를 뜻한다면, 그 세계 안에서 소외는 전혀 피할 수 없는 듯이 보인다. 왜냐하면 모든 사람이 자기 생산물의 산물이기 때문에, 즉 자기 생산물에서 소외되어 있기 때문이다.[29] 이것은 명백히 사르트르가 소외의 보편성을 이야기하고 있는 것으로 보인다. 그는 이미 『변증법적 이성 비판』에서 타성태(惰性態, pratico-inerte)의 개념으로 소외가 인간존재의 보편적 조건임을 보여 주었지만, 그보다 훨씬 앞서 1940년대에 쓴 『문학이란 무엇인가(Qu'est ce que la

---

28 Sartre, "Matèrialisme et révolution," *Situations III*, 186-87.
29 마르쿠제에 의하면 자동차나 TV, 가전제품 같은 것도 모두 인간 소외의 요인이다. 그러한 것들은 단순한 물건이 아니라 인간존재의 일부가 되었기 때문이다. 우리는 우리 존재의 일부를 시장에 가서 구입해야만 한다. 시장의 매대 위에 놓여 있는 우리의 존재, 이 존재는 인간을 실현하는 것이 아니라 자본을 실현하는 것이다(Marcuse, *An Essay on Liberation*, p. 21).

littérature)』에서도 소외의 보편성을 논한 바 있다.

참여시의 불가능성을 설명하는 주[30]에서 사르트르는 모든 인간의 행위가 본질적으로 수단임을 밝힌다. 인간의 필요에 의해, 그리고 어떤 효용을 위해 행해지는 인간 행동은, 그것 자체는 보이지도 않고 다만 결과만이 중요하게 여겨진다. 예를 들어 펜을 잡으려고 손을 뻗칠 때, 손을 내미는 행위는 전혀 의식되지 않고, 내 눈에 보이는 것은 오로지 펜이라는 물체뿐이다. 이런 식으로 인간은 자기 목표에서 소외되어 있다.

그러니까 모든 인간의 행위는 원초적으로 인간 소외를 전제로 한다. 사르트르는 예술가까지도 미에 의해 소외되어 있다고 말한다. 『상상계』에서 거론되지 않던 소외 개념이 『집안의 백치』에서 집중적으로 다루어지고 있는 것을 보면, 사르트르의 최종적인 예술철학은 소외의 개념이 추가된 '비실재'의 미학이 아닐까, 라고 생각해 본다.

---

30   *Situations II* (1948), 85의 주 4.

Chapter 6

Art-névrose

신경증으로서의 예술

플로베르의 병적인 수동성이 그로 하여금 현실을 거슬러 상상의 세계 속으로 들어가게 한 것을 앞에서 확인했다. 그에게 변화의 거부는 삶의 거부, 즉 현실 적응의 거부를 의미한다. 그는 삶과 예술을 등가성의 가치로 보고 그중에서 예술을 선택했다. 그러나 일단 선택을 한 다음에, 예술은 삶을 능가했다. 그는 예술을 위해 인생을 완전히 희생했다. 다시 말하면 이 세상에 미를 태어나게 하기 위해 자기의 생명을 죽인 것이다. 소위 절대예술(l'Art absolu)이다. 그에게 지고의 미는 절대적 환상이고, 예술은 죽음으로부터 바라보는 관점이었다(*L'Idiot II*, 2102).

플로베르는 문체(style)를 예술의 알파요 오메가로 생각할 정도로 문체에 집착했는데, 그것이 바로 절대의 관점이다. 사르트르는 그것을 '죽음의 위치에서 삶을 내려다보는 것'이므로 죽음의 미학(esthétique de la Mort)(*L'Idiot I*, 229)이라고 정의했다. 플로베르에게 예술은 삶의 반대, 즉 '삶의 거부(refus de vivre)'이다.

그러나 삶의 거부가 곧 죽음을 의미하지는 않는다. 실제적인 죽음은 예술 그 자체까지도 무화시킬 것이기 때문이다. 예술작품을 만들기에 필요한 만큼만 사는 것, 즉 생명은 유지하되 일체의 속세적 삶을 거부하는 것이다. 상상 속으로의 도피가 바로 그것이다. 상상 속으로의 도피를 가능하게 해 주는 것이 신경증이다. 그것은 이중의 의미에서 그러하다. 신경 증세에 따르는 환각작용 자체가 상상의 세계를 마련해 준다는 점에서 그렇고, 플로베르가 신경증의 발작 이래 모든 세상사에서 손을 떼고 예술에만 몸 바칠 수 있는 구실을 찾았다는 점에서도 그러하다. 그런 점에서 그의 예술적 기도와 신경증의 계획은 상호 조건적이다. 즉 문학이 신경증이 되었고, 반대로 신경증이 문학이 되었다(*L'Idiot II*, 1919).

이것은 순전히 플로베르 자신의 개인적인 문제였을까? 그 당시의 문화 특히 문학적 풍토가 플로베르로 하여금 문학이라는 정신병을 앓게 한 것은 아닐까? 다시 말하면 그 시대의 객관정신이 플로베르 개인 속에서 구체화된 것이 아닐까? 사르트르는 정신분석과 마르크시즘을 통합하는 방법적인 시도가 『집안의 백치』의 집필 의도라고 말했는데, 플로베르의 개인적인 신경증을 19세기 후반 프랑스의 객관정신과 연결시킨 『백치』 제3권(1972)이야말로 그의 이러한 기획을 가장 잘 드러내 주는 것 같다.

우선 객관정신(esprit objectif)과 집단신경증(객관적 신경증, névrose objective)이라는 용어부터 살펴보기로 하자.

사르트르는 플로베르의 개인적 성향이나 예술을 객관정신의 한 전형으로 보았는데 이때 객관정신은 헤겔과 딜타이(Dilthey)의 관념을 차용한 것이다. 객관정신은 헤겔의 『정신현상학』 제2부의 제목이기도 하다. 이것은 한 인간의 사회생활 또는 도덕을 형성하는 모든 원칙과 관계들을 가리킨다. 헤겔은 객관정신과 주관정신을 대비시켰는데, 주관정신이란 한 인간의 의식작용이다. 한편 딜타이는 인간의 정신생활을 나타내 주는 모든 것을 객관정신이라고 불렀다. 여기에는 건축물이나 도로 같은 가시적인 것에서부터 사상 체계, 습관, 관습, 정치 및 문화 제도 등의 추상적 사물과 예술작품이 모두 포함되어 있다. 이러한 것들이 이 세계를 형성하고 특히 한 인간의 행동을 결정짓는 것이다.

과거가 현재에 영향을 미치는 것도 객관정신을 통해서이다.[31] 사르트르는 플로베르의 예술과 인생을 단순히 그의 개인적인 일로 보지 않고 19세기의 사회와 역사라는 맥락 속에서 파악했다. 최소한 객관정신의 부분에서는 사르트르가 마르크시즘을 전면적으로 지지하고 있음을 보여 주는 예라 하겠다. 그는 『변증법적 이성 비판』에서도 "인간이 역사를 만들기는 하지만, 단 그들을 조건 지워 주는, 주어진 상황 속에서 역사를 만든다"[32]라는 엥겔스(Engels)의 말을 유보 없이 수락했었다. 마르크스도 『루이 보나파르트의 브뤼메르(무월霧月)

---

31 Douglas Collins, *Sartre as Biographer* (Cambridge, Mass. and London: Harvard University Press, 1980), p. 114.
32 Jean-Paul Sartre, *Critique de la raison dialetique* (nrf Gallimard, 1974[1960]), p. 60.

18일(Le 18 Brumaire de Louis Bonaparte)』에서, 인간이 역사를 만드는 것은 자신의 자유의지로, 자기가 선택한 상황 속에서 하는 것이 아니라 전통적으로 물려받은, 그리고 지금 현재 주어진 그러한 상황 속에서 한다는 것, 따라서 앞 세대의 전통이 현재 살아 있는 사람들을 마치 악몽처럼 내리누르고 있다는 것을 이야기했다.[33] 한마디로 개인은 결코 독립적인 개인이 아니라 그가 살고 있는 사회와 역사의 산물이며, 그의 행동 또한 그것들에 의해 조건 지워지고 그 테두리 안에서 일어날 수밖에 없다는 변증법적 유물론의 개념이다.

사르트르는 이 개념을 플로베르 연구에 적용해 그의 신경증이 그 시대의 집단신경증임을 밝혀냈다. '객관적 신경증(névrose objective)'이라는 사르트르의 용어는 '집단신경증'으로도 번역할 수 있다. 사르트르가 'objective'를 여러 사람들에게 공통적으로 나타나는 현상을 가리킬 때 쓴 것은 『실존주의는 휴머니즘이다(L'Existentialisme est un humanisme)』에서도 찾아볼 수 있다.[34] 실제로 그는 '객관적 신경증(névrose objective)'이라는 말 대신 '집단적 신경증(névrose collective)'이라는 말을 쓰기도 했다. 이것은 또 정신의학에서 한 집단의 동시적 정신이상 현상을 가리킬 때 쓰는 집단 히스테리라는 용어와도 같은 것이다.

---

33 Karl Marx, *The Eighteenth Brumaire of Louis Bonaparte*, in David Fernbach, ed., *Political Writings* (New York: Random House, 1976), vol. 2, p. 229.

34 Sartre, *L'Existentialisme est un humanisme* (Nagel, 1970), pp. 68-69: "도처에서 만날 수 있고, 도처에서 알아볼 수 있으므로 그건 객관적이다."

20세기 초에도 지드가 도스토옙스키에 대해서 그렇게 말했지만, 1850년부터 세기말까지 정신이상은 천재의 필수 조건이었다. 글을 쓰기 위해서는 미쳐야만 했고, 신경증은 걸작을 향한 왕도였다. 플로베르는 간질 환자였고, 보들레르는 마약 복용과 방탕한 생활로 신경쇠약에 시달리다가 1년간의 마비와 실어증 끝에 40대의 나이에 죽었다. 제라르 드 네르발(Gérard de Nerval)은 정신병원에서 죽었고, 시를 쓰기 위해서는 모든 감각을 조직적으로 교란해야 한다고 말했던 랭보는 20대에 절필하고 아프리카로 가 장사꾼이 되었다가 37세의 나이에 풍토병으로 죽었다. 에드몽 드 공쿠르(Edmond de Goncourt)는 작품이 정신병의 기초 위에 세워져야 한다고 공공연히 말했다.

우리의 작품은 신경병에 기초하고 있다는 것, 그리고 그것이 아마도 작품의 독창성이라는 것을 염두에 두시오.[35]

18세기에 예술은 건강하고 정상적이었다. 미의 개념은 엄격한 구성과 합리성에 근거한 규칙이었으며 예술가에게 가장 요구되는 자질은 균형감이었다. 정신병자는 결코 예술가가 될 수 없었으며 병적인 작품은 전혀 읽힐 가능성이 없었다. 작가와 독자의 커뮤니케이션은 완벽했고 문학의 최종 목표는 보편성이었다. 그러던 것이

---

35 Paul Bourget, *Essais de psychologie contemporaine* (Plon-Nourrit, 1920), t. II, p. 162 (*L'Idiot I*, 43 재인용).

19세기 후반에 이르면 예술가는 정신병자이어야 하고, 작품은 퇴폐적, 병적이어야만 했다. 작가와 독자의 유리가 극에 달했다. 마치 읽히지 않기 위해 쓰는 듯이 작품은 일반 독자에게 전혀 소통 불가능했다. 이러한 소통 불가능성은 작가들의 미적 작업의 당연한 결과이기도 했지만, 한편으로는 고의적 행동이기도 했다. 그들은 고의적으로 독자를 기피했다. 기피하는 정도가 아니라 독자를 경멸했다. 좋은 문학은 당연히 독자를 거부해야 한다는 필연성에서부터 그들의 문학은 출발했다.

그런데 이런 기괴한 현상이 왜 특정의 사건으로가 아니고 정상으로 받아들여졌을까? 여기에 집단신경증의 요소가 있다. 작가들은 한결같이 정신이상에 걸렸고, 일반 독자들도 모두 어느 정도는 정신이상 상태에 있었다. 플로베르의 경우를 보면, 그의 신경증은 극히 개인적인 것이었고 그의 예술 또한 그 자신의 사사로운 일이었다. 그런데 이 같은 극도의 주관성이 어떻게 사회적 작품의 생산이라는 객관성을 얻게 되었을까? 그 시대의 신경증이 글을 쓰기 위한 수단이었다면, 그 신경증 자체는 이미 객관적인 것이다. 그러니까 개인적 신경증은 신경증 예술(l'Art-névrose)이라는 그 시대 객관정신의 한 '보편적 특수성(l'universel singulier)'일 뿐이다. 그렇다면 신경증 예술이라는 객관정신은 하필 왜 그 시대에 형성되었는가?

1. 짐짓 실패하는 예술

절대예술은 인간 부정의 예술이고, 현실 부정의 예술이다. 예술가들은 자신이 다른 보통 인간들과 다르고 훨씬 우월하며 그들 위로 높이 올라가 인간들을 경멸적으로 내려다본다고 생각했다. 그러므로 절대예술은 고공의식과 인간혐오를 전제로 한다. 인간들을 경멸했으므로 가능한 한 인류와 사회의 목표를 거부해야 했다. 그러나 현실에서 그것은 불가능하므로 그들은 상상 속으로 들어가야만 했다. 『집안의 백치』 제1~3권을 통틀어 어디서나 발견되는 "예술가는 세계의 탈실재화를 위해 자신을 비실재화한다(l'Artiste s'irréalise pour déréaliser le monde en même temps que lui)"라는 미적 태도는 바로 이것을 말하는 것이다.

예술이 이처럼 실재의 세계를 극도로 부정하므로 작품의 내용은 당연히 존재가 박탈된, 상상과 구별할 수 없는 비물질적 세계일 것이다. 사르트르는 그것을 "실체 없는 순수 외관을 위해 존재를 없앤다(la suppression de l'être au profit de la pure apparition sans réalité)"(*L'Idiot III*, 143)라고 표현했다. 세계를 탈실재화하고 자신을 비실재화하므로, 이때 예술가는 실제의 존재가 아니고, 작품 내용 또한 비존재의 세계이거나 또는 존재를 외관에 예속시키는 그러한 형상일 것이다. 이것은 다시 말해서 실재를 파괴하는 예술 기법이다. 또는 미적 태도 앞에 나타나는 실재만을 작품 속에 나타내는 것이다. 어쨌거나 상상을 선택하기 위해 실재에서 등을 돌리는 것인데 이런 점에서 절대예술은 비존재에 대한 가치 부여가 특징이다(Ibid.).

비존재에 대한 가치 부여란 존재하지 않는 것을 가장 귀중한 것으로 생각한다는 뜻이다. 사라진 문명에 대한 향수, 혹은 이국 취미가 이 시대의 문학을 풍미한 것은 결코 우연한 일이 아니다. 더 이상 존재하지 않는 것, 또는 영원한 부재 속에서 고정된 것들은, 상상이라는 수단에 의해 접근할 수 있기만 하면 그 무엇이라도 좋았다. 동방 취미가 유행하고, 인도의 성가가 번역되고, 고전주의 이래 다시 한 번 고대 그리스가 19세기 문학 속에 뛰어들었다. 이처럼 과거의 것, 더 이상 존재하지 않는 것, 또는 멀리 떨어져 있어 부재인 것에 대한 주제가 크게 성공한 것은 작가나 독자들이 "상상의 한 가운데에 있는 무(無)를 느꼈기(qui fait sentir le néant au coeur même de l'imagination)"(*L'Idiot III*, 144) 때문이라고 사르트르는 말했다.

작가가 이처럼 상상 속에 빠져드는 것을 그는 마치 종교에 입문하는 것과 같다고 하여 '상상 입문(entrée-en-imaginarité)'(145)이라고 명명했다. 그 시대의 객관정신은 예술가로 하여금 실재에 대한 엄격한 거부로서 비실재를 선택할 것을 요구했다. 그러나 이 비실재의 선택은 그것 자체가 상상 속에서 이루어지는 것이므로 언제 변할지 몰라 불안하기 짝이 없는 것이다. 이때 그 불안한 선택에 견고성을 주는 내용물, 그것이 다름 아닌 신경증이다. 신경증은 비실재성의 텅 빈 속을 채워 주는 유일한 내용물이었다.

일시적 환상에 의해 현실을 거부하고 상상을 선택했다 하더라도 건강한 정신은 언제고 정상적인 의식을 되찾아 현실 속으로 되돌아올 것이다. 환상을 지속시켜 영원히 상상 속에 침잠하기 위해 신경증 말고 더 좋은 방법이 있을까? 신경증은 그 자체가 도취이다. 인간 일반과 자기 자신을 증오하며 원한을 품은 인간이 좇는 고독하고도 어두운 꿈이다. 이 객관적 신경증은 그 시대의 극복할 수 없는 모순에서 벗어나기 위한 유일한 수단이었다.

신경증은 '비현실'의 가장 유효한 수단이기도 하지만, 가장 확실한 인생의 실패이기도 하다. 예술가들이 신경증을 선택한 또 하나의 이유가 여기에 있다. 예술가들이 모두 집단신경증을 앓고 있던 19세기 후반의 객관정신은 실패의 미학, 실패의 윤리로 요약될 수 있다. 안 읽히는 작품, 즉 실패한 작품이라야 훌륭한 작품이고, 작가는 그의 초인적인 노력이 실패로 돌아가야만 위대한 작가가 된다. 요컨대 실패 자체가 지고의 가치이고, 실패야말로 예술가와 예술작품의 위대성을 보증해 주는 징표이다. 죽음을 빼놓고 인간에게 가장 큰 실패는 무엇일까? 그것은 현실 생활을 제대로 영위할 수 없는 광기의 상태일 것이다. 여기서 집단신경증의 풍조가 시작되었다.

집단신경증의 특징은 실패의 숭고화(sublimation de échec)에 있다. 사르트르는 그것을 '삼중의 실패(triple échec)'와 '삼중의 단절(triple rupture)'로 정의하고, 신경증 예술은 곧 실패의 예술 또는 단절의 예술이라고 했다.

이런 의미에서 신경증 예술, 다시 말해서 실패의 예술은 단절의 예술로 불릴 수도 있다. 왜냐하면 예술가는 자기 자신과 일치하지 않기 위

해 자기 작품 속에서까지 실패하려 하기 때문이다. (*L'Idiot III*, 333)

사르트르가 말하는 삼중의 실패는 첫째 작가로서의 실패, 둘째 인간으로서의 실패, 셋째 작품으로서의 실패를 뜻한다. 삼중의 단절은 첫째 사회적 환경과의 단절, 둘째 예술가 자신과의 단절, 셋째 현실과의 단절이다. 실패에 모든 가치를 부여하는 것은 예술가들이 자신의 출신계급인 부르주아를 경멸하는 데서 비롯된다. 자기 계급에서 벗어나기 위해 그들은 자신들이 영위하는 생활에서 일부러 실패함으로써 계급 이탈(déclassement)을 꾀한다. 실패가 곧 단절을 의미하는 것은 이런 점에서이다.

예술가로서의 실패는 걸작을 만드는 것이 불가능하다는 의미가 아니라, 아예 예비적인 실망이다. 여기에는 실용성 외에 아무것도 모르는 천박한 부르주아들이 자신들의 작품을 이해할 수 없으리라는 전제가 깔려 있다. 그들은 공리주의를 거부하는 작품을 씀으로써 부르주아 계급에 반기를 들었다. 1850년대의 절대예술가들은 읽히기 위해 글을 쓰지 않았으며, 책이 팔리는 것도 거부함으로써 소비 문학을 거부했다. 이 시대에 문학적 명성을 얻을 수 있는 것은 독자로부터 영원히 거부되도록 쓴 작품이라고 사르트르는 빈정거렸다.

1850년대에 문학적 명성을 얻을 자격이 있는 것은 아예, 처음부터 그리고 영원히 거부되도록 쓴 작품이다. (146)

그들은 부르주아에서 벗어나기를 원했고, 부르주아와 인류를 혼동했으므로 인류에서 벗어나기를 원했다. 이것은 고공의식과 냉담성을 요구하는 것이다. 그러나 이 중 어느 것도 실현이 불가능했다. 노동윤리와 공리주의에 입각한 부르주아 계급에서 빠져나오려면 땀 흘려 벌지 않아도 먹고살 만큼 돈의 여유가 있어야 했다. 자신의 비실재화와 세계의 탈실재화라는 미적 태도를 영구적으로 견지하기 위해서도 돈이 필요했다. 그러나 하늘을 높이 날며 세상 인간들을 경멸적으로 바라보는 것은 그들의 의식일 뿐, 실제의 존재는 가난하고 보잘것없는 프티부르주아에 불과했다. 그래도 그들은 부르주아의 위에 올라서서 하찮은 이익에 집착하는 부르주아들의 수치심을 자극해야 했다. 그것은 그 어떤 귀족도 아직 만들지 못했던 사치품, 즉 완전히 쓸데없고 무상성인 걸작을 만들어 냄으로써 가능할 것이다. 이것이 바로 그들이 넘어서지 못한 첫 번 장애물이고 또 첫 번 실패였다.

인간으로서의 실패는 '저주받은 시인'이라는 말이 분명하게 보여 준다. 보들레르 같은 예술가들에게 시는 저주와 동일한 의미를 갖는다. 시인은 현실 생활이 서툴기 짝이 없다. 이 서툴고 추한 모습을 보고 사람들은 마음껏 조롱하고 놀린다. 그러나 다른 사람들과 비슷한 생활을 할 수 없다는 이 불능성, 즉 인간으로서의 실패는 시인으로서의 승리를 증명해 주는 것이다. 보들레르의 시 「알바트로스(Albatros)」가 그것이다. 알바트로스는 거대한 바닷새이다. 광활한 바다와 창공에서는 그 거대한 날개로 장엄하게 빛나는 비상을 보여 주지만, 사람들 사이에 떨어지면 큰 날개가 오히려 주체스러워 '서툴고 추한(gauche et laid)' 모습이다. 하늘에서 아름다움이고 장점이고 가치이던 것이 땅에 내려오면 추하고 서툴고 조롱의 대상이 된다.

이것은 그대로 예술가의 상징이다. 예술가는 지고의 아름다움만을 추구하는 천상의 왕자이지만 인간들 사이에서는 다른 인간들과 비슷한 생활을 할 수가 없어서 마치 불구자와도 같이 놀림감이 된다. 예술가는 인간이 되기에는 너무 큰(위대한) 사람이다. 또 한편으로는, 예술가이기 때문에 인간 세상에서 불구자가 되었지만, 반대로 불구자는 예술가의 징표인 것이다. 시인은 자신이 날 수 있다는 것을 스스로 증명하기 위해서 불구 노릇을 하는 것이다. 시와 저주를 동일시하는 이유가 여기에 있다. 모든 시인은 저주 받았고, 또 저주 받은 사람은 모두 얼마간 시인이다. 그러니까 예술가가 되기 위해서는 우선 현실에서 실패해야 한다. 이것이 실패의 행동(conduite échec)이고 또 '지는 자가 이기리라(Qui perd gagne)'의 격언이다.

그 시대에 문학은, 인생에 실패한 사람들에게 남은 유일한 직업으로 여겨졌다. 그러나 다른 모든 직업에서 실패했으므로 문학작품에서도 비참하게 실패할 것이다. 하지만 그 보잘것없는 작품들이 실현 불능의 미를 보여 주는 유일한 수단이다. 문학은 암시적이어야 한다는 1850년대의 개념은 여기에서 나온 것이다. 사르트르는 그것을 부재를 증언하는 것이라고 말했다.

그러나 그 보잘것없는 작품들은 그 틈새들을 통해 실현 불능의 미를 얼핏 보여 주는 유일한 수단이다. 사람들이 작품에 요구한 것도 바로 이것이었다. 즉 작품은 암시적이어야 했고, 부재를 증명해야 했다. (*L'Idiot III*, 146)

'문학은 여성적인 것이다'라는 생각이 1840년대부터 부각되기 시작했다. 남자는 행동을 의미하는데, 다른 인간들에게서 몸을 빼내기 위해 행동을 거부했으므로, 예술가의 인간적 실패는 당연히 문학의 여성화로 이어진다. 문학은 인생에 실패한 무능력자, 남성답지 못한 남자의 선택이라는 고정관념이 형성되었다. 이런 식으로 예술의 선택과 문학 입문은 그 출발 동기와 최종적 변명을 실제 생활에서의 실패에서 찾았다. 그 후로 내내, 글을 쓴다는 것은 반드시 정신병을 요구하는 것은 아니라 하더라도 원칙적으로 사회에 대한 근본적 부적응성을 전제로 했다. 공쿠르 형제에서 말라르메(Mallarmé)에 이르기까지, 예술가는 극도의 허약성에 의한, 즉 신경 체계의 섬세함에 의한 과도한 민감성 때문에 현실 생활에서 행동하기 불편한 사람이라는 것이 그들의 일관된 생각이었다.

실패의 행동은 조직적이고 지속적일 때 그 자체로 현실에 대한 고발이 된다. 부르주아적 생활에 잠시 실패했다가 얼른 정상을 되찾고 다시 사회에 통합되었다면 그것은 글자 그대로 실패일 뿐이다. 그러나 지속적으로 그리고 조직적으로 실패를 자초할 때는 관습과 사회에 대한 반항, 거부, 고발이 되는 것이다. 그 뿐만 아니라 실패의 행동은, 미적 태도에서 필수 불가결한 요소인 탈실재의 영원한 도화선이기도 하다.

1850년대 예술가들의 실패의 행동은 예술을 귀족성과 동일시했던 데도 원인이 있다. 귀족은 몰락 계급이므로 그들은 본질적으로 실패한 인생이다. 그런데 플로베르, 보들레르 등 1850년대의 절대예술가들은 청년 시절의 습작기에 귀족의 낭만주의 작품들을 모델로 삼았다. 인생의 실패를 인간의 위대성과 동일시한 귀족 낭만주의자들의 생각을 그들은 내재화했고, 따라서 문학을 하려면 인생에서 실패해야 한다는 미학적 규범을 세웠던 것이다. 시인은 저주 받았고, 따라서 저주 받으면 시인이듯이, 귀족은 실패한 인생이므로, 인생에서 실패하면 귀족성을 획득한다는 등식이 성립한다.

절대예술가들이 글을 쓰기 위해 기울인 탈부르주아화의 노력은 눈물겨운 것이었다. 조직적인 금욕의 습관을 들였고, 자기 계급의 관습, 의상, 사상 등 여하튼 부르주아적인 모든 것을 자기 내부에서 뽑아 버리려 애썼다. 그러나 실패도 기술적으로 해야 한다. 예컨대 파산이라든가 실직이라든가 하는 너무 현실적인 실패는 곤란하다. 이 세상에서 죽기 위해 진짜 죽을 필요는 없다. 예술을 위해 사회에 통합되지 않기 위해서는 현실과 적당히 통합되어 있어야 한다.

다시 말하면 미적 비통합은 적당한, 그러나 아주 현실적인 통합을 요구한다. (*L'Idiot III*, 176)

아름다움의 추구에만 몰두하기 위해서는 그것을 가능하게 해 주는 최소한의 경제적 기초가 있어야 한다는 말이다. 이 최소한의 통합이 있으면 예술가는 마치 돈을 무시하고 경멸하는 듯이 초연한 자세로 미의 추구에 정진할 수 있다. 여기에 순수예술가들의 위선과 희극성이 있다. 그들은 대부분 연금으로 살았고, 그것이 그들에게 여가와 부르주아적 생활을 가능케 해 주었다. 가장 부르주아적으로 살면서 부르주아를 극렬하게 비난하고 증오하는 것, 그것이 그들의 특징이었다.

한편 사랑의 실패는 전혀 유해하지 않고 확실한 것이었다. 나중에 환멸과 혐오를 발견하게 되리라는 것을 뻔히 알면서도 여자에게 어떤 영원성을 미리 상정해 놓는다. 그리고 거기에서 자기 불만에 대한 도피처를 구한다. 그것은 물론 실패할 수밖에 없다. 그들에 의해 신비화된 여성은 애초에 허상이었으니까. 이 완벽한 자기기만 속에서 체험되는 사랑의 실패는, 그들이 체질적으로 인간들과 관계를 맺기 어렵다는 불가능성의 증명이다. 사랑의 실패건 생활에서의 실패건 간에 여하튼 그들은 이 세상의 모든 것을 할 능력이 없다는 사실에서 자신의 계급 존재를 탈피하려 하고, 더 나아가 인류에서 빠져나가려 했다. 그러니까 타자(부르주아 또는 인류)를 공격하기 위해 직접 타자에게 이의를 제기하는 것이 아니라 자기 내부에 있는, 타자와의 공통점을 파괴함으로써 타자의 존재 근거에 도전하는 방식이다.

그들에게는 모든 것이 불가능했지만 단 하나 가능한 것이 있었으니, 그것은 예술작품을 만드는 일이었다. 그런데 이 예술작품에서 조차 그들은 실패해야만 했다. 왜냐하면 작품의 실패를 통해 문학이 그 불가능성을 노정할 때만 예술가로서의 소명이 확인되기 때문이다. 이것이 19세기 중반 문학 지망생의 이상한 운명이었다. 그들은 모든 것의 출발점을 실패로 잡았고, 실패에 모든 가치를 부여했기 때문이다. 현실에 불만을 갖고 있고, 자만심에 가득 차 있으며, 독서에 심취해 있고, 자신의 인생 전체와 자기 구원을 문학에 걸고 있는 젊은이에게 문학이 불가능하다는 것은 문학을 포기해야 한다는 것을 의미하지 않았다. 오히려 불가능하기 때문에 문학은 더욱 더 해 볼 만한 커다란 가치를 지니는 것이었다. 자신의 불가능성을 근본적 가능성으로 간주하는 필연성, 이것이야말로 집단신경증의 두드러진 특징이라고 사르트르는 말한다(*L'Idiot III*, 179).

작품의 실패는 언어의 물화(物化) 현상과 직결된다. 그들은 작품의 존재론적 견실성을 미에서만 찾았으므로, 작품은 독자와도 무관하고 작가와도 무관한, 완전히 독립적인 즉자로서 제시되었다. 글은 인간의 감정을 전달하는 수단이 아니라 그 자체가 비인간적인 기념비인 그러한 물체가 되었다. 사르트르는 이것을 헛되고 미친 처방이라고 표현했다.

> 그들이 해야 할 문학 안에는 이미 언어를 실체화하고, 그 실체화된 언어로 고독하고 비인간적인 기념비를 만들라는 헛되고 미친 명령이 들어 있는 것이다. (Ibid.)

그런데 언어에는 이런 능력이 없으므로 작품은 그 존재론적 견고성을 선험적으로 거부 당한다. 작품은 그 자체 안에 이미 실패의 원칙을 포함하고 있는 것이다. 순수예술의 작품이 선험적으로 실패를 담고 있는 것은 신의 죽음과 관계가 있다.

그들의 앞 세대인 낭만주의자들도 독자를 부정하고 완전히 독립적인 무상성의 작품을 만들어냈다. 그러나 그들은 신이 자기들 작품에 절대적 가치를 부여한다고 믿었다. 예술가의 숭고함은 신의 고갈되지 않는 숭고함에 기초를 두고 있었다. 낭만주의 예술가들은 작품을 깎고 다듬어 힘들게 만들어 내는 것이 아니라 단지 신의 영감을 받아서 쓸 뿐이다. 그러니까 그들은 오로지 '절대적 말과 절대적 시선 사이의 중개자(médiateur entre la Parole absolue et le Regard Absolu)'(182)일 뿐이고, 그들의 재능은 신의 선물(Don)이다.

그러나 자코뱅의 후예인 1850년대의 젊은 작가들에게 신은 더 이상 존재하지 않았다. 영감(inspiration)이니 재능(don)이니 하는 것은 이제 무의미한 말이 되었다. 그것을 뒷받침해 주는 전능자의 존재가 없어졌기 때문이다. 신이 선물처럼 내려 주었다는 재능의 개념은 이제 더 이상 필요없고, 육체적인 노동에 가까운 근면과 인내성이 요구되었다. 이것은 부르주아의 노동윤리와도 묘하게 맞아 떨어진다. 플로베르가 작가를 가리켜 '진짜 노동자(bon ouvrier)'라고 한 말을 상기할 필요가 있다.

그러나 순수예술가들은 부르주아 이데올로기를 거부하고 악착같이 부르주아 계급에서 빠져나오려고 애썼다. 여기에 그들의 비극과 모순이 있다. 신이 없으므로 그들의 작품을 보증해 주는 것은 독자, 즉 부르주아들이어야 하는데, 그들은 부르주아와의 단절을 최대의 정언적 명령으로 삼는다. 천부적 재능도 영감도 인정하지 않았으므로, 종전에 하늘의 선물로 여겨졌던 책은 그 자연적이고 신적인 성격을 잃었다. 책은 이제 작가의 노고가 새겨져 있는 하나의 제조품이 될 것이다. 그리고 부르주아 사회의 다른 모든 제조품이 그렇듯 책도 하나의 상품으로 간주될 것이다.

그런데 순수예술가들은 자신의 책이 제조된 상품으로 팔리기를 거부했다. 현실을 거부하기 위해 '자신의 비실재화와 세계의 탈실재화'라는 미적 태도 속에서 그들은 아무런 효용이 없는 순수 무상성의 언어적 물질을 만들어 내는 일에만 몰두했다. 언어를 의사소통의 수단으로 삼기는커녕 그것을 인간에게서 훔쳐 완전히 물질화하려 했다. 그들 자신의 말을 조립하여 사르트르는 다음과 같이 순수예술의 물질화 작업을 설명한다.

언어의 대리석을 깎고, 다듬고, 칠보를 만들고, 옥석에 돋을새김을 하고, 섬세한 '숙련공'처럼 금은 세공, 상감 세공에 매달린다. [⋯] 예술가가 장인이라면 [⋯]. (*L'Idiot III*, 184)

그러나 이렇게 피땀을 흘려 만들어 낸 섬세한 세공품은 완벽하게 쓸모없는 물건이다. 그러니까 그의 노동 역시 순수 무상의 행동(acte gratuit)일 수밖에 없는데, 그들은 이 무상의 행동 그 자체에 최대의 가치를 둔다. 이제 문학과 사회 사이에는 결코 뛰어넘을 수 없는 사물적 타성의 공백, 깊은 심연만이 있을 뿐, 작가는 완전히 고독에 갇혔다. 이들 집단신경증의 특징은 작품 속에 자기 개성을 넣지 않는 몰아성(沒我性, dépersonnalisation), 현실과의 단절(rupture avec le réel), 고독(solitude), 실체화된 언어(langage hypostasié), 인간혐오(misanthropie), 자기혐오(haine de soi), 실패의 행동(conduite d'échec), 불가능의 추구(quête de l'impossible) 등이다(199-200). 이것들이 모두 글을 쓰기 위한 불가결의 수단들이다.

이러한 실패증후군(syndrome échec)(206)은 왜 나타났던 것일까? 작가는 문학의 자율성(autonomie) 속에서 자신의 자유를 찾아야 하는데 오히려 문학으로부터 소외되었기 때문에 실패가 시작되었다고 사르트르는 말한다. 시대적인 요인도 물론 있다. 17, 18세기의 확고부동하게 정립되어 있던 문학적 규범이 부르주아가 귀족의 자리에 올라서는 지배계급의 변동과 함께 모두 해체되어, 새로운 규범의 정립이 필요하던 시기였다. 여기에는 작가들 자신의 문제도 있다. 독자가 요구하는 규범과 전혀 다른 모순적인 규범을 내세움으로써 독자를 잃었고, 따라서 예술의 근거를 비합리성에서 찾아야만 했다. 이러한 시기에 예술이 신경증 예술이 되는 것은 필연적이다.

작가가 문학의 자율성에서 자신의 자유를 찾기는커녕 오히려 거기에서 소외될 때, 작품 하나 쓸 때마다 글쓰기 자체가 문제로 여겨질 때, 작품을 만들 수 있는 가능성이 더 이상 외부로부터 얻어지는 것이 아닐 때, 그리고 현존하지 않는 독자와 모순적 미학 규범 앞에서 예술의 근거를 비합리성에서 찾지 않으면 안 될 때, 이러한 시기에 신경증의 특징들은 수단, 다시 말해서 문학을 계속하기 위한 수단이 된다. (200)

2. 문학의 자율성

사르트르는 독자와의 단절이 부르주아지와 문학의 자율성 사이의 갈등에서 생겨났다고 말한다.

> 부르주아 독자와의 단절―이것은 승리한 부르주아지와 문학의 자율성과의 갈등에서 생겨난 것인데―은 절대적 거부로 이어졌다. 즉 실재에 거역하는 것을 목표로 삼는 예술로 인도했다. (*L'Idiot III*, 196)

문학의 자율성이란 글자 그대로 문학이 그 누구, 그 어떤 것에도 속해 있지 않고, 아무것에도 봉사하지 않으며, 독립적이라는 뜻이다. 이 자율성을 극단으로 밀고 가면 모든 것을 부정하는 절대부정이 된다. 19세기 후반 순수예술가들의 신경증이 바로 그것이었다. 그들은 일체의 것을 부정하여, 결국에는 자기 작품, 자기 자신까지도 부정하게 된다. 그들의 자율성은 고공의식과 일치한다. 그들은, 무엇을 말하기 위해서는 그것과 아무런 관계가 없어야 한다는 객관성의 신화를 굳게 믿고 있었다. 인간이라는 자연을 말하기 위해서는 일체의 자연에서 벗어나야 하고, 아무 곳에도 뿌리를 내리지 말아야 했다. 아무런 편견이 없어야만 명석한 통찰력을 가질 수 있다고 생각했기 때문이다.

그러나 이것은 그 누구에게도 가능한 일이 아니다. 인간이면 누구나 자기 가정, 자기 일에 연관되어 있고, 이해(利害)에 의한 편견을 갖게 마련이다. 아무것과도 관련이 없는 순수한 인간이면서 정확한 감각과 판단을 가지려면 그것은 인간 이상, 즉 초인이어야 할 것이다. 사회에 대해서 말할 때도 마찬가지다. 사회 자체가 우리의 글이나 말에 영향을 주지 않기 위해서는 사회보다 높은 곳에 자리 잡고, 밖에서부터 사회를 들여다보아야 할 것이다.

1850년대 순수예술가들이 그러했다. 그들은 인간과 사회를 말하기 위해, 그것도 순수하게 객관적으로 말하기 위해서는, 계급을 초월하고 더 나아가 인류를 초월해야 한다고 생각했다. 그리고 자기 시대를 증언하기 위해서는 역사적 시간에서 빠져나와 초시간적 영원성 속에 있어야 한다고 생각했다. 그러니까 그들이 생각하는 자율성은 곧 초시간성이었다.

그들에게 자율성은 당연히 초시간성과 연관 지어진다. 자기 시대의 증인이 되기 위해 작가는 역사적 시간에서 빠져나와야 했다. (*L'Idiot III*, 85)

그러나 객관성이라는 것은 그렇게 믿을 만한 것일까? 순수한 객관성이 과연 존재할 수 있을까? 객관성을 근본적인 속성으로 갖고 있는 자연과학에서조차, 섬세한 기구를 사용하는 실험에서는 실험자의 조건이 실험 결과를 좌우한다. 하물며 자기가 속해 있는 계급, 사회, 시대를 다루면서, 단순히 자신이 거기서 빠져나왔다는 의식 하나만으로 순수하게 공정하고 객관적인 말을 할 수 있을까? 그들의 객관성 혹은 자율성은 아예 처음부터 허위의식일 수밖에 없다. 이들의 오해는 18세기 작가들의 자율성을 잘못 해석한 데서 비롯된다.

(1) 18세기: 행복한 계급문학의 시대

18세기 프랑스의 문학은 작가들이 문학의 자율성 쟁취를 위해 수백 가지 방법으로 투쟁한 역사였다. 17세기 이래 작가는 대부분 부르주아 출신이었고, 경제력이 비대해진 상승 부르주아지가 지배계급인 귀족의 지위를 위협하면서 두 계급 사이에 치열한 암투가 벌어지고 있었다. 지배계급의 이데올로기를 쳐부수고 그 허구성을 폭로하기 위한 비판의 도구는 분석이성(raison analytique)과 보편성이었다. 귀족의 특권에 대항하여 분석이성이 지배하는 사회를 만드는 것이 작가들의 목표였다. 이런 의미에서 데카르트는 근대 철학의 창시자일 뿐만 아니라, 부르주아 계급의 상승에도 커다란 초석을 놓은 철학자이다. 데카르트에게서 물려받은 분석이성과 보편성의 개념으로 부르주아 계급은 인간의 권리와 개인주의를 정립했고, 역사와 귀찮은 종교를 거부할 수 있었다. 따라서 분석이성과 보편성은 부정성(否定性, négativité)이라는 무서운 무기를 속에 감추고 있었던 것이다.

분석이성이 부정성으로 되는 과정은 다음과 같다. 데카르트가 자신의 직관과 연역을 통해 참이라고 증명되지 않은 것은 그 어느 것도 진리로 받아들일 수 없다고 선언했을 때, 이것은 이미 기존의 권위에 대한 크나큰 도전이었다. 그것은 당시 위세를 떨치고 있던 스콜라 철학의 권위에 도전하는 것일 뿐만 아니라 신학 교리와 역사적 기득권을 부정하는 결과를 낳았다. 한편 작고 단순한 것은 오류의 위험이 가장 적고 명증성을 구하기 쉬우므로 모든 문제를 최대한으로 잘게 세분하여 검토하라는 데카르트의 분석 이론 역시 부르주아 이데올로기의 중요한 근거가 되었다. 이것은 기계론(mécanisme)과 심리사회적 원자론(atomisme psychosocial)을 마련해 줌으로써, 계급이라는 개념 자체를 해체하고 사회 전체를 개인들의 통합체로 환원시켰다. 인간은 누구나 사회를 구성하는 하나의 원자에 불과하다면 봉건적 귀족계급이 특권을 가질 이유는 하나도 없었다. 귀족계급을 정조준하지도 않고 그저 분석이성이라는 원리를 제시했을 뿐인데 귀족의 특권적 존재는 저절로 그 기초가 와해되었다.

분석이성 외에 부르주아가 사용한 또 하나의 전투적 무기는 보편성이었다. 즉 모든 인간에게는 인류 공통의 보편적인 인간성이 들어 있다는 개념이다. 이 인간 자연(nature humaine)의 개념이야말로 분석이성과 함께 오늘날까지 수백 년간 부르주아 이데올로기를 지탱해 온 두 지주라 할 수 있다.

사르트르는 역사상 부르주아지의 인간성 개념이 세 번 바뀌었다고 말한다(*L'Idiot III*, 130).

우선 종교개혁 이전까지 부르주아들은 인간성을 보편적으로 악하다고 생각했다. 서민계급이었던 부르주아지는, 자신들의 인간성이 선하다고 주장하는 귀족에 대항하기 위해, 모든 인간은 악하다고 주장함으로써 '악 속에서 평등(égalité dans le Mal)'을 선언했다. 아무런 희망도 없이 억압을 받으며 살고 있던 그들은 인간성의 개념을 무기로 하여 혈통의 우수성과 봉건적 특권을 부정했던 것이다.

18세기에 이르러 부르주아지의 승리가 거의 확실해지자 부르주아들은 이번에는 '건강한 야만인'을 제시함으로써(루소의 『인간 불평등 기원론』을 상기하기 바란다) 귀족의 인종주의를 거부했다. 인간은 귀족이건 평민이건 간에 누구나 공통적으로 선한 인간성을 공유하고 있다는 것이다. 이번에는 '선 속에서 만인의 평등(égalité de tous dans le Bien)'인 셈이다.

대혁명 후 실질적인 지배계급이 되어 권력을 잡았을 때 부르주아의 인간성의 개념은 다시 성악설로 되돌아간다. 19세기 한 세기 동안 몇 번에 걸친 혁명과 반동, 학살과 쿠데타를 거치며 부르주아지는 강제로 질서를 잡았는데, 모든 사람이 악하다고 주장하지 않는 한 이 강제적 질서를 정당화할 방법이 없었기 때문이다.

여하튼 인간성의 개념이 사상 처음으로 강력한 전투적 무기가 된 것은 18세기부터였다. 문학은 '인간이 근본적으로 선하다'는 개념을 움켜잡고, 그것을 부정의 무기로 사용했다. 만일 모든 사람이 비숫하게 순수하다면, 그리고 최초에는 비슷하게 선했다면, 특권은 결코 혈통의 우월성으로 합리화될 수 없다. 귀족주의를 옹호하는 일부 문필가에 대항하여 문학은 인간의 원초적 순수성을 긍정함으로써, 사회가 유일하게 인간 불평등에 책임이 있다는 것을 밝혀냈다.

문학은 이와 같은 인간성의 개념을 법률가의 자연법 개념에서 빌려 왔다. 원래 로마법에서 차용해 왔지만 16세기 이래 유럽에 풍미한 자연법 사상은 그 자체가 특권 계급의 자의성(恣意性)에 제동을 거는 부르주아 계급의 무서운 무기였다. 왜냐하면 자연법 사상은 다음과 같은 이념을 갖고 있기 때문이다. 즉 '사람들은 날 때부터 평등하다. 자연은 인간의 모든 능력을 평등하게 만들었다', '인간에게는 살아가기 위해서 자유로이 행동할 권리가 있다', '자연의 권리란 각자가 그 자신의 자연, 즉 그 자신의 생명을 유지하기 위하여 자신이 바라는 대로 그 자신의 힘을 사용할 수 있는 자유이다.'

18세기의 문학은 자연 속 인간, 혹은 사회 속 인간만을 주제로 삼았다. 외견상 관조적이고 긍정적인 이 주제는 그러나 종교적 도그마, 귀족계급의 특권, 절대권력에 대한 정치적 투쟁을 감추고 있었다. 인간의 자연권을 주장하는 것은 역으로 자연권에서 나오지 않은 모든 권리를 부정하는 것이기 때문이다.

18세기에 인간의 보편성은 부정성 위에 자리 잡고 있었다. 왜냐하면 그 첫 번째 기능이 인간성에서 직접 나오지 않는 모든 권리의 조직적인 파괴였기 때문이다. (*L'Idiot III*, 239)

그들이 묘사하는 보편적 인간은 다름 아닌 부르주아였다. 다시 말해서 1750년대 부르주아지가 생각하는 모습의 인간상이었다. '인간은 이러하다' 또는 '인간은 이러해야 한다'라고 제시한 상이 부르주아의 모습일 때 그것은 그것 자체만으로도 귀족에 대한 부정이 될 것이다. 이 보편적 인간의 개념은 상업자본주의 사회에서 경제권을 장악하고 있던 부르주아들이 정치권력까지 장악하고 싶어 하던 시기에 세워 놓은 여러 이데올로기적 지주 중의 하나였다. 그러니까 가장 보편적으로 보이는 인간 개념은 부정의 개념이며, 따라서 계급적인 개념이었다.

특권에 대한 전투의 무기였던 '인간성'은 사실은 부정의 개념이었다. 그리고 또 계급적인 개념이었다. (70)

부르주아들은 특권 계급인 귀족을 제외한 자신들이 보편 계급이라고 자처했고, 이 계급의 문필가들은 인간의 보편성 즉 인류 전체에 봉사한다고 생각하면서 사실은 계급문학을 했으며, 자기 계급의 이해에 봉사했다. 사실 르네상스 이래 근대 사회에서 작가와 언론이 표현의 자유를 요구할 때 그것은 언제나, 추상적인 자유가 아니라 어느 특정 사회계층 또는 계급의 구체적 요구였다. 오늘날까지도 부르주아를 인간 일반과 혼동하는 부르주아들의 태도는 18세기의 이 인간성 개념에서 비롯된 것이라고 사르트르는 말한다.

이처럼 부르주아 문필가들이 사실은 계급문학을 하면서 겉으로는 보편성의 대의명분을 내세운 것은 그 시대의 특수한 정치상황 때문이었다. 귀족계급의 일부 지식인들은 왕조가 밑에서부터 허물어져 가고 있으며 곧 붕괴할 것이라는 예감을 갖고 있었다. 부르주아 문필가들에 대한 잦은 추방과 검열, 서적 압수 등은 지배계급의 이와 같은 자신감 결여를 보여 주는 것이다. 그람시(Gramsci)적 의미의 헤게모니의 위기가 온 것이다. 그러나 지배계급의 권한은 아직도 막강했고, 교회와 세속 권력에 대한 직접 공격은 절대적으로 금지되어 있었으며, 새 이데올로기가 봉건 이데올로기를 대체하는 일은 일어나지 않았다.

그 시대에 신학 교리와 절대권력의 원칙을 문제 삼는다는 것은 죽음을 초래할 만한 모험이었다. 따라서 작가들은 그 권력과 원칙들을 간접적으로, 우회적으로, 얼핏 보아서는 잘 모르게, 그러나 알 사람은 다 알 수 있도록, 그렇게 비판하는 수밖에 없었다. 이것이 바로 그들이 요구한 문학의 자율성이었다. 그들은, 작가란 일반적 인간들의 성격에서 도출되는 인간의 보편성을 규정해야 한다고 믿었다. 그리고 문학의 기능은 인간과 세계에 대한 보편적 인간의 순수한 사상을 드러내 보여 주는 것이라고 정의했다. 그러니까 문학의 자율성을 요구하면서 이제 문학은 그 어느 편, 그 어떤 도그마에도 봉사하거나 예속되기를 원치 않았다.

그러나 도그마와 이데올로기에서 해방되었다고 믿는 순간 실상 그들은 부르주아의 이데올로기를 충실하게 그려 내고 있었다. 다만 부르주아와 귀족을 적나라하게 대립시키는 것에는 큰 위험이 따르므로 단순히 인간성과 사회를 대립시켰을 뿐이다. 따라서 루소처럼 모든 형태의 사회를 비난하거나, 볼테르처럼 근대 사회의 부조리성을 보여 주기 위해 다른 유성에서 온 초인 미크로메가스(Micromégas)를 창조해 내기도 했다. 이것이 그들의 교활함이었다. 그러나 그들은 그것을 의식하지는 못했다. 그들을 지지해 주고, 또 그들을 대변인으로 간주하는 계급(부르주아)에 속해 있고, 또 그 계급의 이해에 봉사하면서도 자신은 인류의 대변자로 자처했기 때문이다. 이것은 어쩔 수 없는 일이었다. 아직 막강한 힘을 휘두르는 절대권력에 대항하여 싸우기 위해서는 부정적인 이데올로기가 필요했고, 문학과 부정성에 의해서만 부르주아 이데올로기에 봉사할 수 있었기 때문이다.

이제 작가는 자신이 그 어떤 사회계층으로도 분류될 수 없고, 아무런 계급적 특징도 갖고 있지 않으며, 그저 단지 모든 계급을 초월하여 인간성을 증언하는 사람이라고 생각했다(*L'Idiot III*, 78). 다시 말하면 계급을 벗어나(hors classe) '순수하게 인류를 대표하는 사람(le représentant de l'espèce humaine dans sa pureté)'으로 자처한 것이다. 여기서 나중에 19세기 작가들의 좌우명이 되는 탈계급 현상이 일어난다. 문필가로서 명성을 얻기만 하면 대귀족들은 그들을 불러 함께 식사했고, 기꺼이 후견인이 되기도 했다. 볼테르나 디드로(Diderot)쯤 되면 러시아의 예카테리나(Ekaterina II) 여제나 오스트리아의 프리드리히(Friedrich II) 왕 등 유럽 각국의 군주들이 말벗으로 삼기 위해 온갖 향응과 호의를 베풀었다. 자기 형제나 사촌이 아직 가난한 시골 의사나 공증인을 하고 있을 때 호화스러운 궁정에서 왕과 식사를 함께 하며 동등하게 대화를 나눈다는 것은 분명한 자기 계급 탈피이다.

그러나 그들은 과연 자기 계급을 탈피하여 왕 또는 귀족과 같은 신분으로 되었을까? 아버지도 부르주아이고, 자신도 부르주아이며, 생활도 부르주아적인 18세기의 작가들은 철두철미 자기 계급의 대변자였다. 그러나 바로 이 부르주아 계급의 대변자라는 이유 때문에 그들은 귀족 개혁주의자들의 총애를 받았다. 귀족의 몰락을 예감하고 있던 이들은, 영국에서처럼 부르주아 엘리트의 참여를 허용하면서도 자신들의 특권을 보전할 수 있는 체제의 도래를 은근히 원하고 있었다. 따라서 부르주아 엘리트를 특별하게 대우하기는 했지만 그들을 정식으로 귀족으로 만들 생각은 추호도 없었다. 그들에게 다정하게 대해 주다가도 어느 때는 그들을 가혹하게 위험에 방치하곤 했다. 로앙의 기사가 볼테르에게 태형을 가했을 때 그의 귀족 친구들이 보였던 변덕스러운 태도가 그것을 잘 보여 준다.

군주가 보여 준 호의의 의미도 분명했다. 군주들에게 작가는 우선 홍보 요원으로서의 가치를 지녔다. 볼테르는 예카테리나 여제의 몇몇 암살 사건을 감추고, 전 유럽이 놀라는 가운데 그녀를 '북국의 세미라미스(Sémiramis du Nord)'[36]로 명명했다. 두 번째로 작가는 군주를 즐겁게 해 주는 말상대였다. 더 정확히 말하면 가끔 더불어 과학

---

36 세미라미스는 전설 속 고대 아시리아의 여왕으로, 바빌론 성을 쌓고 유명한 공중정원을 지었다고 전한다.

과 예술을 이야기할 수 있는 낮은 계급의 친구였다.

부르주아 작가들은 자신들의 주요 목표가 특권을 파괴하는 것, 따라서 귀족계급의 밑바닥부터 잠식해 들어가는 것이라는 사실을 모르지 않으면서도 일부의 특권 가문, 또는 궁정에 출입이 허용된 것에 크게 감동했다. 이런 교류가 그의 명성에 대한 꿈을 더욱 손쉽게 실현시켜 준 것도 사실이다. 사상과 행동의 이러한 이율배반을 그들은 보편적 인간성이라는 자기기만의 개념으로 합리화했다. 즉, 자신들을 보호해 주는 귀족이나 군주의 인간성을 좋아하지만, 이들의 계급의식이나 그 의식에서 유래하는 어리석음은 경멸한다고 주장하는 따위가 그것이었다.

그러나 18세기에는 작가와 독자의 분리가 아직 일어나지 않았다. 독자 쪽의 사정도 그러했고, 작가 쪽에서도 분리를 원치 않았기 때문이다.

우선 일반 부르주아들은 그들의 엘리트인 작가들이 계급의 이해를 배반하고 귀족계급에 밀착해 있는 것에 전혀 불쾌감을 느끼지 않았다. 그들은 아직 제도와 특권에 대한 존경심을 갖고 있었으며, 귀족의 호사스러움과 덕성에서 위엄을 보았고, 따라서 고귀하고 위엄에 넘치는 귀족들을 매우 자랑스럽게 생각했다. 사르트르는, 최소한 루이 16세 즉위 때까지는 부르주아와 귀족 간의 투쟁이 '계급 대 계급'의 양상을 띠지 않았다고 말한다. 부르주아지 전체는 왕정 체제를 받아들였고 그것을 요구하기까지 했다. 귀족과의 갈등은, 왕정 체제를 전복하려 하기보다는 왕 밑에서 자기들이 정치적 계급이 되기 위한 싸움에서 비롯되었다. 다시 말해서 귀족의 영향력을 부르주아의 영향력으로 대체하려는 기도였다. 부르주아지는 자신들을 보호해 줄 어떤 엄호물이 필요했으며, 그것이 왕정이었다. 공화국을 수립한다는 생각은 꿈에도 하지 않았다. 따라서 특권 계급에 밀착한 부르주아 작가들이 그들에게는 전혀 배신으로 보이지 않았다.

한편 작가들도 자기 계급을 배척하지 않았다. 물론 그들은 비천한 자기 주위 사람들보다는 귀족이나 왕들, 그리고 더 자주 자기들끼리만 교류했다. 그리고 문학은, 계급적 인간이 아니라 보편적이며 불변인 것으로 간주되는 인간성에 대해서만 쓴다고 주장했다. 그들은 귀족과 부르주아를 선명하게 대립시키기보다는, 순수한 상태의 인간성과 사회에 의한 악마적 탈선만을 대립시켜 보여 주었다. 순수한 인간성은 모든 인간에게서 찾아볼 수 있고 모든 인간에게 고루 나뉘어 있는 가장 보편적인 것인데, 불평등에 기초한 사회가 이들 순수한 인간들을 타락시켰다는 것이 그들의 논지였다.

그러나 루소를 포함한 그들 모두가 귀족들 집에 드나들면서 자신이 엘리트의 일원이라고 믿기는 했어도, 자신이 자기 동류의 한가운데에 살고 있으며 그들과 똑같은 위험에 처해 있다는 사실을 한 번도 잊지 않았다. 『고백록』에서 루소는 '나의 동류, 나의 형제(mon semblable, mon frère)'들을 향해 고백했으며, 볼테르는 『어수룩한 사람(Ingénu)』이나 『순진한 사람(Candide)』에서 평범한 보통 사람을 주인공으로 등장시켰는데, 그것은 역사의 온갖 파도에 이리 휩쓸리고 저리 휩쓸리는, 힘없고 교양 없고 단지 상식만을 소유하고 있는 사회계층의 제일 밑바닥 사람들이었다.

볼테르나 루소가 독자와 분리될 수 없었던 중요한 이유 중 하나는 그들이 소통(communication)을 문학의 본질로 생각하고 있었기 때문이다. 그들의 명성이나 작품의 내적 긴장과 아름다움, 그리고 그들의 사회적 특권은 모두 이 언어의 소통 능력에 기인했다. 비록 그들이 언어에 고도의 표현성과 순수성을 주기 위해 글을 다듬는 과정에서 순수한 미적 즐거움을 느꼈다 하더라도, 여하튼 그들이 만들어 낸 문장은 독자에게 보이기 위한 것이었다. 그들의 글은 우선 다른 사람들에게 이해되기 위해서 쓰여졌다. 한편으로는 귀족을 동요시키기 위해 귀족을 향해 말했고, 또 한편으로는 그들이 인류 일반과 혼동한, 특권 없는 거대한 부르주아 독자층을 겨냥했다. 따라서 그들이 사용한 말의 강한 힘은 수많은 독자들에서부터 나왔고, 그들이 그토록 얻기를 원했던 명예도 오로지 글의 소통 능력에서만 올 수 있었다. 자기 계급의 이해(利害)에 아무런 죄의식 없이 봉사할 수 있었던, 그리고 작가와 독자의 계급적 이해가 완전히 일치할 수 있었던 18세기의 작가야말로 역사상 가장 행복한 시기의 작가라고 사르트르는 말한다.

(2) 19세기: 오해에서 비롯된 절대부정

19세기 중반에 이르러 사상 처음으로 작가와 독자의 분리가 시작된다. 18세기 문학의 자율성은 부정성이며 계급적이었는데, 19세기 작가들의 눈에는 그것의 계급적인 성격이 은폐되고 부정성만이 두드러지게 보였다. 19세기의 젊은 작가들은 이 부정성을 자신의 문학적 임무로 채택했다.

그런데 불행한 일은 19세기의 부정성이 그 의미와 목적을 잃었다는 점이다. 18세기의 부정성은 역사에서 생겨난 특권에 대항하여, 그리고 역사 자체에 대항하여 싸우기 위해 부르주아 계급의 실질적 사상의 무기인 분석이성을 작동시키는 수단이었다. 그러나 19세기에 와서 부르주아는 권력을 잡았다. 아직 왕이나 황제 같은 엄폐물을 앞에 내세우기는 했어도, 그들은 실질적인 지배계급이었다. 그렇다면 누구를 부정할 것인가? 부정할 대상이 없으면서 그러나 부정은 해야 할 때, 부정은 절대적 부정성(négativité absolue)이 된다. 독자와 작가 자신까지도 포함하는 모든 것의 부정이 그것이다. 18세기의 문학적 당위였던 자율성과 탈계급이 19세기 작가들에게 오해로 받아들여진 데 그 원인이 있었다.

18세기에 자율성과 탈계급은 결과였는데, 19세기의 젊은 작가들은 회고적으로 돌아보며 그것을 출발점으로 생각했다. 그것이 오해였다. 18세기의 작가들은 불확실한 싸움, 계속되는 패배, 항상 다시 반박되는 불안한 승리를 거듭하면서 궁여지책으로 문학의 자율성을 들고 나왔고 결국 자신의 계급에서 벗어나는 탈계급을 하게 되었다. 그런데 19세기에 와서 그것은 종착점, 즉 왕권의 전복에서부터 조명이 비추어졌다.

왕과 귀족들은 한갓 종이 찰흙으로 만들어진 호랑이로 보이고,

반대로 작가는 아무리 투옥되고 영국으로 추방되었어도, 회고적 환상도 덧붙여져서 이미 미래의 승리를 떠맡은 영웅으로 보였다. 작가는 보통 인간들보다 우월한 사람이고, 왕들의 호의는 작가를 부르주아 계급에서 빼내 주는 수단이었다. 작가들은 호기롭게 귀족적 특권의 부당성을 적나라하게 폭로했고, 이 거만한 계급을 파멸시켰다. 따라서 그들에게 자율성은 하나의 위험한 도박으로 보이기는커녕 고공의식의 전제조건으로 여겨졌다. 1850년대의 젊은 작가들은 18세기의 모든 창조물 중에서 볼테르의 미크로메가스만을 선택적으로 받아들였다. 즉, 자신들은 이 땅에서 태어나지 않았고, 별과 별 사이를 여행하고 다니는 사람들이라고 생각한 것이다.

이 왜곡된 문학의 자율성은 언어의 소통 불능성(incommunicabilité), 독립성, 물질성으로 이어진다. 부르주아가 완전한 승리를 거두었으므로 이제 독자층은 단 하나, 부르주아지뿐이었다. 따라서 작가는 자신의 자율성을 포기하고 계급 이데올로기에 봉사하지 않는 한 부르주아에게 아무런 할 말이 없게 되었다. 이 상황에서 새로운 세대의 거부는 분명해졌다. '읽히지 않기 위해 글을 써야 한다.'

이러한 결정은 여러 가지 형태를 띤다. 처음에는 아예 책을 출판하지 않으려는 거친 의지로 나타난다. 보들레르를 비롯한 그 시대의 수많은 작가들은 자기 작품이 읽혔으면 하는 욕망과 독자를 갖지 않겠다는 모순적 의지 사이에서 갈등을 느꼈다.

다음에는, 작품을 출판은 하되, 문장을 모호하게 써서 의미를 숨김으로써 자격 없는 독자들을 차단하는 것이다. 플로베르에서부터 마지막 상징주의자에 이르기까지 분명한 공통점은 "예술가는 다른 예술가에 의해 읽히는 것만을 수락한다(l'Artiste n'accepte d'être lu que par les autres artistes)"(*L'Idiot III*, 99)는 것이었다. 그러면 그들은 과연 다른 작가들을 위해 글을 썼는가? 그렇지도 않았다. 그 자체로 소통 불능의 물체가 되고 만 작품을 다른 작가들이라 해서 무슨 재주로 이해할 수 있겠는가(Ibid.).

백 년 전에 언어는 생각을 온갖 뉘앙스로 피력하는 완벽한 도구였다. 그런데 이제 부르주아가 승리하게 되자 작가들은 언어의 의사소통 능력 자체를 문제 삼게 되었다. 작가와 독자 사이에는 공통의 언어가 없어졌다. 그 이유는 자율적 작가의 입장과 공리적 부르주아의 입장이 서로 융화될 수 없었기 때문이다. 작가들은 담론(discours)으로서의 언어가 모든 것을 전달하기에는 부적당하다고 결정하고, 새로운 문학은 이 불완전한 도구를 꺾어 버려야 한다고 생각했다. 즉, 문학은 암시적이어야 했다.

언어의 의사소통 능력을 믿었던 시대에는 작품은 글로 쓰인 말(parole écrite)이었다. 다시 말해 사람들 사이에서 편안하게 나누는 말을 단지 글로 옮겨 놓은 것이 문학적 텍스트라는 것이다. 그러나 독자를 거부하는 시대에는 침묵이 말만큼이나 중요하게 된다. 언어는 소통 불능이고 독자는 별로 중요하지 않게 여겨질 때 언어는 마치 성스러운 물건과 같아진다. 독자는 마치 성물을 만지듯 그것을 만지면서 특별한 은혜를 전달 받거나, 아니면 아무런 감흥 없이 그저 경탄의 눈으로 바라보거나 할 뿐이다.

문학이란 작가와 독자 사이의 상호성의 관계인데, 이제 문학은 더 이상 상호적이 아닌, 작가의 순수한 산물로서 존재하게 되었다. 이러한 개념은 언어에 일정한 실체성(substance)을 부여할 때만 가능하다. 실체성이란 손으로 만질 수 있는 사물이라는 뜻이다. 언어를 투명한 매개적 기호로 생각하지 않을 때, 즉 말하는 사람과 말을 듣는 사람으로부터 그것이 독립되어 있다고 간주할 때 언어는 실체가 된다. 19세기 낭만주의 후기 작가들에게 있어서 언어는 그 구체적 충만성 속에서 청각적, 시각적 아름다움을 가진 하나의 사물이었다.

언어가 아름답다는 것은 그 자체로 언어가 물질성으로 여겨진다는 뜻이다. 예컨대 행사장 장소를 알리는 순전한 기호인 화살표를 보고 우리는 아름답다, 어떻다 하는 말을 하지 않는다. 기호는 미적 판단의 대상이 아니다. 만일 특이한 모양의 화살표여서 그 앞에서 누군가가 "아름다운 화살표로구나!"라고 말한다면 그는 그 화살표를 더 이상 기호로 보는 것이 아니라 그 자체의 사물로 보는 것이다.

낭만주의 후기 작가들은 자신들을 '절대' 속에서 작업하는 조물주로 생각했다. 일단 작품이 만들어지면 그것을 출판하건 않건 간에, 또 사람들이 그것을 읽건 않건 간에, 그것 자체로서 남았다. 작품은 그것 자체로 완벽한 물건이므로, 그것은 자신을 만들어 낸 창조주, 즉 작가에 대항하여 적대적인 자세를 취하기 마련이다. 이때 작가는 작품을 만들어 내기 위해 필요한 수단일 뿐, 일단 작품이 만들어지면 자기 작품 앞에서 스스로 사라져 버렸다. 이 주제가 19세기 후반기 작가들 사이에서 유행했다. 하기는, 반드시 독자를 거부해서만이 아니라, 물질성은 언어 자체의 속성이기는 하다. 사르트르는 그것을 '기표의 물질성(chosisme du signifiant)'(L'Idiot III, 100)이라고 불렀다.

18세기의 작가들도 문학의 자율성을 예술의 속성으로 규정하고 요구했지만, 그것은 비판의 교두보를 마련하기 위한 것이었으므로 사회적인 기능의 의미가 있었다. 그리고 아직 부정성을 주무기로 삼을 수밖에 없는 상승 계급으로부터 정치적인 지지도 받았다. 그러한 자율성이 19세기에도 다시 확인되었으나, 부르주아지의 승리와 그에 따른 작가와 독자 사이의 분리에 의해 이것은 새로운 의미를 갖게 되었다. 19세기의 문학은 어디에도 봉사하기를 거부했고, 작품 자체가 작품의 목표가 되었으며, 따라서 독자와 작가가 다 없어진 텅 빈 사막에서 작품만이 고독하게 자리를 지키게 되었다.

자율성이 무엇으로부터의 자율성이라는 구체적 대상을 잃었듯이, 탈계급도 그 구체적인 목표를 잃었다. 부르주아가 실질적인 지배계급이 되었으므로 더 이상 작가들을 부르주아 계급에서 빼내줄 왕이나 귀족은 없었다. 물론 아직도 왕정이나 제정이어서 정치적으로는 귀족계급이 있었지만, 완전히 몰락하여 이름만 남은 이 계급은 부르주아 작가들이 자기 계급에서 이탈하는 것을 도와줄 여력이 전혀 없었다. 탈계급의 실제적인 지주를 찾지 못한 젊은 부르주아들은 문학의 자율성을, 관념적 탈계급(L'Idiot III, 106) 또는 실패의 행동에서 구할 수밖에 없었다. 부정성을 다시 발견해야 했으나 그것이 불가능함을 알았고, 스스로 원했건 아니건 간에 독자와의 소통은 거부되었다. 독자를 경멸했지만 동시에 그 독자 속에서 명성을 얻고 싶다는 은밀한 욕망을 갖고 있었고, 자신들이 경멸해 마지않는 부르주아적 작품을 쓰지 않기 위해서는 역설적으로 반드시 부르주아적 생활이 필요했다. 이것이 19세기 말 부르주아 작가들의 모순이었다. 이 모순들의 밑바닥에는 상층 계급의 사라짐이라는 가장 주요한 모순이 깔려 있었던 것이다.

3. 낭만주의와의 관계

1850년대의 젊은 작가들이 자기 출신계급인 부르주아지를 경멸하고, 그 계급에서 탈피하려 기를 쓰고, 귀족을 한없이 선망한 것은 낭만주의의 영향 때문이라고 사르트르는 말한다. 그러나 이에 대한 비판도 만만치 않다.

사르트르의 가설은 낭만주의가 귀족의 것이라는 데서 출발한다. 그가 예로 든 귀족적 낭만주의 작가는 샤토브리앙(Chateaubriand), 비니(Vigny), 뮈세(Musset) 등이다. 낭만주의 문학의 시작을 귀족계급이 담당했다는 것은 많은 것을 의미한다. 사르트르에 의하면 위고(Hugo)의 연극 〈에르나니(Hernani)〉의 승리는 낭만주의의 승리라는 문학사적 의미 외에, 17세기 이래 부르주아의 손에 있던 펜을 귀족이 빼앗아 왔다는 정치적인 의미가 있다.

17세기의 코르네이유(Corneille), 라신, 몰리에르(Molière) 이래 18세기의 루소, 볼테르, 디드로에 이르기까지 문필은 부르주아의 것이었다. 루소, 볼테르 등에 의해 구체제는 붕괴하고 부르주아지가 지배계급으로 부상했다. 그런데 스러지는 낙조처럼 몰락해 가는 계급의 한가운데서 낭만주의 문학이 시작되었다. 모든 보편성의 질곡에서부터 개인을 해방시키고, 자아에 특별한 가치를 부여하고, 개인의 주관적 감정을 자유롭게 분출시키고, 파격적인 것, 새로운 것, 덧없는 것, 소멸하는 것, 생성적인 것, 특별한 것 등을 소중히 여기며 관습과 순응주의에 반기를 들고 나선 낭만주의는 곧 유럽 전역을 휩쓰는 강력한 문예 사조가 되었다.

아직까지 많은 독자를 갖고 있던 17세기의 고전 비극도 그 저자들이 부르주아 작가들이라는 점 때문에 비판의 대상이 되었다. 낭만주의의 이 엄청난 위력 앞에서 1840년대에 문학 수업을 하던 젊은 부르주아들은 심한 좌절감에 빠져들었다. 귀족이 부르주아에게서 쓸 권리를 빼앗았다는 것은 무슨 정치적 포고령에 의해서가 아니라 단지 부르주아의 손이 도저히 미치지 않는 작품을 통해서였다. 그 작품들은 신귀족적 이데올로기를 표현하고 있었고 작품의 구조 속에까지도 귀족의 고귀함이 스며들어 있었다. 시인의 근본적인 덕성은 고결성(générosité)인데, 서양 역사에서 고결성은 군인의 덕성이고, 따라서 귀족의 것이었다. 귀족의 유일한 덕성은 왕에 대한 신하의 충성심, 영주에 대한 가신의 무조건적인 헌신이기 때문이다. 이해타산을 초월한 이 무조건적인 희생은 부르주아의 공리주의와는 정반대되는 개념이었다. 시인의 근본적인 자질이 고결성이라는 것을 문학이 암암리에 표시했을 때, 이제 문학은 귀족계급의 자연스러운 활동이 되었다. 부르주아는 결코 귀족을 흉내 낼 수 없고, 또 귀족계급이 아니면 아무도 글을 쓸 수 없었다. 따라서 문학과 부르주아는 모순적인 개념이고 "부르주아 문학이라는 관념 자체가 통째로 난센스였다(Du coup l'idée même de littérature bourgeoise est un non-sens)"(*L'Idiot III*, 110).

1840년대에 문학 수업을 하던 공증인의 아들, 또는 의사의 아들들은 처연하게 아름다운 낭만주의 작품들을 읽으며 거기서 뭔지 모를 반감과 자신이 영원히 제외되었다는 느낌을 느꼈다. 문제는 혈통이었다. 귀족으로 태어나지 않는 한 결코 쓰지 못할 작품 앞에서 부르주아 청년들이 절망감을 느끼는 것은 너무나 당연하다. 사르트르는 "너는 귀족이 아니므로 결코 쓰지 못할 것이다(Tu n'écriras point puisque tu n'est pas aristocratique)"(112)라는 금지가 그 시대 부르주아 문학청년들에게 제시된 객관정신이었다고 했다.

이제 부르주아들은 자기 몸속에 있는 부르주아의 심장을 꺼내 버리지 않는 한 문학을 한다는 것이 영원히 불가능한 일인 것처럼 보였다. 19세기 작가들의 계급 이탈 욕구는 이와 같은 귀족에 대한 선망에서 비롯되었다. 이 선망으로부터 부르주아에 대한 귀족의 경멸을 자기 것으로 내재화하기에 이르렀다. 그들은 자신의 출생과 가족, 계급까지를 내동댕이쳐 버리고 이제는 자기 자신만을, 또는 예술만을 대표하는 사람으로 자처했다. 그들은 자신들이 새로운 귀족계급임을 선포했는데, 그것은 출생에 근원을 둔 것이 아니라 새로운 문학의 개념에 근거한 것이었다. 그들은 귀족이 되기 위해 부르주아 이데올로기를 조직적으로 거부하면서 귀족의 원칙을 채택했는데, 귀족의 원칙들은 고결성, 봉건적 충성심, 천부의 재능, 경멸적인 고독, 금욕주의 등이었다.

그들이 18세기로부터 물려받은 문학적 명령은 "글을 쓰고 싶으면 너의 계급으로부터 벗어나라(déclasse-toi si tu veux écrire)"(*L'Idiot III*, 111)라는 것인데, 여기에 "너는 귀족이 아니므로 글을 쓰지 못할 것이다"라는 새로운 금지가 합쳐져 만들어진 것이 계급 이탈로서의 고공의식이었다. 18세기 부르주아 작가들도 고공의식을 갖고 있었고 귀족의 낭만주의자들 역시 그랬지만, 두 경우 모두 그들의 고공의식은 자기 계급에 의해 떠받쳐졌었다. 그런데, 마치 귀족이 되기 위해서는 순수예술에 의해 자신의 성질에서 벗어나는 길밖에 없다는 듯이 부정을 극단으로 몰고 간 19세기의 순수예술가들에게 고공의식은 한 계급 또는 적어도 한 사회계층의 밑받침이 없는 선험적인 문학 요건이 되었다. 이제 부정은 더 이상 대상에 대한 외적 시각이 아니라, 불만에 가득 찬 젊은이가 자기들을 배출하고 떠받쳐 주는 한 계급에서 벗어나기 위해 기울이는 주관적인 노력이 되었다.

부르주아 작가들의 '실패의 행동'도 귀족 작가들로부터 부지불식간에 물려받은 문학 원칙이었다. 귀족 작가들은 1815년부터 표면화되기 시작한 두 적대 세력 간의 싸움에서 장기적으로 보아 승리는 부르주아에게 돌아갈 것을 잘 알고 있었다. 그들은 슬프지만 자기 계급의 무능과 어리석음을 인정하지 않을 도리가 없었다. 패배할 것이 빤한 싸움 속에서 마치 석양이 기울듯 점점 기울어져 가는 자신의 계급을 바라보며 그들은 무한한 슬픔과 씁쓸한 좌절감을 느꼈을 것이다. 그 좌절감을 그들은 문학의 실체로서 작품 속에 구현했다. 그들이 즐겨 그리던 사랑의 실패는, 몰락해 가는 계급에 대한 충성심과 이 계급의 속성인 도덕적 고귀함을 상징한다.

고뇌유익주의(dolorisme)도 중요한 역할을 한다. 고통은 우리 인간을 범상(凡常)의 위로 고양하므로, 그것은 인간을 위대하게 만든다는 것이다. 귀족의 위대함은 권력이나 부에 있는 것이 아니라 왕이나 영주 등에 대한 무조건적인 희생에 있다. 이 무조건적인 희생정신은 이윤과 계산에 근거한 부르주아 이데올로기와는 전혀 다른 것이다. 이 고귀한 귀족 정신은 부르주아가 지배하는 공리주의의 세계에 적응하지 못하고 실패할 수밖에 없다. 귀족 작가들이 실패의 행동을 문학 원칙으로 삼은 이유가 여기에 있었다.

낭만주의자들은 자신들의 시가 아무데도 쓸데없다고 말함으로써 예술을 위한 예술 개념을 준비했는데, 이것 역시 부르주아적 공리주의에 대한 반감의 표시였다. 그러나 그들도 실패의 행동에서 '지는 자가 이기리라'의 도식을 끌어냈다. 그것은 영감(inspiration) 개념을 통해서였다. 낭만주의의 예술관은 영감이 예술의 기초이며, 시인은 신권(droit divin)을 받은 자라는 것이었다. 정신의 착란 속에서 작품을 마구 써 내기도 하고, 미친 듯한 밤이 지난 후 밤에 일어난 일을 아침에 쓰기도 하는 등, 한마디로 예술은 영감을 받아서 이루어지는 것이라고 그들은 생각했다. 영감이란 선택된 인간의 귀에 대고 말해 주는 신의 목소리, 바로 그것이다. 반(反)부르주아 문학에서는 모든 것이 선물이었다('don'은 선물과 재능을 동시에 뜻한다). 작가는 이 선물을 가지고 걸작을 만든다. 따라서 그의 실패는 보상을 받았다(l'échec récompensé)(L'Idiot III, 126). 즉 돈과 이윤밖에 모르는 부르주아 사회에서 귀족들은 인생의 실패를 맛보았지만, 그러나 그 실패 대신에 다른 선물, 즉 재능을 선사 받은 것이다.

매 페이지마다 부르주아의 존재를 완전히 무시하고 있는 낭만주의 작품들에 부르주아 작가들은 왜 그토록 매료되었던가? 여기에는 왕의 처형에 죄의식을 느끼는 부르주아지의 집단무의식도 작용했을 것이라고 사르트르는 생각한다. 부르주아지는 자기들을 억압하던 지배자를 꺼꾸러뜨린 것이 아니라, 오히려 이때까지 자신들을 보호해 주던 주인을 잃어버린 듯한 막연한 불안감을 느꼈다. 이제부터는 모든 것을 혼자 결정해야 한다는 불안감과 왕을 자기들 손으로 처형했다는 회한과 후회가 합쳐져 그들은 마치 버림받은 아이 같은 기분을 느꼈고, 이러한 불안감이 귀족에 대한 향수로 이어졌을 것이다.

여하튼 사르트르는 19세기의 절대예술, 순수예술이 낭만주의로부터 절대적인 영향을 받았다고 주장하는 입장이다. 여기에 대해 많은 평론가들의 반론이 모아지고 있다. 우선 그가 정의하는 낭만주의가 1815~1830년의 왕정복고 시기에 한정되어 있다는 것이 큰 약점으로 지적된다. 그의 낭만주의가 왕정복고기에 한정되어 있다는 것은 다음 인용문에서 분명하게 드러난다.

> 진짜 낭만주의가 시작된 것은 이 시기[나폴레옹 시대]가 아니었다. 정황이 보수 계급 쪽에 가져다준 역설적인 문학 상황은 1815년부터야 확실하게 두드러졌는데, 이 시기는 두 연합 세력[귀족과 부르주아지]이 더 이상 어쩔 수가 없어서 루이 18세를 왕위에 앉히고—앞으로 15년간, 그리고 표면적으로—망명 귀족들에게 권력을 되돌려 준 시기였다. (*L'Idiot III*, 108)

사르트르에 의하면 낭만주의는 1815년에 생겨나서 왕정복고 기간 동안 전성기를 누리다가 7월 혁명과 함께 쇠퇴하기 시작, 1840년에 완전히 죽어 없어지는 문학 조류이다. 이것이 사르트르의 해석에서 가장 큰 약점으로 지적되고 있다.

피에르 바르브리스(Pierre Barberis)는 사르트르가 이 시기의 발자크와 스탕달(Stendhal)에 대해 침묵을 지킨 데서 그의 가설의 허구성을 지적한다. 스탕달은 1825년에 쓴 『라신과 셰익스피어(Racine et Shakespeare)』에서 낭만주의를 위한 격렬한 투쟁을 벌였는데, 이때 그가 옹호한 낭만주의는 귀족적 낭만주의와는 전혀 다른 성질의 낭만주의였다. 그는 부르주아적 질서에 반대하는 낭만주의, 즉 귀족적 낭만주의에 대항하여 자신의 낭만주의는 산업적 낭만주의, 또는 펜의 낭만주의라고 주장했다. 사르트르는 낭만주의가 노동과 실용성을 경멸했다고 말했으나 스탕달에서는 실용성에 대한 경멸을 전혀 찾아볼 수 없다. "나는 2수(sous)어치의 잉크와 종이를 가지고 책을 만든다. … 따라서 나도 역시 기업가이다"라는 말이 실용성에 대한 그의 긍정적인 태도를 보여 준다고 바르브리스는 말한다.[37]

19세기 초에 낭만주의 운동이 망명 귀족들에 의해 주도되었던 것은 사실이다. 샤토브리앙, 비니, 라마르틴(Lamartine) 등이 그들이다. 그러나 또, 전혀 다른 형태의 낭만주의가 부르주아지의 내부에서 형성되고 있었던 것도 사실이다. 그것은 스탕달, 발자크 등에 의해 주도된 흐름이었다. 스탕달의 낭만주의는 반(反)부르주아적이었지만 결코 귀족이라는 함정에 빠지지 않았다. 이들에 대한 완전한 묵살이야말로 사르트르의 작업을 약화시키고 그의 의미를 한정 지어 주는 것이라고 바르브리스는 말한다.[38]

한편 마르크 리시르(Marc Richir)는 사르트르가 말하는 낭만주의자가 프랑스의 왕정복고 시기에만 해당하는 것일 뿐, 예컨대 독일의 노발리스(Novalis) 같은 낭만주의자들을 무시했다는 것을 그 약점으로 지적했다.

나는 『집안의 백치』에서 사르트르에 의해 지적된 낭만주의가 결국 프랑스 낭만주의, 그것도 특히 왕정복고 시대에 한정된 낭만주의라고 생각한다. 예컨대 섬세하고 복합적인 노발리스 같은 작가의 낭만주

---

37 Verstraeten, *Autour de Jean-Paul Sartre*, p. 75.
38 Ibid., p. 77.

의는 빠져 있다.[39]

사르트르의 낭만주의가 프랑스의 경우에 국한되어 있다는 것은 반스도 지적하고 있다.

사르트르가 완전히 빠뜨린 것은 낭만주의에 대한 루소의 영향, 특히 영국에서의 그의 영향이다. 따라서, 개인적 감정에 대한 강조, 반(牛) 신비주의적 자연관, 미적 이상에 대한 헌신 등의 특징을 제외하고 사르트르의 묘사는 영국 낭만주의자들과 잘 부합하지 않는다. 물론 바이런만은 예외이지만.[40]

반스에 의하면 영국의 낭만주의자들은 전혀 귀족적이 아니고 오히려 민주주의적 이상에 강하게 동조했다. 그중에서도 로버트 번스(Robert Burns)는 모든 면에서 사르트르가 말한 것과 정반대이고, 워즈워스(Wordsworth)는 프랑스 혁명 당시 자유의 탄생을 찬양했으며, 나폴레옹의 집권과 함께 자유가 시들어 가는 것을 애도했다. 셸리(Shelley)는 유복한 가정의 아들이기는 했으나 귀족 출신은 아니었고, 사회주의적인 정치 팸플릿을 쓰기도 했다. 저주 받은 시인의 개념에 가장 유사한 키츠(Keats)는 하층민 출신이었다. 결국 사르트르의 낭만주의에서는 루소의 영향이 과소평가되고 반동적 정치 성향

39 Ibid., p. 80.
40 Barnes, *Sartre and Flaubert*, p. 266.

만이 강조되었다고 반스는 지적했다.

한편 사르트르가 프랑스 낭만주의 운동을 왕정복고 시절의 귀족 이데올로기로만 한정시킨 것은 마르크스적 낭만주의 개념에 지나치게 경도된 때문이라는 비판도 있다. 낭만주의에 대한 마르크스주의적 비판은 두 가지 경향을 겨냥하고 있는데, 하나는 자아의 해방이고, 다른 하나는 전통과 사회 속에 자아가 매몰되는 현상이다. 이 두 경향이 비록 외관상으로는 양립 불가능한 듯이 보이지만 똑같이 반동적 지향성에서 나온 것이라고 마르크스주의자들은 보고 있다. 따라서 마르크시즘에서 낭만주의는 혁명에 적대적인 사조로 규정된다.[41]

루카치(Lukács)는 낭만주의가 초기에는 혁명적이다가 나중에 보수적으로 되었다고 해석한다. 독일의 질풍노도파(Strum und Drang)와 같은 초기 낭만주의의 주역들은 법과 사회 규범에 대한 경멸을 나타내고, 보편의 이름으로 개인의 자유로운 분출을 막는 모든 것을 비난한다. 편견과 기존 질서로부터 해방시켜 주는 모든 것에 열광했던 1790년대의 초기 낭만주의자들은 일반적으로 사회계급이나 교회의 지배에 대해서 비판적 자세를 가졌고, 혁명에서 파생한 새로운 이념들에 호감을 가졌었다. 그러나 이 첫 번 열광이 지나간 후에 19세기에 접어들면서부터 낭만주의는 기존 질서에 대한 초기의 비판을 포기했고, 자유로운 개성의 분출을 찬양하며 전통의 존

---

41   Verstraeten, *Autour de Jean-Paul Sartre*, pp. 58-59.

중, 구체제에 대한 충성을 동반하게 된다. 따라서 비판도 기존 관습에보다는 혁명적 이념에 더 많이 가해지게 된다.

창조적 자유와 주관성의 무제한한 방출을 아직 찬양하기는 해도 낭만주의자들은 반동적 운동에 대한 동조를 결코 감추지 않았다. 이러한 변신을 통해 낭만주의자들은 그 진정한 정향성을 보여주었다고 마르크스주의자들은 주장한다. 즉, 낭만주의적 개인주의는 계몽주의의 개인주의와 전혀 다르다는 것이다. 계몽주의의 개인주의는 사회 질서에 대한 진정한 비판을 통해 프랑스 혁명 정신을 예고했지만, 비합리적 요구에 기초한 낭만주의적 개인주의는 근본적으로 반동적인 세계관에서 출발했다는 것이다.

루카치는 계몽주의적 전(前)혁명적 정신에 충실한 초기 낭만주의자들로 젊은 시절의 괴테와 실러, 그리고 헤겔 등을 든다. 이들의 열정적인 개인주의 안에는 사회 비판, 반봉건주의, 그리고 해방적인 측면이 있었으나, 그 후계자들에게는 개인적 독창성의 욕구만 있을 뿐 사회의 구체적 장애물과 맞서 싸우려는 의지가 없었다고 루카치는 주장한다.[42]

사르트르가 낭만주의를 귀족성으로 규정하고 프티부르주아 출신의 낭만주의자들을 고의적으로 배제하면서 자신의 이론을 개진한 것은 마르크스주의적 낭만주의 개념에 너무 경도되었다는 비난을 받기에 충분하다.

---

42 Ibid., pp. 60-61.

4. 객관정신으로서의 신경증

사르트르가 신경증 작가의 범주에 넣은 것은, 1850년경에 대강 30세 전후의 나이였고 문학의 자율성을 최대의 시대적 명제로 생각하던 일단의 부르주아 작가들이었다. 테오도르 드 방빌(Théodore de Banville), 바르베 도르빌리(Barbey d'Aurevilly), 보들레르, 부이예(Bouilhet), 플로베르, 프로망탱(Fromentin), 고티에(Gautier), 공쿠르 형제, 르콩트 드 릴(Leconte de Lisle), 루이 메나르(Louis Ménard), 에르네스트 르낭(Ernest Renan) 등이 그들이다(L'Idiot III, 205). 이들은 독자와의 극단적인 단절을 원했고, 자기들 작품이 초시간적이기를 원했다.

그러나 아이로니칼하게도 이들의 작품은 모두 그들의 생전에 읽혔고, 모두 명성을 얻은 것은 아니지만 아무도 독자의 망각 속에서 죽지 않았으며, 특히 플로베르의 첫 번 작품은 단숨에 눈부신 성공을 거두어 그에게 크나큰 명예를 안겨 주었다. 작가가 굳이 거부했음에도 불구하고, 제2제정 시대의 독자들은 이 부정적인 작품들을 받아들였다. 여기서 신경증이 그 시대의 객관정신임이 증명된다. 일단의 신경증 작가들만이 자신을 거부하고 모든 것을 부정했던 것이 아니라 독자들도 작기 자신을 거부하는 집단의식이 형성되었던 것이다. 이 부정성의 집단의식은 왜 형성되었는가? 이 젊은 견습 작가들이 그들의 견습을 끝내고 첫 작품을 출판할 즈음에 일어난 1848년 2월 혁명과, 1852년 12월 루이 나폴레옹(Louis Napoléon)의 쿠데타가 부르주아의 계급의식과 인간관계를 변모시켰기 때문이라고 사르트르는 말한다(60-61).

사상 최초의 인민혁명이라 할 수 있는 1848년 2월 혁명은 부르주아가 자신들의 이해(利害)에 의해 도화선을 당기고 노동계급을 이용하여 성사시킨 혁명이다. 서로 이해가 다른 두 계급이 힘을 합쳐 혁명을 성사시켰을 때 그 혁명은 실패할 수밖에 없고, 또 반드시 반동을 초래한다는 선례를 남긴 사건이었다. 부르주아들은 자신들의 정치 참여를 좀 더 확대하기 위해 선거권 획득을 위한 세금 액수를 절반으로 깎아 주기를 원했는데 그것이 2월 소요의 직접 원인이었다. 그들은 자신들에게 투표권을 주기를 거부한 기조(Guizot) 내각의 사퇴를 주장했고, 선거인 수를 더 늘릴 것을 요구했다. 마들렌 광장에 모인 10만 명의 파리 시민들은 '개혁(Réforme)'을 외쳤을 뿐 그중 단 한 명도 '공화국'을 외치지는 않았다. 2월 23일 기조가 해임되자 봉기군에 가담했던 국방군은 승리에 도취해 서로 얼싸안았다. 그러나 그 어떤 부르주아도 이 정부 전복의 기운이 하층민 지역으로 흘러갈 것을 눈치 채지 못했다. 이 내각 경질을 혁명으로 전환시킬 모든 조건이 갖추어져 있었음에도 말이다.

부르주아들은 '시민왕' 루이 필리프(Louis Philippe)를 겁주기 위해 대중을 이용했고 그것이 성공하자 곧 질서를 호소했다. 그러나 이미 때는 늦었다. 대중의 압력에 의해 선포된 보통선거는 더 이상 유복한 자들의 행복론이나 능력자들(capacités)[43]의 지식에 기초하지

---

43 사르트르는 19세기 초반의 부르주아지 중에서 중상류층인 의사, 변호사, 학자 등 실용적 지식인을 지칭할 때 능력자(capacité)라 하거나 '능력 있는(capable)'이라는 형용사를 붙였다.

않았다. 부자들은 정치적 권리를 노동계급에 줄 생각이 전혀 없었고, 한편 노동자들도 새로운 부자들을 국회에 보낼 생각이 없었다. 모든 부르주아 '능력자'들에게 투표권이 주어졌으나 그것은 전혀 주어지지 않은 것과 다름없었다. 왜냐하면, 부르주아 능력자의 합리적인 견해는 수백만의 하층계급이 던진 투표지의 대양 속에 그대로 침몰해 버렸기 때문이다.

하층계급과의 연대하에 혁명을 성사시켰던, 똑같은 '능력자'들이 6월 사태를 은밀하게 준비했고, 대학살이 잇따랐다. 국영 작업장의 폐쇄로 유발된 봉기에서 적군(赤軍)(이때부터 붉은 색은 사회주의 혁명의 상징색이 되었다)은 4천 명이 사망했고, 2만 5천 명이 체포되었다. 이들은 카베냐크(Cavaignac) 정부에 의해 이틀 만에 진압되었다. 이 것이 6월 학살이다. 부르주아들은 실수했다는 감정과 수치심으로, 4개월 전만 해도 그저 경멸하기만 했던 하층민들을 격렬하게 증오하기 시작했다. '식인적 광분'이라고 사르트르가 표현한 부르주아의 증오와 공포는, 감히 자신들과 동등하다고 주장하고 나선 '인간 이하(sous-homme)'들의 무례함에 대한 감정이었다.

부르주아지는 하층민들과 정치권력을 나눠 갖기보다는 차라리 그것을 잃어버리는 것이 더 낫다고 생각하고, 그 해결책으로 루이 나폴레옹 보나파르트(Louis Napoléon Bonarparte, 나폴레옹 1세의 조카)를 탄생시켰다. 1848년 12월 카베냐크에 이어 공화국 대통령으로 선출된 그는 1852년 12월 쿠데타를 일으켜 제정을 선포하고 자신이 황제로 즉위했다. 제2제정의 나폴레옹 3세였다. 그의 쿠데타 성공은 구시대의 대지주들과 혐오스러운 노동계급이라는 두 전선에서 동시에 거둔 승리였다. 그러나 이 전투는 자산가들에게 확신을 안겨주지 못했다. 여하튼 그것은 반동이었다. 자신들의 정치적 권한 확대를 위해 노동계급을 이용하여 혁명을 일으켰는데, 과격한 운동의 관성이 그만 그들을 앞질러 버렸기 때문에 이번에는 뒤로 돌아와 한중간을 취하려 했으나, 그 반동의 관성 또는 너무나 속도가 빨라서 어느새 오른쪽 끝으로 가고 말았다.

그들이 6월에 기선을 취했던 그 반동은 그들을 제쳐 놓고, 그들의 이해에 반대 되게, 그들에게서 벗어나 과격화하고, 나폴레옹 3세에서 그 진실을 발견했다. (*L'Idiot III*, 255)

이 전투의 결과 부르주아들은 공포와 증오를 한층 더 공고히 했고, 그 공포와 증오를 비관주의(Pessimisme)라는 만성병으로 전환시켰다. 실질적 지배계급인 부르주아는 불구가 된 듯한 기분이었다. 자신들의 것이던 정치권력을 포기하고 그것을 군부 독재자에게 주었으며, 독재자는 반대급부로 그들에게 경제적 안정을 보장해 주었다. 그들은 물론 여전히 부자였다. 경제가 정치를 결정한다는 생시몽(Saint-Simon)의 이론이 나온 시대였으므로 그들은 당연히 지배계급이었다. 하지만 그들은 지도계급(classe dirigeante)이라는 타이틀을 잃었다. 왜냐하면 권력이 그들에게서 빠져나갔고 그들 대신 누군가가 지배하고 있었기 때문이다. 물론 권력은 그들의 이해에 부합했지만 여하튼 그들의 이름으로 행사된 것은 아니었다. 정치적 생활은 완전히 사라졌고, 아니면 군인들 속에 명맥이 남아 있었다. 부르주아는 높은 자리를 새로운 무관 귀족에게 내어주었다. 이제 권력은 군사 귀족의 손에 쥐어지고, 자신들은 경제적 기능에만 한정되었다. 자신들이 통제할 수 없게 된 힘의 고삐를 놓아 버림으로써 그들은 그들이 원하던 것의 정반대를 얻게 되었다.

여기서 부르주아의 인간혐오와 좌절이 비롯된다. 공화주의 사상을 가진 프티부르주아건 유복한 상층 부르주아건 간에, 부르주아들에게 1848년의 희망은 한갓 꿈인 듯이 보였다. 갑자기 역사와 사회와 인간의 진실을 드러내 보여 준 현실은 그들에게 이중의 실패를 안겨 주었다. 행동했으나 자신들의 의도와 정반대의 것을 얻었으므로 그들은 극심한 좌절감을 느꼈고, 행동을 혐오하게 되었다. 행동한다는 것은 자기가 무엇을 하는지를 모르는 행위와 동일한 것이고, 행동은 행위자의 손에서 빠져나와 길을 잃고 헤매다가 마치 부메랑처럼 행위자에게 낯선 형태로 되돌아온다고 그들은 생각하기 시작했다.

1848년 2월과 1852년 12월 사이의 역사적 실패(échec historique) (L'Idiot III, 290)는 인간의 필연적 실패를 역설하는 부르주아적 모랄을 만들어 냈다. 이것이, 목적을 달성하기 위한 실천적 행동(praxis)보다 수동적으로 당하는 부정(否定)을 더 선호하는, '좌절의 찬미 (éloge de la frustration)'(Ibid.)로 나타난다.

17세기 이래 상승하기 시작한 부르주아가 마침내 권력을 쟁취한 것은 자연법(droit naturel)의 이름으로였다. 따라서 부르주아 이데올로기는 당연히 휴머니즘이었다. 그러나 부르주아들은 정치권력을 노동계급과 나눠 갖지 않기 위해, 권리의 평등보다는 차라리 좌절과 무기력의 평등을 선택했다. 1848년 여름의 탄압 이래 형제애(fraternité)라는 대혁명의 구호는 무색해졌고, 인간관계는 인간에 대한 인간의 증오로 전환되었다. 사르트르는 부르주아 휴머니즘의 기초가 인간혐오라고 단정한다. 부르주아 휴머니즘은 마침내 인간에게서 권리를 박탈했고, 인간을 의무로써만 정의했으며, 인간을 무(néant), 즉 가루로 축소시켰다. 인간을 가공된 물질, 또는 가공할 수 있는 물질로 보는 인간사물(chose humaine)의 개념이 신 대신 들어섰다. 물건이란 무심한 것이고, 신의 사랑도 없어졌으므로, 인간존재에 가치를 부여할 근거는 이제 아무것도 없게 되었다.

　　부르주아 휴머니즘의 기초는 인간혐오 이외의 다른 것이 아니다. (294)

　　이와 같은 부르주아들의 인간혐오는 독재의 합리화와 반(反)자연 성향으로 나타난다. 부르주아 엘리트들은 독재가 필요악이며 제정은 최소한의 악이라는 이론을 도출해 냈다. 왜냐하면 인간은 하찮고 비속한 존재이며, 미친 듯한 이기주의와 사악함을 갖고 있고, 자기 자신을 제어할 수 없는 무능력자, 한마디로 근본적 악이므로 결국 사회 질서는 힘에 의해 유지될 수밖에 없다는 생각이다. 부르주아가 역사상 세 번 인간성의 개념을 바꿨다는 앞의 사르트르의 논의를 상기하기 바란다.

부르주아 지식인들은 1848년의 두려움과 1852년의 '비겁한 위안'을 인간 일반의 무능성이라는 설명으로밖에는 견딜 수가 없었다. 행동하려 했을 때 속았으므로, 모든 행동은 실패로 이어진다는 결론이 나왔다. 이 역사적 좌절은 인간 조건에 대한 거의 형이상학적 보편 규정으로 변모했다. 즉 본래 좌절의 특성을 가진 인간은 그의 모든 기도에서 반드시 좌절해야만 한다, 그것이 인간의 운명이다, 물론 그가 이 세계의 선두라는 환상을 버려야 하며 자기 자신을 스스로의 목표로 삼는 것도 포기해야 한다는 등의 인간 규정이 그것이다. 이 좌절의 행동은 그러나 어떤 목표의 수단으로 사용되었다는 점에서 역사상 중요한 존재 이유를 갖는다. 19세기의 부르주아 작가들은 비인간적 현실을 창조하기 위해 인간을 희생시키고 소외시켰으며, 이 인간혐오증으로 그들은 부르주아적 품위에 도달했고, 또 그것을 이론화했다.

『보바리 부인』이 나온 지 2년 후에 찰스 다윈(Charles Darwin)의 『종의 기원(L'Origine des espèces)』이 베스트셀러로 부르주아들 사이에서 널리 읽혔다. 생존경쟁, 적자생존 등의 비인간적이고도 비관적인 사상을 담은 이 책은 경쟁사회를 생물학적으로 정당화해 준다. 적자생존이란, 기근에 의해, 또는 잡아먹힘에 의해 수많은 종(種)이 사라지는 것을 의미한다. 따라서 이것은, 인류의 진보가 학살에 의해 이루어진다는 사실을 합리화해 준다. 또 가장 잘 적응하는 사람만이 살아남는다는 이론은 자유경쟁에 기초한 부르주아 경제의 기본이 된다. 적자생존 이론은 또한 경쟁자들에게 고귀함의 표시를 주기도 한다. 인생 그 자체가 경쟁이라면 경쟁을 가장 잘하는 사람이 인간의 본질을 가장 잘 실현시키는 사람이기 때문이다. 이것은 더 나아가 군사 독재를 정당화해 주기도 했다. 모든 인간과 동물의 관계가 힘의 관계인데 무엇 때문에 강력한 체제를 비난할 것인가 하는 의문 제기를 자연스럽게 유도함으로써였다.

겉보기에 낙관주의인 듯이 보이는 진화론도 사회적 시간성을 뒤집음으로써 부르주아에게 유리한 입지를 마련해 주었다. 귀족의 가문은 정도의 차이는 있으나 모두 신화적이고, 필적할 수 없을 만큼 훌륭한 조상의 후손이다. 모든 후손이 그 조상에게서부터 내려왔다. 따라서 귀족의 시간성은 내려오는 것이다. 그런데 상승(montante) 계급인 부르주아지의 시간성은 올라가는(monter) 것이다. 앞서 『킨』의 대사에서 보았듯이(제2장) 부르주아는 자신을 자기 존재의 근원으로 삼고, 자기 자신에서부터 위로 거슬러 올라간다. 시간을 거슬러 올라간다는 것은 과거—현재—미래라는 순차적 시간성의 개념을 아예 뒤흔드는 것이다.

부르주아들은 전통적으로 자연적 욕구를 최대한 억제하는 것을 인간의 품위(distinction)로 생각하는 경향이 있다. 이들의 금욕주의 역시 그들과 노동계급과의 관계, 그리고 또 귀족과의 관계에서 그 유래를 찾아볼 수 있다. 구체제하에서 귀족은 혈통에 의해, 그리고 신권에 의해 귀족이었다. 자연이 그들을 남과 다른 우월한 인간으로 만들어 준 것이다. 따라서 그들은 글자 그대로 자연주의자였다. 구체제의 귀족들은 무도회나 만찬 같은 사교 모임에서 방귀를 뀌거나 트림을 하는 등 그들의 생리적 욕구를 전혀 억제하지 않았다. 그들에게 생리적 현상은 그것 자체로 그냥 성스러웠다. 왜냐하면 그것은 자연적이고, 또 자연을 드러내 보여 주고 있기 때문이었다. 그러나 부르주아의 엄격한 식탁 매너에서 볼 수 있듯이 그들의 기본 태도는 반자연(anti-nature), 또는 반육체(antiphysis)였다. 이것은 1848년 2월 혁명 이후 겁에 질린 부르주아지의 역사성에서 그 이유를 찾을 수 있다. 그들은 자신들의 정치권력을 포기했고, 따라서 더 이상 지도계급이 아니었다. 그러나 지배계급으로 남기 위해서는 타인을 지배할 권리를 획득해야만 했다. 귀족은 나면서부터 그 권리를 타고났지만, 혈통의 보장이 없는 부르주아들은 새로운 권리의 근거를 마련해야만 했다. 그것이 바로 자신의 자연성과 육체성을 최대한 억제하는 금욕주의였다.

금욕주의는 우선 귀족을 겨냥한 것이었다. 제2제정기에 정치권력은 군사 귀족에게 있었다. 군사 귀족이 정치를 담당하고 부르주아가 경제를 담당하는 권력의 역할 분담이 이루어졌으므로 부르주아는 전장에 나가 싸울 필요가 없었다. 1818년부터 1868년까지 프랑스의 군사관계법은 '자유대체(remplacement libre)', 즉 부자의 군 복무를 가난한 사람이 대신하는 것을 허용했다. 따라서 재산은 목숨을 위태롭게 하는 것을 면제해 준다. 여하튼 부르주아는 전장에서의 죽음으로부터 제도적으로 제외되어 있었다. 여기서 군사 독재의 강화라는 결과가 나왔다. 왜냐하면, '자유대체'는 귀족 장교 밑에 용병의 군대를 마련해 주었기 때문이다. 당시 지배자들의 눈에 부르주아 계급은 국부를 관리하고 증가시키는 기능만을 가진, 순전히 경제적인 계급으로 비쳤다.

한편 부르주아도 이미 경제권을 다 빼앗긴 겉껍데기만의 귀족을 경멸했으나, 귀족에게 무섭고도 성스러운 지배의 권리가 있다는 것을 인정하지 않을 수 없었다. 전장에서 자기 목숨을 바치는 군인의 고귀한 희생정신 앞에서 이윤과 공리성에만 집착하는 자신들의 모습은 천하게만 보였다. 여기서 나온 것이 반자연, 반육체의 금욕주의이다. 자연적, 생리적 욕구를 억제하는 것은 궁극적으로 생명을 거부하는 것이다. 비록 귀족처럼 전장에 나가 생명을 버리지 않는다 하더라도 최소한 육체적 욕구를 거부함으로써 자신들도 생명의 위협을 당한다는 강한 암시이다.

이처럼 자기 육체의 자연성을 희생시킴으로써 자신의 가치를 부각시키는 행동은 귀족 이외의 또 다른 과녁을 겨냥한다. 그것은 이미 몰락해 가는 귀족보다 훨씬 더 중요한 적(敵)으로, 다름 아닌 노동계급이다. 부르주아 이데올로기는 모든 사람이 동등한 권리를 갖고 태어났다는 자연법에 의거하고 있다. 따라서 논리상 권력은 어느 한 사회집단에 의해 독점될 수 없다. 그러나 부르주아는 실질적인 권력을 소유하고 있었다. 이 권력을 정당화하기 위해서는 자신들에게 남과 구분되는 어떤 장점이 있다는 것을 과시하지 않으면 안 된다. 타인들과 구별되는 품위(distinction은 '구별'과 '품위'를 동시에 뜻한다)를 부르주아는 반(反)육체에서 찾았다. 만인에게 공통되는 것은 자연이므로, 다시 말해서 유기적 생명과 욕구이므로, 이것을 거부함으로써 자신들이 노동계급과는 본질적으로 다른 인간임을 증명하는 것이다. 최소한으로 살고, 자기 육체를 가리고 학대하고, 식욕을 충족시키지 않고, 커다란 쾌락이나 왕성한 생산력을 용납하지 않는 등의 부르주아의 금욕주의를 사르트르는 이 품위의 강박관념에 결부시킨다.

19세기의 부르주아들은 유기적인 모든 것을 혐오하고 가공물질의 무기적 순수성만을 좋아했다. 그들의 이상은 인간이면서 물건(chose humaine, 인간사물)(*L'Idiot III*, 249)인 그러한 상태였다. 유기적 생명을 천하다고 비난하는 것은 명백히 하층민을 겨냥한 것이다. 가난한 하층민이 동물적 욕구 충족 이외의 다른 아무 생각도 하지 못한다는 것은 당연한 일이다. 동물적인 욕구에만 얽매여 있고 무서운 다산성을 보이는 하층민의 모습이 부르주아들에게는 인간 이하의 동물성으로 보였다. 그들이 동경하는 '인간사물'과는 정반대의 '인간동물(animalité humaine)'인 것이다. 모든 인간에게 공통적으로 들어 있는 동물적 자연을 거부하는 것이야말로 부르주아만의 교양이라고 그들은 생각했다. 이들이 자기 내부에 들어 있는 동물적 자연을 혐오하고 억압했을 때 그들이 경멸한 것은 단순히 유기적 욕구가 아니라 바로 하층민이었다.

지배계급이 자기 내부에서 혐오하고 억압한 것은 다름 아닌 프롤레타리아, 더 정확히 말해서 지배계급이나 피착취계급에 공통적인 동물성이다. (251)

그러니까 자기 내부에 있는 보편적 동물성을 제거함으로써 부르주아는 단번에 노동계급보다 우월한 지위를 획득했다. 옷차림으로 몸을 학대하며, 옷이 가하는 고문에 의해, 그리고 꽉 졸라맨 목깃에 의해 부르주아는 자신에 대한 증오를 노동자에게 돌렸다. 자신의 내부에 있는 하층민의 상스러운 충동을 억누르기 위해 그들은 배고픈 것, 목마른 것, 졸린 것, 소변 보고 싶은 것을 모두 혐오했다. 또한 그들은 노동계급에게도 품위에 대한 허망한 염원을 심어 줌으로써 그들 자신의 욕구를 혐오하도록 만들었다. 이것은 결국 그들에게 수치심을 유발하여 그들의 반항과 주장을 억제하는 효과를 가져다주었다.

한편 부르주아 예술가들의 인간혐오는 일반 부르주아지의 그것보다 좀 더 역사가 길다. 그들은 반(反)과학, 반산업, 반가정, 그리고 상층 부르주아에 대한 반대의 방편으로 예술을 택했다. 물론 그들은 노동계급도 좋아하지 않았지만 그보다 더 부르주아지를 증오했는데, 그것은 그들이 귀족의 눈으로 자신의 출신계급을 바라보았기 때문이다. 귀족의 낭만주의에서 문학 수업을 하고 귀족성을 안타깝게 선망했던 그들은 부르주아가 귀족을 죽인 것에 대해 원한을 품고 있었다. 그들도 일반 부르주아와 마찬가지로 자기 내부의 유기적 욕구와 동물성을 억눌렀지만, 일반 부르주아가 자기 내부의 노동계급을 거부한 것과는 달리 예술가들은 자기 내부의 부르주아를 거부했다.

그들이 유기적 욕구를 거부하고 일반적으로 동물성을 거부했을 때, 그것은 역설적이게도 자기 내부에 있는 부르주아지, 즉, 자신의 출신 계급을 죽여 없애기 위한 것이었다. (306)

일반 부르주아들은 노동계급이 유기적 욕구의 충족에만 급급하다고 그들의 동물성을 경멸했지만, 귀족의 눈으로 부르주아를 바라보는 예술가들의 눈에는 부르주아가, 살기 위해서 먹고 자기 이익을 지키기 위해서만 사는 천박한 동물들로 비쳐졌다.

사실 1830년대에 아직 덜 세련된 부르주아들은 한정된 잉여가치로 검소하게 살았고 자본을 축적하기 위해, 또는 절약한 돈으로 땅을 사기 위해, 공리주의를 내세우며 쾌락을 삼갔다. 어릴 때부터 자기 가정에서 보아 온 이 천박한 생활을 예술가들은 참을 수가 없었다. 이것은 부르주아에 의해 살해된 귀족계급의 사치스러운 무상성 (無償性) 또는 고귀함과 너무나 대조적인 것이었다. 그들이 자기 속의 자연을 파괴하려 했거나, 또는 자신의 유기적 존재를 거부하려 했던 노력은 자기 내부에 들어 있는 '자연'에 대한 이중의 부정이었다. 즉 배고픔, 피로, 수면 등의 자연적인 욕구를 억누름으로써 그들은 첫째 자기 내부에 있는 부르주아적 존재를 억압했고, 둘째 1848년 사태 당시의 노동자들을 억압했다.

자연에 대한 그들의 증오는 노동자에 대한 증오, 부르주아에 대한 증오, 인간에 대한 증오, 그리고 마침내 자기 자신에 대한 증오로 확대된다. 결국 예술가들은 자기 자신에 대한 증오를 예술의 원칙으로 삼게 되었다. 보들레르도 플로베르도 육체적 존재를 거부하고 무기적 본질만을 예술의 원칙으로 삼았다. 플로베르는 거세되기를 꿈꾸었고, 보들레르는 자연적 다산(多産)의 공포 때문에 불모의 사랑을 택했으며, 르콩트 드 릴은 철저한 광물성을 흉내 냈다. 보들레르의 『현대 생활의 화가(Le Peintre de la vie moderne)』의 「화장(化粧) 예찬(Eloge du maquillage)」에 나오는 다음 구절은 그의 반자연적 성격을 잘 말해 주고 있다.

자연은 아무것도, 혹은 거의 아무것도 가르쳐 주지 않는다. 다시 말해서 자연은 인간으로 하여금 잠자고, 마시고, 먹고, 그럭저럭 자기 몸을 보존하는 일만 강조한다. [⋯] 악은 [⋯] 근원적으로 자연의 것이다. 반대로 덕성은 초자연이나 인공적인 것이다. [⋯] 악은 숙명적으로 자연 상태에서 그냥 이루어지는 것이고 선은 항상 인공의 산물이다.[44]

보들레르는 인간의 사고에 의해 창조된 예술작품만 가치롭게 여겼고, 자연적 실재에 노동이 가해져 인공의 물건이 된 것만을 좋아했다. 그는 화장을 예찬했고, 몸치장과 의상에 대한 관심이 대단했다. 그의 이른바 당디슴(dandysme, 댄디즘)은 바로 그의 반자연에서 기인하는 것이다. 옷을 입고 화장을 하는 것은 너무 자연적인 벌거벗음을 감추기 위한 것이라 생각하면서, 그는 거기에 더욱 더 인공미

---

44 Jean-Paul Sartre, *Baudelaire* (idées nrf, 1963[1947]), pp. 126-27에서 재인용(보들레르, 박기현 옮김, 『현대 생활의 화가』, 인문서재, 2013, 제11장 참조).

를 가하기 위해 점점 더 기발한 옷차림을 하고, 머리를 초록색으로 물들이기까지 했다. 그의 당디슴은 남들과 구별되어야 한다는 강박관념에서 비롯된 것이다. 그는 자연이 우리에게 '모든 사람과 똑같이 행동하도록' 강요하기 때문에 자연을 혐오한다고 했다.

살기 위해 먹고 마시고 배설하는 등 생리적 욕구를 충족시키는 것은 만인 공통의 것이므로, 자연이란 개성과 우아함의 반대이다. 자연은 '모든 사람(tout le monde)'과 동의어이다. 모든 사람처럼 먹고, 모든 사람처럼 잠자고, 모든 사람처럼 사랑하는 것을 보들레르는 참을 수가 없었다. 그래서 그는 자연이 되지 않기로 결심하고, 자신의 자연성을 영원히 거부하기로 결심한다. 인간의 나체도 참을 수가 없어서 옷을 입은 여자에게서만 욕정을 느낀다고 했으며,「정부(情婦)의 초상(Portrait de maîtresse)」에서는 여자란 자연의 아름다움만으로는 충분치 않고 향수와 장신구 등이 가미되었을 때만 진정 아름답다고 말했다.

불감증 예찬도 보들레르의 반자연성의 일부이다. 우선 차갑다는 것은 그 자체가 불모성, 무상성, 순수성이다. 그래서 그는 냉담성을 좋아한다. 냉담성은 윤이 나는 금속 또는 보석과 같은 성질이다. 차가움은 창백함과 같은 과에 속한다. 보들레르에게 백색은 차가운 것이다. 백색의 속성인 색의 부재는 불모성과 처녀성을 상징하기 때문이다. 산문시「이 세상 밖이면 어디나(N'importe où hors du monde)」의 다음 구절은 보들레르의 반자연과 광물질 예찬을 잘 보여 주고 있다.

이 도시는 물가에 세워져 있다. 그것은 대리석으로 되어 있고, 거기 주민들은 식물을 너무나 싫어하기 때문에 온갖 나무들을 다 뽑아 버렸다. 내 취미에 딱 어울리는 경치. 빛과 광물질, 그리고 그것들을 비춰 줄 물로만 되어 있는 경치.[45]

보들레르는 다산성의 근원으로서 자연을 무서워했고, 자연의 세계를 자기 상상의 세계, 즉 빛나는 차가움인 불모의 광물질 세계로 대치했다. 그가 바다를 특별히 좋아한 것도, 빛나고 차갑고 범접할 수 없는 그 유동적 광물성에 이끌렸기 때문이다. 그는 실제 생활에서도 이런 광물질적인 태도를 보였다. 친구들에게도 냉담하게 대하고, 얼음같이 차가운 의례적인 예절을 지켰다. 뜨뜻미지근한 동정심이나 유기물적 발산물의 교류를 막기 위해서였다. 그는 일부러 자기 주위에 무인지대를 설치하고 주위 사람들의 접근을 막았다. 절대로 웃지 않고 절대로 울지 않는다는 그의 냉담성(impassibilité)의 미학은 19세기의 객관정신이었던 '반자연'의 가장 전형적인 예이다.

인간혐오와 반자연이라는 점에서, 물론 약간의 차이는 있지만, 순수예술가와 부르주아 일반의 생각이 일치한다. 그러나 부르주아 출신의 예술가들이 '예술을 위한 예술'을 주장하며 부르주아 이데올로기인 공리주의를 반대하고 나섰을 때 비로소 예술가와 부르주아

---

45 Charles Baudelaire, *Oeuvres completes* (Pléiade, 1961), p. 304.

일반이 확연하게 적대적으로 돌아섰다. 그러나 이런 표면적인 차이를 넘어서서 깊이 들여다보면 양진영의 생각이 완전히 일치하고 있음을 알 수 있다. 예술지상주의는 문학적 생산물에 대한 작가의 소외를 뜻하기 때문이다.

예술을 위한 예술은 결국, 작가를 자기 문학작품에서 소외시키려는 원칙 이외의 다른 아무것도 아니다. […] 그들은 그 누구에게도 봉사하지 않는 물건을 만들기 위해 오랫동안 자기 인생을 희생했고, 그렇게 함으로써 스스로 비인간이 되었다. (*L'Idiot III*, 308)

하나의 아름다운 작품, 즉 인간에게는 아무런 쓸모도 없는 작품이 떠오르기 위해 작가는 사라져야만 한다. 이와 같은, 예술에 대한 예술가의 소외는 원칙적으로 반(反)부르주아적이다. 원래 부르주아의 공리주의는 인간을 이해(利害)에 따라 규정하고, 사회 계층 속 인간의 위치를 그의 유용성에 따라 결정한다. 그런데 작가들은 무용성을 찬양하며 자기 내부의 욕구를 억압하고, 상상의 우위를 내세우며 공장의 제조품을 경멸한다. 그들은 자기 글이 소통 불가능하다고 선언했을 뿐만 아니라 아예 의도적으로 그 의미를 숨기려 했다. 신경증예술(Art-névrose)의 선구자들에게 작품의 의미란 언어의 모든 부분에서 무상성을 포착하는 것이었다. 그리고 그들이 생각하는 작가란 아무 효용이 없는 대상에 정열을 불태우는 사람이었다. 겉보기에 일반 부르주아들과 전혀 다른 것 같은 이러한 태도가 실

은 부르주아 독자와 완전히 일치한다. 이것은 지식이나 이윤의 비인
격성 혹은 객관성의 미학적 차원이기 때문이다.

바로 이것 때문에 이 반부르주아 작가들은 부르주아 사회의 전형적
인 선구자였다. 결코 울지 않고 웃지 않는 무감동의 순수미를 창조
해 내는 사람, 읽는 사람 하나 없이 텅 빈 하늘 아래 혼자 우뚝 서
있는, 도저히 범접할 수 없는 침묵의 작품을 만들어 내는 사람인
그들은 지식과 이윤의 비인격성이라는 이상 즉 정언명령(l'idéal, cet
impératif impersonnel du savoir et du profit)에 미학적 차원을 부여
했던 것이다. (309)

그 시대의 예술작품만이 비인격성(impersonnel)과 소외(aliénation)
를 포함한 것이 아니라 부르주아 경제의 기초인 이윤도, 그들의 실
용적인 지식도 모두 인간 소외와 비인격성을 내포하고 있었다. 다
만 하나는 미학의 차원이고, 다른 하나는 실용적 차원이라는 것만
이 다를 뿐이다. 부르주아의 공리주의는 '인간에게 유용함'이라는
그 최초의 목표와는 달리 사실은 인간을 인간사물에서 소외시키
는 것을 정당화해 준다. 공리성의 이름으로 인간을 희생시키기 때
문이다. 순수예술가들은 비인격성 쪽으로 치달으면서 일반 부르주
아들과 마찬가지로 스스로 사물의 수단이 되는 길을 택했다. 이윤
이 지배하는 이 사회에서 예술가의 비인격성은 자산가의 비인격성
을 정당화하는 데 봉사할 수밖에 없다. 인간의 유일한 존재이유가

인간적 사물을 위한 자기 파괴에 있는 그러한 사회에서, 고립되어 독립적으로 제시된 예술작품은 그것 자체가 인간사물이 아닐 수 없다.

예술가들은 부르주아의 조건에서 벗어나기 위해 인간 조건을 거부했다. 그러나 그 당시 부르주아지 일반의 본질도, 인간 조건을 거부하는 바탕 위에서 사회적 계층을 수립하려는 것이었다. 부르주아 자본주의 사회에서 사유재산이 스스로 독립적이고 비인격성이듯이, 독자와 작가로부터 동시에 독립해 있는 문학작품 역시 미적 차원에서의 사유재산인 셈이다. 그들은 결국 정신적인 작품에 사유재산의 근본 구조를 주었던 것이다(310).

결국 부르주아를 극도로 혐오했던 순수예술가들은 그 순수 부정의 운동 속에 부르주아 중간계층의 좌절된 야심, 씁쓸함, 원한, 수치심, 공포 등을 대변해 주었으며, 그 부정에 의해 자산가들의 비인격화를 정당화해 주었다. 플로베르가 독자들의 인기를 끈 것은 그러니까 오해에 의해서가 아니었던 셈이다. 사르트르는 1848년 이후 부르주아지와 이해를 같이하던 르콩트 드 릴이 독자들에게 거부되고, 1844년에 순전히 개인적인 일로 자기 인생과 단절한 후 정치에 완전히 무관심하던 플로베르가 오히려 독자들에게 받아들여졌다는 사실에 주목한다. 이것은 '역사적 비관주의, 죄의식, 인간혐오'라는 측면에서 이 작가와 독자 사이에 공감대가 형성되었다는 것을 보여 주는 증거라 하겠다. 결국 플로베르는 그 시대의 가장 전형적인 예술가였다.

독자가 그에게서 전형적인 예술가를 보았다는 것은 새로운 사회의 구조들, 예컨대 역사적 비관주의, 죄의식, 인간혐오 등에 의해 자명하게 설명된다. (423)

회고적으로 돌아보면 1844년 퐁 레베크에서 플로베르 개인의 추락은 1848년 부르주아지의 역사적 실패를 예언한 것이다. 독자가 플로베르의 작품에서 읽고 열광한 것은 그의 진실이 아니라 그의 가짜 겉모습에서였다. 하기는, 모든 신경증은 진실이 아니라 가짜의 겉모습이다(toute névrose est insincère)(Ibid.). 독자의 신경증과 작가의 신경증, 다시 말해 독자의 비진실과 작가의 비진실, 이 이중의 비진실성(la double insincérité)(Ibid.)이 맞아떨어짐으로써 플로베르는 제2제정기 최대의 작가가 되었다. 일체의 사회적 무관심과 독자에 대한 경멸에도 불구하고, 아니 어쩌면 바로 그것 때문에 플로베르는 가장 정확하게 자기 시대를 표현하는 작가가 되었다. 이것이 플로베르의 문학에 대한 사르트르의 마르크스주의적 해석이다.

PART IV

de l'engagement à l'imaginaire

참여미학에서 상상의 미학으로

Chapter 7

Questions de méthode

방법의 문제

1. 반향과 비판

『**집**』 안의 백치』에 대한 비평가들의 첫 반응은 우선 3천여 페이지에 달하는 분량에 대한 경탄이었다.

미셸 시카르(Michel Sicard)는 이 책에 대해서 언급하면서 "장편소설, 단편소설, 청소년기의 작품, 편지, 증언, 계획에만 그쳤던 작품들, 지워진 문구들, 환상, 결핍 들을 나열하고, 방법과 관점을 바꿔 가며, 다른 학문과 다른 참고사항에 의존하며, 숨겨진 것과 말해지지 않은 것들을 구분하며, 사례들을 그 내부에서부터 되살리는 등…"[01]이라며 숨 막히게 이어지는 묘사로 이 책의 문체를 흉내내고 있다. 세르주 두브로브스키(Serge Doubrovesky)는 이 책을 '인류

---

01 Michel Sicard, "Flaubert avec Satre," in *La Production du sens chez Flaubert*: *Colloque de Cerisy* (Paris, 10/18, 1975)(Union générale d'éditions), pp. 175-76.

학적 영웅담(saga anthropologique)' 혹은 '이상한 팽이(étrange toupie)'[02]
라고 불렀다.

사회과학, 철학, 문학 등 거의 모든 인간과학의 인접학문이 종
합된 이 책의 방법론에 대해서도 감탄이 쏟아졌다. 자크 르카름
(Jacques Lecarme)은 모든 비평언어가 망라된 것에 경탄의 눈길을 보
낸다.

방대한 분량과 방법의 다양성, 모든 조사방법의 동원 앞에서 어찌 감
탄하지 않을 수 있을까? 사르트르 말고 누가 이런 식의 총체화를 생
각이나 해 볼 수 있을 것이며, 더군다나 이것을 철저히 끝까지 밀고
나갈 수 있을 것인가? 이 철학자는 거대한 하나의 통합적인 구도 속
에 모든 비평언어를 모아 놓았다. 실존주의, 존재론, 현상학, 마르크
시즘, 정신분석학, 문학, 언어학, 하다못해 68년 5월 이후 세대의 언
어까지 쓰고 있다. 루터에서 라캉에 이르기까지 사르트르는 모든 이
론을 취하여 소화시키고 복원한다. 어떤 사람에게서는 '예속의지'를
취하고, 또 어떤 사람에게서는 '소외'를 취하여 그것을 연장 삼아 플
로베르의 어린 시절에 적용하여 깜짝 놀랄 만한 일을 만들어 낸다.[03]

클로드 뷔르줄랭도 사르트르의 이 방대한 종합은 전무후무한

---

02 Serge Doubrovsky, "Une étrange toupie," *Le Monde des livres*, 2 juillet 1971.
03 Jacques Lecarme, "Sartre et son double," *Nouvelle Revue Francaise*, n° 232, avril
    1972, p. 84.

것이라고 말한다.

전에도 이런 예가 없고 앞으로 그 누구도 흉내 내지 못할 이 일에 경탄을 금할 수 없다. 이것은 우리 시대의 인식 중에서 결코 무시할 수 없는 한 부분을 종합한 것이다. 나는 그 풍부한 언어의 활기찬 힘에 사로잡히지 않을 수 없다. 더구나 그 언어는 단순히 많아서 넘쳐 흐르기만 하는 것이 아니라 아주 치밀하게 구조화되어 있는 것이다.[04]

그러나 방법의 다양성은 그대로 이 책의 결점이 된다. 가장 매서운 비평을 가한 사람은 역시 뷔르줄랭이다. 그는 수많은 분석 방법의 교차가 숨 막히고 현기증을 일으킨다고 말했다.

물론 『백치』에는 사람을 질식시키는 어떤 것이 있다. 전진적 분석과 후퇴적 종합의 난무는 현기증을 일으킨다. 모든 것을 이해하고 모든 것을 설명하겠다는 이 미친 듯한 열정, 자신의 방법에 대한 회의와 해학과 비판적 거리의 부재, 이 독선적이고 지칠 줄 모르는 주입식 강의, 총체화의 야망에서부터 공공연하게 전체주의적 담론으로 이행하는 것 등, 이 모든 것들이 수많은 독자에게 책을 읽을 용기를 빼앗는 것은 당연하다.[05]

---

04 Claude Burgelin, "Lire l'*Idiot de la famille*?" *Littérature* n° 6, mai 1972, p. 119. 이하, 'Lire, 119'처럼 약함.

05 Burgelin, "De Sartre à Flaubert …," p. 695.

뷔르줄랭은 『집안의 백치』 제1, 2권이 출판된(1971년 봄) 이듬해 이미 책의 가독성에 문제를 제기한 바 있다. 책이 나온 지 1년에 프랑스 독자 중 이 책을 다 읽은 사람이 200명이나 될는지를 묻고, 조그만 글이라도 큰 파문을 일으켰던 이 작가의 위치에 비해 이것은 놀라운 현상이 아닐 수 없다고 했다. 방대한 분량이면서도 색인이 하나도 없다거나, 목차가 너무 허술하게 되어 있다거나 하는 편집상의 문제도 있지만, 이 책이 독자에게 그토록 인기가 없는 것은 독자들이 이 책을 가지고 도대체 무엇을 해야 할지를 모르기 때문이라고 그는 지적했다. 즉 책의 성격이 불분명하다는 것이다. 그 이유로 그는 소설 언어와 과학적, 이데올로기적 언어의 혼용을 들고 있다. 그 자신이 경험한 당혹감을 그는 다음과 같이 이야기한다.

『백치』의 서문 첫 줄에서 "이 책은 「방법의 문제(Questions de méthode)」의 속편이다"라는 글을 보고 독자는 합리적, 변증법적 이해에 알맞은 정신자세를 가다듬는다. 그리고 사실상 사르트르는 가장 정통적인 헤겔 사상 속에서, 플로베르의 글들의 자의(字意)와 그 쓰인 시기에 세심한 주의를 하면서, 또 가끔은 미공개의 자료에 의거하여, 여러 정보들을 축적하고 지양하면서, 그의 초기 저작들에 최대의 일관성과 의미를 주려고 애쓰고 있다. 이에 따라 증거와 논증이 점차 많아진다. 그래서 합리적 정신 자세를 취했던 독자의 생각이 옳은 듯이 여겨진다. 그러나 이런 상황은 곧 불안하게 흔들린다. 사회과학, 또는 철학을 이해하려는 정신 자세로 책을 읽기 시작한 독자 앞에

갑자기 소설과 같은 글투가 나타난다. 여기에서 독자는 당황하게 된다. (Lire, 112)

사르트르 자신도 이 책을 '진짜 소설(roman vrai)'로 읽어 주기를 원한다고 말했었다(*Situations X* [1976], 94). 완전한 소설을 이루는 것은 플로베르의 어린 시절을 다룬 부분이다. 『백치』에서도 자신의 야심을, "플로베르가 점진적으로 『보바리 부인』의 작가가 되어 가는 그 변증법적 운동을 모든 측면에서 재구성하기로 한다"(*L'Idiot I*, 659)고 밝힌 바 있다. '모든 측면'이라면 플로베르의 어린 시절도 포함되는데, 이 시기에 관한 정보는 완전히 백지 상태이다. 자료가 없는데도 사르트르는 여전히 실증주의적 증명의 메커니즘을 작동시키고 있다. 어린 플로베르가 글을 늦게 깨우쳐 '집안의 백치'가 되고, 그것이 평생 말과의 불편한 관계를 만들어 주었다는 신화적 주제는 유일하게 플로베르의 질녀의 회고담에 잠깐 나와 있을 뿐이다.

가장 소설적인 부분은 플로베르의 어머니에 대한 것이다. 장남과 귀스타브 사이의 아들 둘이 죽었을 때 어머니의 감정 묘사라든가, 그녀가 갓난아기인 귀스타브를 냉정하게 보살폈다든가 하는 구절들은 독자를 어처구니없게 만든다고 뷔르줄랭은 말한다. 사르트르 자신도 이것은 자신의 상상력에 의한 허구의 이야기라는 것을 시인했다. 이 책에서 플로베르를 지칭할 때 성 대신 '귀스타브'라고 이름을 쓴 것도 냉정한 이론서라기보다는 소설적인 분위기를 풍기는 것이라고 뷔르줄랭은 지적한다. 그래서 그는 차원이 다른 두 언어의 혼용에 대해 "소설적인 언어와 이데올로기적, 과학적 언어를 함께 쓸 수 있는 것일까?"(Lire, 113)라며 의문을 제기한다.

사르트르는 자신도 이러한 모순이 마음에 걸리는지, 영미 비평 개념인 감정이입(empathie)에 의존했다고 말했다. 감정이입이란, 분석 대상에 대한 비판을 일체 보류하고, 그의 감정을 자신의 감정으로 삼는 등, 완전히 대상과 자신을 동일시하는 정신적 기능을 뜻한다. 그런데 또 한편으로 사르트르는 이 책을 사회과학의 방법론으로 쓰겠다고 말한 바 있다. 사회과학이란 최대한의 객관성이 요구되는 방법인데, 그것은 감정이입 같은 주관성과 어떻게 연결될 수 있을까? 뷔르줄랭은 이와 같은 주관성과 객관성, 사회과학 방법론과 소설 언어의 혼용이 이 책의 성격을 불분명하게 만들었고 이것이 독자들의 외면을 자초했다고 주장한다.

사실상 『집안의 백치』는 문학인지 사회과학 논문인지, 그 장르를 정하기조차 애매모호하다. 이것이 만일 문학이라면 『말들』로 문학에 이별을 고했던 사르트르가 『백치』와 함께 다시 문학으로 되돌아왔다는 이야기가 된다.[06] 그러나 사르트르는 여기에서 혁명적인 방법을 사용했으므로 결코 이 책이 과거 회귀가 아니라고 주장한다(Siuations X, 114-15).

---

06 1971년 5월 14일자 Le Monde에 게재된 회견에서 Michel Contat와 Michel Rybalka 는 사르트르에게 다음과 같은 질문을 했다. "방금 당신은 『말들』로 문학에 작별을 고했다고 말했다. 그렇다면 『집안의 백치』는 이 문학으로의 회귀로 간주될 수도 있지 않은가?(Siuations X, 114)"

그가 혁명적인 방법이라고 지칭한 것은 마르크시즘의 방법을 뜻한다. 격동적인 20세기의 와중에 19세기의 순수문학가를 연구하는 것이 현실 도피가 아니냐는 비난에 대해서도, 그는 이 방법론의 문제를 커다란 방패로 삼고 있는 듯한 인상이다. 그러면 그가 생각하는 방법의 문제란 과연 무엇일까?

2. 왜 플로베르인가

『집안의 백치』에 대한 사르트르 자신의 설명으로는 책이 출간되기 1년 전인 1970년에 〈뉴 레프트(New Left)〉지와 가진 기자회견, 그리고 출간 직후인 1971년 〈르몽드(Le Monde)〉지에서 미셸 콩타(Michel Contat), 미셸 리발카(Michel Rybalka)와 함께 가진 회견이 있다.[07] 이 두 회견에서 그는, 자신이 플로베르를 연구 대상으로 삼은 이유와 그 연구의 방법론에 대해서 이야기했다.

회견에 의하면 사르트르가 이 책을 쓰기로 결심한 것은 그가 공산당과 가깝던 시절인 1954년에 공산당원 철학자인 로제 가로디 (Roger Garaudy)와 가졌던 대화에서 비롯된다. 이때 가로디는 사르

---

07 *New Left*와의 회견은 1970년 1월 26일자 *Le Nouvel Observateur*지에 전재되었으며, 이것은 *Situations IX* (1972)에 다시 "Sartre par Sartre"라는 제목으로 수록되었다. *Le Monde*와의 회견은 *Situations X* (1976)에 "Sur *l'Idiot de la famille*"라는 제목으로 수록되었다.

트르에게, 어떤 인물을 하나 택하여 자신은 마르크스적 방법으로, 그리고 사르트르는 실존주의적 방법에 따라 그 인물을 연구해 보자고 제안했었다. 이 제안은 물론 실현되지 않았지만, 이때 사르트르는 내심 『보바리 부인』을 생각하며 플로베르를 연구하기로 결심했다. 그는 그 후 약 1천 페이지의 초고를 써서 그 발췌를 1957년 〈현대〉지에 실었는데, 이때 처음으로 「집안의 백치」라는 제목을 붙였다. 이 작업은 곧 중단되었는데 그 초고의 일부분은 「실존주의와 마르크시즘(Existentialisme et marxisme)」이라는 제목의 에세이로 나왔고, 이것이 나중에 「방법의 문제」(1957)가 되었다. 이 글에서 사르트르는 마르크시즘을 받아들이면서도, 전통적 마르크스주의 분석의 취약성을 보여 주기 위해 플로베르를 예로 들었다. 그래서 한 인간의 생성에서 가정과 유년의 중요성을 크게 부각하고, 플로베르의 소위 '문학적 참여'의 조건을 규정하려고 시도했다.

따라서 가로디와의 대화 때부터 『집안의 백치』 제3권이 출간된 1972년까지 사르트르는 실로 18년의 세월을 플로베르 연구에 바친 셈이다. 이 기간은 사르트르가 공산주의에서 마오이즘(마오쩌둥주의)에 이르기까지 가장 격렬한 좌파 활동을 벌이던 시기여서, 순수예술의 기수인 플로베르를 주제로 삼았다는 것 자체가 큰 모순으로 보인다. 사르트르 자신은 플로베르를 선택한 구체적인 이유로 다음 세 가지를 들었다.

첫째, 자료가 많기 때문이다. 역사적 인물이나 문학사의 인물 중 플로베르만큼 많은 자료를 남긴 사람도 없다. 그의 편지는 권당 거의 600페이지에 달하는 책이 13권이나 된다. 그에 관한 수많은 증언과 이야기들도 있다. 공쿠르 형제는 가끔 플로베르를 만나고 일기를 썼는데, 거기에는 플로베르에 대한 그들의 생각뿐만 아니라 플로베르가 자기 자신에 대해 이야기한 것도 있다. 플로베르가 청소년기에 쓴 많은 자전적 작품들도 있고, 그 외 수많은 자료가 있다.

둘째, 플로베르는 완전한 사회적 무관심, 형식적 이상의 추구 등, 사르트르 자신과는 정반대의 문학 개념을 갖고 있기 때문이다.

> 그는 사회 참여에 완전히 무관심했고 형식미의 이상을 추구했는데,
> 나는 전혀 그렇지 않다. (*Situations X*, 116)

여기서 사르트르는 스탕달과 플로베르를 비교하며, 자신은 플로베르보다 스탕달을 훨씬 더 좋아하지만 문학사에서 더 중요한 위치를 차지하는 작가가 플로베르이기 때문에 플로베르를 택했다고 말한다. 자신이 표방하는 이념에 부합하는 작가는 스탕달이지만 속마음으로는 플로베르에게 더 이끌린다는, 무의식적인 고백인 셈이다. 그는 스탕달에 대해서 이렇게 말했다.

> 그는 섬세하면서도 강하다. 그와는 완전히 화합을 할 수 있다. 그의
> 문체는 완벽하고, 주인공은 긍정적인 성격이 아니라 하더라도 독자의
> 공감을 불러일으킨다. 그의 세계관은 정확하고, 역사 개념은 재치가
> 있다. 이런 것이 플로베르에게는 전혀 없다. (Ibid.)

그러나 플로베르는 소설의 역사에서 스탕달보다 훨씬 더 중요한 위치를 차지하고 있다. 스탕달이 존재하지 않았다 해도 라클로(Laclos)에서 발자크로 직접 넘어가는 일이 가능했겠지만, 만일 플로베르가 없었다면 졸라 또는 현대의 누보로망(nouveau roman)은 생각조차 할 수 없었을 것이라고 사르트르는 말했다. 프랑스인들은 스탕달을 매우 사랑하지만 그러나 소설에 끼친 그의 영향은 매우 미미한 것인 반면 플로베르의 영향은 엄청나게 크기 때문에, 이 사실만으로도 그의 연구를 정당화해 주는 충분한 이유가 된다고 사르트르는 주장한다(116-17).

그는 언제나 스탕달의 작품을 읽으면서, 그것이 쥘리앵 소렐(Julien Sorel)이건 파브리스(Fabrice)이건 간에, 주인공과 완전한 감정의 일치를 느꼈다고 했다. 그런데 플로베르를 읽을 때는, 주인공들에게 반감을 느끼게 되고 완전히 불일치의 감정이 된다고 했다. 플로베르의 주인공들에 대한 일종의 애증의 감정을 사르트르는 이렇게 이야기했다.

그들과 같은 감정을 느끼는 때도 가끔 있다. 그러나 어느새 그들은 우리의 공감을 밀어내고 다시 처음의 적대감 속으로 우리를 떨어지게 한다. 나를 매혹시킨 것, 내 호기심을 자극한 것은 바로 이 점이었다. 왜냐하면 플로베르의 모든 예술이 거기에 집약되어 있기 때문이다. 그는 자신을 혐오하고 있는 것이 분명하다. 그가 자신의 주요 인물들에 대해 이야기할 때, 거기에는 사디즘과 마조히즘의 무서운 혼합이 있다. 그는 자기 주인공들을 고문한다. 왜냐하면 그들이 바로 그 자신이니까. 그러나 또 한편으로는, 그들이 그 자신이 아니기 때문에 고문을 하기도 한다. 악랄하고 사디스트인 플로베르는 타인들을 고문하기를 좋아하는 것이다. 이런 불행한 십자포화 사이에서 주인공들은 운이 없다. 플로베르가 주인공의 내면에 대해서 이야기하는 것은 어느 의미에서, 자기 자신에 대해 말하는 것이다. 자신에 대한 플로베르의 증언, 자기혐오에서 나오는 이 위장된 고백은 아주 예외적인 것이어서, 전무후무한 것이다. (117)

그러나 사르트르는 다시 한 번, 모든 점에서 플로베르와 자기는 정반대의 인물이라고 강조하며 "도대체 어떻게 이런 사람이 가능할 수 있었을까?"라는 의문이 자신을 플로베르 연구로 몰고 간 동인이었다고 말했다.

셋째, 플로베르 연구는 자신의 초기 저서 중 하나인 『상상계』의 속편과 같은 것이라고 사르트르는 밝혔다. 이것은 우리가 보기에 사르트르의 플로베르 연구 동기 중 가장 의미심장한 것 같다. 『상상계』에는 『문학이란 무엇인가』에서 부인된, 사르트르 초기의 순수예술의 미학 개념이 고스란히 들어 있기 때문이다.

그의 인생을 마감하는 작품인 『집안의 백치』가 그것의 속편이라는 것은, 사르트르가 중간기의 『문학이란 무엇인가』의 우회를 거쳐 다시 원점으로 돌아왔다는 것, 아니 어쩌면 그의 깊은 내면에서 그는 언제나 같은 생각을 하고 있었던 게 아닐까 하는 가정을 가능하게 해 준다. 『상상계』에서 사르트르는 마음에 떠오르는 상(像, image)이 잠에서 깬 감각, 또는 지성에 의해 재형상화된 감각이 아니며, 지식에 의해 변질되거나 약화된 지각은 더욱 더 아니며, 그것은 전혀 별개의 어떤 것, 즉 자신의 부재 속에 노정되는 부재의 존재(une réalité absente)라고 했다. 그리고 이 부재의 존재는 유사물, 즉 아날로공을 통해서 드러난다고 했다. 사르트르 미학의 중심 개념인 '유사물'은 '부재의 존재를 떠받쳐 주는, 그리고 인간의 의지가 들어 있는 유사적 물질(un objet servant de support analogique et traversé par une intention)'을 뜻한다.

그렇다면 왜 '유사물'인가? 우리가 예술과 만나는 것은 우선적으로 그림이나 조각, 또는 시나 소설 등 가시적이고 구체적인 물질로서의 대상을 접할 때다. 벽에 걸린 그림이나 바닥에 놓인 가구는 물질이라는 점에서 다를 바가 없다. 그런데도 우리는 의자나 탁자에서 느끼지 못하는 감동을 벽에 걸린 그림에서 느낀다. 다시 말하면 우리의 미적 감상의 대상은 이 구체적 물건이 아니라 이것을 넘어선, 저 너머의 어떤 부재의 존재(사르트르는 이것을 비실재irrèel, 상상력imagination, 비존재nonêtre, 무néant 등의 단어로 표현했다)라는 것을 알 수 있다. 그런데 부재의 존재는 비물질이어서 우리의 감각에 미치지 못한다. 그러므로 그것을 우리 눈앞에 구체적으로 보여 주기 위해서는, 그것과 아주 똑같은(유사한), 그러나 결코 그것 자체는 아닌 어떤 물체가 필요하다. 그것이 바로 그림, 조각, 시 등의 물질적 유사물이다.

이 유사물의 개념은 앞서 비실재의 미학적 측면을 다룬 제4장에서 자세하게 다룬 바 있다. 여하튼 사르트르는 이 세 번째 동기의 설명에서, 실재에 대한 비실재, 또는 현실에 대한 상상의 우위라는 초기의 개념을 그대로 보여 주었다.

전에 나는 『상상계』에서 상상의 물체, 즉 심상(心像, les images mentales)이 하나의 부재(不在)라는 것을 증명하려 했다. 플로베르를 다룬 이 책에서는 상상의 인간들을 연구했다. 플로베르 같은 사람들은 실제의 삶을 산다기보다는 어떤 역할을 연기한다. 모든 인간은 덧없는 기체와도 같다. 그는 이 기체를 타고 상상 속으로 도피한다. 플로베르가 언제나 그랬다. 상상 속에서 살기만 한 것은 아니고 현실을 직시하기도 했는데, 그것은 오로지 현실을 증오하기 때문이었다. 이처럼 현실과 상상 사이의 관계에서 야기되는 문제는 무엇일까? 내가 그의 작품과 인생을 연구하고자 마음 먹은 것이 바로 이에 대한 관심 때문이었다. (*Situations X*, 118)

여기서 "모든 인간은 덧없는 기체와도 같"아서 "그 기체를 타고 상상의 세계로 도피한다"거나 "현실과 상상 사이의 관계에서 야기되는 문제"라는 구절은 현실과 상상 사이에서 갈등하던 사르트르 자신의 초기 성향이 아직 극복되지 못했음을 보여 준다. 그래서 『백치』가 플로베르의 전기이기보다는 사르트르의 자서전에 가깝다는 평이 나오는 것이다.

3. 마르크시즘과 정신분석의 통합

그러나 플로베르 연구와 자서전의 연관성을 조심스럽게 묻는 콩타 및 리발카의 질문에 사르트르는, 주네(Genet)의 전기에서와는 달리 플로베르의 전기에서는 자신의 모습을 전혀 발견할 수 없을 것이라고 말했다. 자신은 플로베르와 공통점이 거의 없고 오히려 정확히 그와 다르기 때문에 그를 선택했다고도 했다. 비록 자신의 일부분이 책 속에 들어 있다고 해도, 좀 더 중요한 것은 어디까지나 방법론의 문제라는 것이다(*Situations X*, 103-04).

사르트르가 강조하는 방법의 문제는 한마디로 마르크시즘과 정신분석의 통합이다. 그리고 이 통합의 목적은 인간을 좀 더 잘 인식하는 것이다. 그는 이 두 인식론을 적절하게 상호 보완하게만 하면 모든 인간을 정확하게 이해할 수 있다는 소박한 기대에서 출발한다.

> 플로베르 연구의 깊은 의도는, 결국 모든 것은 알려질 수 있다는 것, 신이 아닌 보통 사람으로서도 필요한 요소만 갖추면 한 인간을 완벽하게 이해할 수 있다는 것을 보여 주는 일이다. 나는 플로베르를 예상할 수 있고 그를 알기도 하는데, 이것이 바로 내 연구의 목표이다. 필요한 자료와 적당한 방법만 있으면 모든 인간을 완전히 알 수 있다는 것을 증명하기 위해서이다. (106)

이렇게 한 인간을 완전히 이해하는 데 필요한 적당한 방법을 사르트르는 정신분석과 마르크시즘에서 찾는다. 사실, 근대 인식론의 두 획기적 사건이라 할 수 있는 정신분석과 마르크시즘의 결합은 현대 서양의 거의 대부분 학자들의 꿈이라고 할 수 있다. 모든 사람들이 정신분석과 마르크시즘을 연결하는 매개물을 찾아야 한다고 말하고, 모든 사람들이 정신분석만으로는 불충분하지만 마르크시즘과 정확하게, 합리적으로 결합하기만 하면 아주 유용할 것이라고 말했다. 사르트르도 「방법의 문제」에서 이런 주장을 했다. 그리고 이 두 인식론의 결합을 구체적으로 예시하고자 시도한 것이 『집안의 백치』였다.

그는 「방법의 문제」에서 이미 정신분석이나 마르크시즘을 따로 적용했을 때의 방법상의 불완전성을 다음과 같이 지적했다.

정신분석학은 원칙이 없고, 이론적인 기초가 없다. 융(Jung) 또는 프로이트의 일부 저작에서처럼, 완전히 무해한 신화와 곁들이면 별 문제가 없다. 결국, 이것은 어린아이가 특정 사회 안에서 가족관계를 체험하는 방법을 정립하는 데에만 온갖 관심을 기울이는 방법이다. […] 그러나 그 연구 대상 자체는 특정 가정의 구조에 달려 있는데, 이 특정 가정의 구조는 특정 계급, 특정 조건에 고유하게 공통적으로 들어 있는 가정 구조의 특정 구조일 뿐이다.[08]

08　Sartre, *Critique de la raison dialectique*, p. 47.

한편 마르크시즘 단독의 방법론이 가져올 수 있는 오류에 대해서는 다음과 같이 말했다.

오늘날의 마르크시스트들은 어른에게만 관심이 있다. 그들 말을 믿는다면 마치 우리는 첫 월급을 탔을 때 처음으로 태어난 사람인 것 같다. 그들은 자신의 유년 시절을 잊었고, 모든 것은 마치 사람들이 자신의 소외와 물화 현상을 우선 자신의 생계 노동에서부터 느낀다는 듯이 진행된다. 그러나 사실 모든 사람들은 이러한 소외와 물화 현상을 어릴 때 자기 부모의 생계 노동에서부터 느끼는 것이다.[09]

그러니까 여기서 분명히 드러나는 것은 정신분석학을 유년과, 마르크시즘을 성년과 각각 짝 지우는 방법이다.

정신분석학은 한 인간에 있어서 유년이 가장 중요하다는 듯이, 따라서 유년이 그의 일생을 결정한다는 듯이, 모든 관심을 유년에 집중한다. 유년의 검토는 결국 한 어린아이와 그가 속한 가정의 관계를 검토하는 것인데, 이때 그 가정은 특정 사회, 특정 계급의 최소 단위, 혹은 전형에 불과한 것이다. 그러니까 특정 시대, 특정 사회, 특정 계급의 연구가 병행되어야 하는데 정신분석학은 유년에서 그치고 만다. 따라서 정신분석과 마르크시즘의 결합은 필수적이다.

한편 마르크시즘은 생산관계 속에서 인간의 소외와 물화 현상

---

09 Ibid.

에만 관심을 집중한다. 마치 한 인간에게 유년이 없었다는 듯한, 또는 있더라도 그것은 아무런 중요성도 없다는 듯한, 그리고 생활비를 벌기 위해 노동을 할 때부터 갑자기 모든 문제가 들이닥친다는 듯한 태도이다. 그러나 생산수단으로부터의 소외가 중요하다는 것을 충분히 인정한다 해도, 그러한 소외는 어른의 노동에만 있는 것이 아니라 이미 어릴 때 자기 부모의 노동을 통해, 다시 말해서 부모의 소외를 통해 그것을 일찍이 체험한다. 여기에 마르크시즘의 한계가 있다. 그래서 사르트르는 플로베르의 어린 시절을 그의 청소년기 작품과 자신의 상상력에 의거하여 세밀하게 복원하고, 결국 그 가정이 아이의 일생을 망쳐 놓았다고 결론짓는다.

> 아버지는 무서웠고, 어머니는 냉담한 성격으로 아들에게 정을 주지 않아 아이의 욕구불만과 자폐적 성격을 형성했다. 그리고 공부 잘하는 형은, 물론 자기가 의도한 것은 아니지만, 귀스타브의 질투심을 자극하여, 결국 이것이 그를 망쳤다. (*Situations X*, 97)

이런 맥락에서 사르트르는 1844년 퐁 레베크에서 플로베르의 간질 발작도, 문제 해결을 위해 플로베르 자신이 스스로에게 부과한 의도적 전략으로 본다. 그런데 한 소년이 이토록 심한 좌절감을 느낄 때, 그것은 그 개인의 문제만이 아니라 부르주아 상승기의 한 부르주아 가정의 전형적인 문제로 보아야 한다. 사르트르는 한 어린아이 또는 한 청년에 대해서, 그를 그의 시대 속에 위치시키지 않고는 결코 정확히 말할 수 없다고 했다. 예컨대 만일 플로베르가 50년 후의 외과의사의 아들이었다면, 그와 과학과의 관계는 전혀 달랐을 것이라고 말한다. 따라서 플로베르가 어릴 때부터 습득한 이데올로기를 밝혀 주어야만 그의 인생을 총체적으로 이해할 수 있다고 했다. 정신분석과 마르크시즘 두 방법이 함께 적용되어야만 하는 이유가 여기에 있는 것이다. 『백치』 제1, 2권에서는 좀 더 정신분석적인 방법이 적용되었고, 제3권은 마르크스주의적 방법이 주로 적용되었다.

플로베르를 낭만주의 후기의 문학 풍토 속에 위치시켜 보면, 그는 단순한 개체가 아니라 그 시대의 집단정신을 체현한 보편적 개체(l'universel singulier)임이 드러난다. 사르트르는 플로베르의 신경증이 개인적인 정신병이 아니라 소위 그 시대의 객관정신에 의해 요구된 현상이었으며, 당대의 예술 사조인 '예술을 위한 예술'이 당연히 작가의 신경증을 요구했다고 주장한다. 그러니까 제1, 2권에서는 순전히 자신의 개인적인 갈등 때문에 '예술을 위한 예술'에 몰두한 한 작가의 모습이 나타나고, 제3권에서는 예술가로 하여금 신경증적 입장을 취하도록 강요하는 한 시대의 객관정신이 나타나는 것이다.

(1) 정신분석 적용의 오류

사르트르는 야심만만하게 정신분석과 마르크시즘, 두 방법론의 통합을 제시했지만, 그중 한 기둥인 정신분석은 오류투성이의 형편없는 것으로 지적되고 있다. 더군다나 이 책이 쓰여지고 출간된 시기를 포함하는 1965~1975년의 10년간은 라캉(Lacan)이 프로이트를 새롭게 해석하는 등 정신분석이 특히 관심의 대상이 되었던 시기이기에 사르트르의 무지는 더욱 두드러진다고 뷔르줄랭은 말한다.

특히 사르트르가 프로이트의 개념들을 다루는 방법, 귀스타브의 유아기와 글 배우기에 대한 어처구니없는 묘사, 이런 것들이 모두 우리의 실소를 자아내거나 또는 빈정거리게 만든다. 가장 치명적인 것은 정신분석학적 설명 부분이다. 사르트르는 거기에서 무의식에 관한 놀라운 무지를 보여 주었다. [⋯] 그것도 더군다나 정신분석학 이론의 연구가 비등하던 65~75년의 기간중에 말이다. 귀스타브의 유년기의 재구성은 그 방법에서는 환상적이고, 그 전문적 세부사항에서는 무겁기 짝이 없어, 어느 때는 우리를 실소 짓게, 또 어느 때는 하품을 하게 만든다.[10]

정신분석적 측면에서 가장 취약한 것은 플로베르와 어머니와의 관계에 대한 묘사이다. 사르트르는 플로베르의 어머니가 냉정한 여자이고, 딸을 원했기 때문에 귀스타브에게는 따뜻한 정을 베풀지 않았고, 그것이 플로베르의 수동적 성격을 만들었다고 했으나, 그 밖의 요인들에는 주목하지 않았다. 즉 플로베르의 문제는 아버지와

---

10 Burgelin, "De Sartre à Flaubert...," p. 695.

의 관계에서만 발생했을 뿐 어머니는 별로 중요한 요인이 아니라는 것이 사르트르의 입장이다. 이것을 뷔르줄랭은 오류로 지적한다. 그는 오이디푸스 삼각형에 대한 문제를 제기하고, 어머니를 결정적 요인으로 보지 않았다는 점에서 『집안의 백치』는 가장 반(反)정신분석적이라고 주장한다.

> 어린아이—아버지—어머니의 삼각형은 상징적으로 어떻게 체험되었는가, 오이디푸스의 위기는 어떻게 해소되었는가, 또는 해소되지 못했다면 이것은 어떤 갈등을 낳았는가, 등 이러한 문제들을 사르트르는 제기하지 않았다. 이런 의미에서 그의 저술은 가장 반정신분석적이다. (Lire, 114)

사르트르 자신도 「방법의 문제」에서 귀스타브와 어머니와의 관계는 전혀 결정적인 요인이 아니라고[11] 분명하게 말한 바 있다. 그러나 뷔르줄랭의 반론은 좀 더 프로이트적이다. 그는 플로베르가 50년간 자기 집에서, 자기 어머니 옆에서 살았다는 것에 주목한다.

플로베르의 일생중 가장 큰 사랑이라고 일컬어지는 슐레징거 부인[12]은 그보다 11세 연상이다. 연애의 실패는 그의 작품에서 반복되어 나오는 주제이다. 근친상간의 의미가 함축된 연애의 주제도 자주

---

11 Sartre, *Critique de la raison dialectique*, p. 89.
12 플로베르는 열네 살 때 가족 여행지에서 슐레징거 부인을 처음 만나 짝사랑을 시작했다고 한다.

나온다. 그것도 언제나 젊은 남자와 나이가 훨씬 많은 여자 사이의 관계이다. 첫 번째 『감정 교육』의 앙리(Henry)와 르노(Renaud) 부인, 두 번째 『감정 교육』의 프레데리크(Frédéric)와 아르누(Arnoux) 부인, 『보바리 부인』의 레옹(Léon)과 에마(Emma)가 그 예이다. 그리고 마침내 『수도사 성 쥘리앵』에서는 주인공이 자기 부부의 침대에서 자고 있는 양친을 죽인다. 이런 판국에 어떻게 플로베르의 오이디푸스 콤플렉스를 묵살할 수 있는가, 라고 뷔르줄랭은 묻는다(Lire, 115 n3).

정신분석의 적용에서 가장 큰 오류로 지적되는 것은 사르트르가 무의식을 인정하지 않는다는 점이다. 그는 젊은 시절에 마르크스와 프로이트를 몰랐고 뒤늦게 그것을 발견하여 심한 경도 현상을 보였지만, 두 사상을 수용하는 자세에는 조금 차이가 있다. 마르크스와 프로이트에 대한 그의 자세는 다음 글에서 분명하게 드러난다.

> 나와 마르크스와의 관계, 나와 프로이트와의 관계에는 근본적인 차이점이 있다. 내게 있어서 계급투쟁의 발견은 진짜 발견이었다. 나는 지금도 마르크스가 묘사한 그대로의 형태 속에서 계급투쟁이 유효하다고 믿는다. 시대는 변했지만 계급 사이에는 똑같은 투쟁이 있고, 승리를 향한 길도 똑같은 것이다. 그런데 나는 정신분석이 우리에게 제시해 주는 무의식은 믿지 않는다. (*Situations X*, 108)

그는 무의식(inconscient)이라는 용어에 심한 거부감을 느끼고 대신에 '체험(vécu)'이라는 단어를 쓰겠다고 밝힌 바 있다(Ibid.).[13] 무의식은 프로이트의 가장 중요한 기본적 개념인데, 이것에 동의하지 않는다는 것은 프로이트의 정신분석 자체를 신뢰하지 않는다는 이야기가 된다.[14] 그래서 뷔르줄랭은 『집안의 백치』를 "정신분석 앞에서의 정신 나간 도피(fuite éperdue devant la psychanalyse)"라고 규정하고, 오늘날 정신분석을 무시하고 어떻게 한 인간을 총체적으로 이해할 수 있겠는가, 라는 의문을 제기한다.

오늘날 프로이트를 무시하고 인간학을 세울 수 있을까? 그런 조건 속에서 전체화라는 것이 무슨 의미가 있는가? (Lire, 115)

한마디로 사르트르의 정신분석은 너무나 단순한 정신분석이라고 조제트 파칼리도 말한다. 다른 사람의 방법론에 승복할 만큼 겸

---

13 'vécu'의 의미에 대해서는 다음과 같이 말했다. "[…] 내가 쓰는 이 용어는 전(前)의식적 도피처도 아니고, 무의식도 아니고, 의식도 아니다. 한 개인이 끊임없이 침잠해 들어가는 영역이고, 의식이 망각을 통해 교묘히 자신을 규정하고 있는 그러한 영역이다"(Situations X, 108).
14 그러나 사르트르가 무의식을 믿지 않는 것은 철학의 측면에서일 뿐, 문학의 측면에서는 그렇지도 않은 것 같다. 『집안의 백치』에는 귀스타브의 무의식을 암시하는 부분이 상당히 많다. 그중 두 구절을 예로 들면 다음과 같다. "귀스타브는 자기도 모르게 행동했음이 틀림없다. 어떤 끈질긴 의도가 그의 어두운 내면에서부터 솟아올랐다. 마치 심연의 생선처럼. 만일 햇빛 속의 공기중에 내놓는다면 아마도 그것은 파열해 버릴 것이다"(L'Idiot II, 1667); "너무나 어둡고 전(前)논리적이어서 우리는 그것을 심연에서 조심해 꺼내야 할 것이다. 압력의 급작스러운 변화가 그것을 폭파시키지 않도록"(2057).

손하지도 않고 또 마르크스와 함께 금세기 최대의 두 우상인 프로이트를 무시할 만큼 강하지도 않기 때문에 이런 현상이 생겼다는 것이다.

결국 사르트르의 자서전과 전기를 비교해 본 결과, 순전히 상식의 차원에만 머물러 있는 그의 정신분석 지식은 이 작가에게 유효하기보다는 차라리 유해했다. 사르트르는 자신이 정신분석의 장에 있다고 믿으면 믿을수록 더욱 더 이 분야에서 떨어져 있었다. 그는 남들이 만들어 놓은 방법에 승복할 만큼 겸손하지 않으며, 그렇다고 지난 반세기 동안 마르크스와 함께 우상이 되었던 프로이트를 자기 저술 속에서 무시할 만큼 그렇게 강하지도 않았다. 다른 사람들이 원하는 데 따라서, 그리고 시대의 요구를 눈치채고, 사르트르는 단순 소박한 정신분석 안으로 질주해 들어갔던 것이다. (*Miroir*, 452)

사르트르는 프로이트의 무의식을 인정하지 않았고, 오이디푸스 삼각형도 무심하게 지나쳤다. 프로이트가 "인과성과 목적성을 혼동(méler causalité et finalité)"(*Situations X*, 104)했다고 비난했고, 정신분석 이론은 "변증법이 아니라 이것저것 뒤섞어 놓은 잡동사니의 사상(une pensée syncrétique et non dialectique)"(105-06)이라고 비난하기도 했다. 그러나 사르트르가 정신분석을 무시했다는 뷔르줄랭의 주장이나, 프로이트가 금세기의 우상이어서 마지못해 그에게 관심을 보였다는 파칼리의 주장은 별로 설득력이 없어 보인다. 왜냐하면, 나중에 플로베르의 신경증을 다루는 부분에서 보겠지만, 친부살해의 측면에서 사르트르는 프로이트에 지나치게 경도되어 있는 듯이 보이기 때문이다.

요컨대, 사르트르는 프로이트의 정신분석에서 자기 취향에 맞는 부분만을 선택하여 그것을 자신의 문제틀로 삼았을 뿐이다. 연구자의 주제 선택 자체가 이미 그의 주관성을 드러내 준다는 좋은 본보기가 아닐까 싶다.

(2) 마르크시즘 적용의 경직성

사르트르는 정신분석의 방법에서는 취사선택을 했지만, 마르크시즘의 방법은 지나치게 교조적으로 완전히 받아들였다. 젊었을 때 마르크시즘을 전혀 몰랐고 사회적인 관심도 없었던 데 대한 반동이었을까, 철두철미 마르크시즘에 빠져든 그의 사상은 거의 흑백논리적인 경직성을 띠게 되었다. 예컨대 "사회주의 운동, 혁명 운동에 참여한 사람만이 소련을 비난할 수 있다"거나 "모든 반공주의자들은 개다"라는 그의 극렬한 말들이 좋은 예이다. 레이몽 아롱(Raymond Aron)은 사르트르가 반공주의에 대해 도덕적인 죄의식을 느끼고 있는 것 같다고 진단했다. 알프레드 파브르뤼스(Alfred Fabre-Luce)는 마르크시즘과 정신분석을 결합한다는 명목하에 인간의 모든 것을 유년, 가정, 사회계급으로 환원시키는 사르트르의 방법이 마치 텐의 문학결정론을 연상시킨다고 꼬집는다. "텐은 '환경, 유전'을 말한다. 1세기 후 누군가는 말할 것이다. '유년 가정, 사회계급'이라고."[15]

파브르뤼스는 또 사르트르의 실천과 사상의 불일치도 비판한다. 즉 노동자들이 읽지도 못할 현학적인 책을 썼다, 그러면서도 자신은 노동계급의 편에서 그들을 위해 글을 쓴다고 주장한다, 그러나 작가의 주장과는 달리 그의 독자는 모두 부르주아이다, 게다가 그 자신은 투쟁적인 행동을 통해 한번도 상처를 입지 않았다, 결국 사르트르의 행동은 자기만족적인 알리바이에 불과하다는 것이 파브르뤼스의 냉정한 평가였다.

그는 노동자들에게는 도저히 읽힐 수 없는 그의 현학적인 수천 페이지의 글이 언젠가는 그들에게 '회수'될 것이라고 믿는 척한다. 이 전기는 차라리 그 자신의 자기만족이다. [⋯] 그는 부르주아를 욕하면 할수록 더욱 더 부르주아에게 읽히는 부르주아 작가일 뿐이다. [⋯] 행동으로 그는 자신에게 알리바이를 제공해 주는 것 이상의 일을 하지 않았다. 그는 혁명의 한가운데에서 상처를 입은 적이 없고, [⋯] 재판에 회부된 적도 없다. [⋯] 그는 거리에 나가 시위를 해도 투옥된 적이 없었으며, 그렇게 함으로써 자신이 투쟁한다고 주장하는 체제의 자유주의적 성격만 한층 더 부각시켜 줄 뿐이었다.[16]

---

15 Alfred Fabre-Luce, "Sartre par Flaubert," *Revue des Deux Mondes*, octobre-décembre 1972, p. 55.
16 Ibid., p. 57.

4. 플로베르 연구에 대한 기여

『집안의 백치』가 사르트르 자신의 자화상에 가깝다는 비판도 많지만 플로베르 연구에 대한 이 책의 기여는 결코 무시할 수 없다. 플로베르의 청소년기 작품을 해석하여 그의 인생과 작품 전체에 일관성을 부여한 것은 사르트르의 큰 공으로 꼽힌다. 뷔르줄랭은 다음과 같이 플로베르 연구에 대한 사르트르의 기여를 밝힌다.

> 그렇다고 이 책에서 플로베르가 완전히 부재라고 결론을 내려야 할까? 천만의 말씀이다. 사르트르는 플로베르에 대해 이때까지 우리가 보아 온 것 중 가장 철저한 해석을 가하고 있다. 플로베르의 청년기 작품이 이처럼 주의 깊게 해석된 적이 없으며, 동물성이나 희극에 대한 주제가 이와 같은 변증법적 깊이로 분석된 적은 한번도 없다. 구원 또는 신의 개념에 대한 플로베르의 생각도 이처럼 적절하게 검토된 적이 없다. 왜냐하면 플로베르가 자신이 소속된 사회나 가정의 이데올로기를 선택하는 데 이 개념이 얼마나 중요한 역할을 했는지를 사르트르만큼 명료하게 설명한 사람이 없었기 때문이다. 글쓰기와 문체가 작가의 세계관적 모순의 핵이라는 것을 이렇게 분명하게 밝힌 글도 없었고, 또 히스테리를 그리는 히스테리 작가로서 플로베르를 이토록 정확하게 그린 비평가는 없었다. (Lire, 120)

미셸 리발카의 평가도 비슷했다. 그는 누구라도 사르트르의 플로베르 독서법에 이의를 제기할 수는 있으나, 당분간은 그 누구도 이 업적을 무시하거나 피해 갈 수 없을 것이라고 결론지었다.

사르트르의 저서는 플로베르의 객관성이나 사실주의에 대한 실증주의적 이론도 아니고, 그의 신비주의에 대한 관념적 개론도 아니다. 『집안의 백치』는 플로베르의 신비를 벗겨 주었지만 그러나 결코 위대한 작가로서 그의 재능을 제거하지는 않았다. 이 책은 플로베르 연구의 장에서 일체의 금기사항을 없애고 하나의 독특한 독서법을 제시했는데, 이 독서법에 대해서 우리는 이의를 제기할 수 있으나 당분간 결코 그것을 소홀히 하거나 또는 묵살할 수는 없을 것이다. (Lire, 223)

Chapter 8

le Retour

사르트르 미학의 자기복귀

1. 『집안의 백치』는 사르트르의 자화상인가

여하튼 사르트르가 가장 이상적인 방법론의 제시를 위해 이 책을 썼다는 주장에 일단 동의하기로 한다. 그러면 왜 하필 사례 연구의 대상을 플로베르로 잡았느냐 하는 문제가 남는다. 플로베르와 자신과는 아무런 유사성도 없다고 완강히 부인하고 있지만, 그를 연구 대상으로 삼았다는 자체가 어떤 은밀한 동일시 현상을 보여주는 것은 아닐까? 자기를 부정하여 자기 밖으로 나갔다가, 그 부정된 자기를 다시 부정하고 원래의 자기 자신으로 복귀하는 헤겔적 변증법이 사르트르에게 적용되는 것은 아닐까? 『집안의 백치』가 플로베르의 전기라기보다는 사르트르의 자화상에 가깝다는 평론가들의 해석도 이러한 의구심의 표현이다.

헤이즐 반스는 이 책이 "사르트르에 의해 교묘하게 위장된 자화상인가, 아니면 전기, 소설, 또는 자서전인가?"[17]라는 의문을 표시했고, 조제트 파칼리는 모든 전기가 그 작가의 심리상태를 표현해 준다는 일반론을 편 뒤, 사르트르는 플로베르를 강하게 부정하고 있지만 "부정은 희미해지고 유사성만 두드러진다"(Miroir, 416)고 했다. 클로드 뷔르줄랭은 "플로베르의 사르트르화(sartrisation de Flaubert)"[18]라고 표현하면서, 두 사람은 똑같이 '글 쓰는 형벌을 받은 무기수'와도 같다고 말했다. 그리고 두 무기수의 '심리구조와 운명'은 서로 비슷하다고도 했다.

> 사르트르는 플로베르를 자신의 복사판으로 만들었다. [⋯] 글 쓰는 형벌을 받은 두 무기수의 심리구조와 운명의 동일성. [⋯] 사르트르가 자신을 묘사하기 위해 『말들』에 넣은 것, 그리고 플로베르를 그리기 위해 『집안의 백치』에 넣은 것은 똑같은 강박관념의 구조이다. 즉 죽음 혹은 무(無)가 언제 어디서나 중심 단어이고, 핵심적 의미이며, 모든 인간 행위의 알파요 오메가인 그러한 세계이다.[19]

이처럼 두 사람의 문학과 존재의 문제가 동일하기 때문에 책의 첫 장부터 플로베르는 '사르트르화'하여 사르트르의 언어로 말해졌다고 그는 주장한다.

---

17 Barnes, *Sartre and Flaubert*, p. 401.

18 Burgelin, "De Sartre à Flaubert ...," p. 694.

19 Ibid., p. 692.

존재와 문학의 문제, 즉 글쓰기의 윤리와 사회적 신분, 현실과 상상의 변증법 등이 플로베르와 사르트르에게 제기하는 문제들은 거의 동일하다. 그래서 플로베르는 사르트르에 의해 연구 대상이 되자마자 곧 사르트르화했고, 사르트르의 언어로 말해졌으며, 사르트르의 언어 조직 속에서 해체되었고, 내부에서부터 공략되었다. (Lire, 116)

자크 르카름은 「사르트르와 그 분신(Sartre et son double)」이라는 글에서 『말들』과 『백치』의 주인공이 너무도 흡사하여 마치 같은 책이 구도만 다르게 전개된 것 같다고 말했다. 부르주아 가정에서 태어나 유년의 황금기를 지낸 후 갑자기 소외되고 애정 결핍을 느끼면서 희극적 행동에 빠지는 두 소년의 인격 형성 과정이 너무나 비슷하다, 사르트르의 보들레르론은 어디까지나 자신의 외부적 존재에 대한 객관적 기술이었지만, 플로베르는 사르트르의 외부적 상대가 아니라 바로 그 자신의 분신이라는 것이 르카름의 생각이다. 이 분신은 사르트르 자신에 의해 의식적으로 억압되었지만 여전히 사르트르의 마음을 사로잡고 있다고 그는 주장한다.

미셸 리발카도 플로베르는 사르트르가 흠모했던 작가의 원형이라고 본다. 사르트르가 의식적으로 자신의 성향을 눌러 플로베르와 정반대의 인물이 되려고 애썼다는 가설도 르카름과 비슷하다.

『집안의 백치』를 쓰면서, 그리고 플로베르를 통해 사르트르는 틀림없이 문학과 결별하려 한 것 같다. 그는 이 책에서 상상에 배타적인 가치를 부여하는 것에 반대했고, 마침내 문학을 청산한 듯하다. 플로베르는 그가 되고 싶었던 작가의 원형이며, 또 동시에 그가 조직적으로 그 반대 생각을 하면서 스스로 되었던 작가의 정반대이기도 하다.[20]

사르트르의 사상과 실천의 괴리를 꼬집었던 알프레드 파브르뤼스의 비판은 한층 더 냉소적이다. 사르트르는 〈르몽드〉와의 회견에서, 플로베르는 지루한 사람이라 저녁 한 끼도 함께 먹을 수 없는 사람이라고 말한 적이 있는데, 파브르뤼스는 바로 그 대목을 그대로 받아, 마치 플로베르가 직접 말하는 듯한 구어체로 사르트르를 비꼬았다.

이렇게 그는 말했다. "나는 플로베르하고 저녁 한 끼도 먹고 싶지 않아요. 틀림없이 그는 아주 지루한 사람일 테니까." […] 그런데 함께 저녁도 먹을 수 없는 지루한 사람에게 자기 시간을 다 바치고 또 그에 대해 수천 페이지의 글을 쓴다는 것은 이상한 일이 아닌가? 장폴은 왜 그런 일을 할까? […] 그것은 장폴이 바로 나 자신이기 때문이다.[21]

그러니까 파브르뤼스 역시 『집안의 백치』에 그려진 플로베르를

---

20 Michel Rybalka, "Sartre et Flaubert," in *Langages de Flaubert*, Actes de colloque de London (Canada)(Minard, 1976), p. 224.

21 Fabre-Luce, "Sartre par Flaubert," p. 56.

사르트르의 복제 원형으로, 또는 그가 떨쳐 버리고자 했던 회한의 상징으로 본다. 여전히 플로베르의 시점을 택한 글에서이다.

> 나는 언제나 그의 앞에 나타나 그를 괴롭혔다. 어릴 때 이미 그는 내 책의 구절들을 줄줄 외웠고 '샤보바리(Chabovary)' 놀이를 하곤 했다. 나중에 그는 내 글에서 그의 소설 제목 『구토』를 따왔고, 그 주인공 로캉탱의 이름도 빌렸다. 『집안의 백치』라는 새로운 책은 그의 강박관념에 관한 글이다. 나는 그의 복사판이고, 그가 늘 떨쳐 버리고자 했던 하나의 회한이다. 젊은 시절에 그는 나와 똑같은, 예술에 대한 신념을 갖고 있었다. 그런데 내가 문학에 더욱 깊이 빠졌던 나이에 그는 정치를 선택했다. 적어도 그는 그렇게 말했다. 그는 내 전기를 쓰면서도 투쟁하고 있다고 말할 정도이다.[22]

2. 초기 미학으로의 회귀

'한 작가가 어떻게 형성되는가(genèse d'un écrivain)'라는 문제를 천착한다는 점에서 『말들』과 『집안의 백치』는 같은 계열의 책이라 할 수 있다. 그런데 어찌 보면 아주 단순한 하나의 에피소드에 불과할 이 주제를 그렇게 오랫동안 끈질기게 다루었다는 것 자체가 사르트르

---

22 Ibid.

의 어떤 은밀한 강박관념을 잘 보여 주는 것인지도 모른다. 더군다나 그 예화적인 작가를 플로베르로 택했다는 것은 매우 의미심장하다. 플로베르는 사르트르가 젊은 시절에 문학적 이상으로 생각했던 작가이기 때문이다.

결국 『집안의 백치』는 사르트르가 여러 우회의 길을 통해서 자신이 『말들』에서 한껏 매도했던 청년기의 문학관으로 되돌아왔음을 보여 주고 있다. 그것은 문학 언어의 절대적 힘에 대한 환상, 문학이 우연이나 죽음 같은 인간 조건을 극복하여 인간존재를 정당화해 줄 수 있다는 믿음, 요컨대 구원으로서의 문학 개념이다. 수천 페이지의 노력에도 불구하고 이처럼 다시 원점으로 돌아왔다는 점에서 시시포스(시지프)의 수고에 비유되기도 한다.

> 사르트르가 『말들』에서 격렬하게 또 냉소적으로 비난했던 엉뚱한 행동들과 신화들, 예컨대 문학 언어의 절대적 힘에 대한 환상, 말 속에 화석화된 존재, 우연과 죽음을 피해 문학 속에서 존재의 정당화를 찾는 것 등이 모두 역설적이게도 『집안의 백치』의 토대가 되어 있다. (Lire, 119-20)

> 그러니까 사르트르가 여기에서 추구하는 것은 구원의 발견이다. 문학이라는 저주를 극단으로 밀고 가, 새로운 시시포스의 작업인 전체화를 마치 하나의 속죄처럼 체험하면서 그는 언제나 똑같은 죄, 즉 작가가 되었다는 죄의 사면을 요구하고 있는 것일까? (120)

그러면 사르트르 자신이 말하는 『집안의 백치』의 집필 의도는 무엇인가? 그는 "한 인간을 총체적으로 이해하기 위한 방법론을 제시하기 위해서"라고 말했다. 그 방법론이란 마르크시즘과 정신분석의 결합이다. 그러나 우리가 살펴 본 비평가들의 검토에 의하면 사르트르가 적용한 정신분석은 반(反)정신분석이라고 할 수 있을 만큼 왜곡되어 있고, 마르크시즘의 적용은 지나치게 도식적이다. 그러나 방법 적용의 정확성 여부를 떠나 좀 더 문제가 되는 것은, 마르크시즘과 정신분석의 통합만으로 한 인간을 완전히 이해할 수 있는가 하는 점이다. 두 인식론을 적당히 결합하기만 하면 그 어떤 인간도 전체적으로 파악할 수 있다는 사르트르의 생각은 지나치게 단순하고 소박한 감이 없지 않다.

방법 적용에서 주관이 배제된 가치중립성이 있을 수 있느냐의 문제도 있지만 좀 더 근원적인 것은, 복잡다기하고 불가사의하기까지 한 인간존재를 고작 유년 시절의 트라우마나 사회 내에서의 소외 현상으로만 설명할 수 있는가 하는 점이다. 그것은 어느 일면의 정당성은 있겠으나, 결코 전체적인 이해라고 할 수는 없을 것이다. 오히려 도식적이고 유형적인 인간상을 만들어 낼 위험마저 있다. '신이 아니면서도' 신처럼 한 인간을 완전히 파악할 수 있다는 사르트르의 말은 대가(大家)가 흔히 갖기 쉬운 자만심의 발로이거나, 또는 그가 그토록 비난했던 고공의식에 자신도 모르게 **빠져든** 것이 아닌가 하는 의구심을 우리는 갖게 된다.

리발카는 사르트르가 이 책에서 문학과 완전히 결별했다고 말했지만, 그러나 우리는 그가 40대 이후 애써 부정했던 '구원으로서의 문학'의 개념이 다시 나타나는 것을 확인할 수 있었다. 그러나 과연 문제는 그렇게 간단한 것인가? 『집안의 백치』 제3권에서 그 결정적 해답을 찾을 수 있을 것으로 본다.

Chapter 9

l'Auteur

작가란 무엇인가

1. "글 한 줄 쓰지 않은 날이 하루도 없다nulla dies sine linea"

사르트르와 문학과의 관계는 곧 사르트르와 플로베르와의 관계라고 해도 지나치지 않을 것이다. 그의 일생을 총체적으로 조감해 보면, 플로베르와 얼마만큼 가까워졌느냐 멀어졌느냐에 따라서 문학 개념이 참여 혹은 순수 쪽으로 기울어지고 있음을 알수 있다.

사르트르의 문학 인생은 대강 다음과 같은 세 단계로 나누어 생각해 볼 수 있다.

그 첫 번째는, 사르트르가 글 읽기를 막 배우고 난 직후에 의미도 모르면서 『보바리 부인』을 수없이 반복해 읽던 어린 시절부터 『상상계』, 『구토』 등을 쓰던 30대 중반까지의 시기이다. 사회역사적으로는 2차 대전 발발 이전까지의 시기에 해당된다. 이 시기에 사르트르는 플로베르와 동일시를 이루기 위해 애썼으며, 순수문학의 개념을 깊이 신봉하고 있었다. 소설『구토』에서는 부르주아에 대한 혐오, 예술에 의한 구원, 광물질 예찬, 인간혐오 등 플로베르의 순수예술 개념을 고스란히 찾아볼 수 있다.[23] 소설의 분위기와 문체까지도 플로베르의 톤을 강하게 풍기고 있다.[24] 이미지 이론의 철학서인『상상계』도 실재에 대한 상상의 우위, 비실재의 미학 등 플로베르의 미학을 그대로 답습하고 있다.[25] 이 시기에 사르트르가 보였던 극도의 사회적 무관심도 플로베르와 매우 흡사하다.

그러나 1939년 2차 대전 발발과 함께 사르트르의 문학관은 정반대의 방향으로 급선회하게 된다. 소위 참여문학의 주장이 그것이다. 마르크시즘에 몰두했고, 문학의 효용성을 주장했으며, 당연히 순수문학의 작가인 플로베르를 격렬하게 비난했다. 파리 코뮌 봉기자들에 대한 정부의 가혹한 억압이 플로베르의 책임이라는 극언까

---

23 가령『구토』의 다음 구절에서 플로베르, 보들레르 등의 광물질 예찬과 플로베르의 '좌절시키기(démoralisation)' 개념을 읽을 수 있다. "그것은 강철처럼 단단하고 아름다워야 한다. 그리고 사람들에게 그들의 실존을 수치스럽게 생각하도록 해야 한다"(Sartre, *La Nausée*, p. 210).

24 『구토』의 독자는『부바르와 페퀴셰(Bouvard et Pécuchet)』의 주인공들과 비슷하다. 부빌(Bouville) 시립박물관 묘사와 부르주아지에 대한 풍자, 냉소, 그리고 반어법과 규칙적 반복의 문체까지도 플로베르의 어조를 그대로 연상시킨다. 주인공 이름 로캉탱은 플로베르의『감정 교육』과『부바르와 페퀴셰』에도 등장하는 이름이다(Michel Contat and Michel Rybalka, *Les Ecrits de Sartre: Chronologie, bibliographie, commentée*, Gallimard, 1970, p. 427).

25 '자신의 비실재화와 세계의 탈실재화'라는 '미적 태도'는, 개념은 물론 용어 자체까지도 플로베르의 것을 그대로 쓰고 있다.

지도 서슴지 않았다(*Situations II* [1948], 159). 문학을 개인의 구원으로만 생각하고 아름다움의 추구만을 목표로 삼았던 사르트르는 이제 모든 것을 마르크시즘의 도식에 대입하여 보게 되었다. 그에 의하면 문학작품은 개인의 소유물이 아니라 사회적 현상이며, 작가에게는 사회적 책임이 있고, 작가는 피억압자와 연대하여 그들에게 혁명적 의식을 고취해야만 한다. 그러지 않으면 문학은 한갓 소비 문학으로 전락하고, 작가는 억압적인 지배자의 공모자가 된다(51).

온 세계의 일반 독자들, 특히 한국의 독자들은 이 두 번째 단계의 사르트르만을 기억한다. 문학의 현실 참여를 주장하고 극렬한 혁명사상을 고취한 이 극좌 지식인에게 플로베르를 흠모하던 창백한 문학청년 시절이 있었다는 것을 사람들은 잘 모른다. 그러나 일반 독자들이 더욱 더 모르고 있는 것은 이 좌익 사상의 지도자가 일생을 결산하는 방대한 저술 『집안의 백치』를 통해 다시 플로베르에게 되돌아왔다는 사실이다. 플로베르에게 되돌아왔다는 것은 순수문학으로의 회귀를 뜻한다. 젊은 시절에는 플로베르와 자신을 동일시했고, 장년에는 플로베르를 극렬하게 부정했으며, 다시 노년에 이르러 플로베르와 자신을 다시 한 번 동일시했다. 출발 지점과 동일하다 해도 나선형의 끝은 물론 시작과 같지는 않을 것이다. 부정의 부정을 거쳐 다시 자기로 복귀한 의식은 결코 최초의 자기확신적 의식일 수는 없다. 이것이 사르트르의 문학 인생 그리고 예술철학의 세 번째 단계이다.

이 세 번째 단계에 이르기 전 1960년대 초에 나온 그의 자서전

『말들』이 하나의 이정표 역할을 하고 있다. 40년대 이래 문학의 사회 참여를 주장해 온 사르트르는 60년대에 이르러 참여문학 자체의 효용성에 대한 회의에 빠져 무기력감을 느끼게 된다. 인간은 정치에 의해서도 구원될 수 없지만 문학에 의해서도 구원받을 수 없다는 좌절감이었다. 인간에 의한 인간의 착취나 세계 인구의 상당 부분이 겪는 극심한 영양실조, 또는 인간 소외 현상 앞에서 문학은 한갓 사치품으로 여겨졌다. 1964년에 〈르몽드〉와 가진 회견에서 그는 "저개발 국가에서 로브그리예(Robbe-Grillet)를 읽을 수 있을 것인가?", "죽어가는 어린아이 앞에서 소설『구토』는 무슨 가치가 있는가?"라는 등의 비관적인 견해를 피력했다.[26]

문학에 대한 이러한 비관론이 그로 하여금 자서전『말들』을 쓰게 한 동기였다. 이 책에서 사르트르는 죽음, 구원, 종교, 교회 등의 비유를 통해 자신이 문학에 의한 구원을 강하게 믿고 있었다는 것을 고백함으로써[27] 세인을 깜짝 놀라게 했다. 종교적 용어의 비유로 문학에 신성한 성격을 부여한 것도 그렇고, 자신의 평생을 "nulla dies sine linea (글 한 줄 쓰지 않은 날이 하루도 없다)"[28]라는 라틴어 문구로 표현한 대목도 그랬다. 그가 사용한 단어들은 플로베르의 절대예술을 그대로 연상시켰다. 쓸쓸한 비감(悲感)으로 일생을 뒤돌아

---

26 Jean-Paul Sartre, "J.-P. Sartre s'explique sur *Les Mots*," interview par Jacqueline Piatier, *Le Monde*, 18 avril 1964.

27 Sartre, *Les Mots*, pp. 209, 212.

28 Ibid., p. 211.

보는 『말들』에서 마침내 사르트르는 문학에 이별을 고했다고 평론가들은 생각했다.

문학을 구원으로 생각하던 자신의 신경증에서 벗어나기 위해, 말하자면 자신의 과거를 완전히 청산하기 위해 이 같은 자서전을 썼다고 했으나,[29] 이미 40년대부터 그의 과격한 참여문학론을 추종하던 독자들로서는 일종의 배신감마저 느끼지 않을 수 없었다. 『문학이란 무엇인가』를 쓴 이후 20여 년 동안 문학의 사회적 책임을 역설하던 사르트르가 사실은 은밀하게 순수문학에의 열정을 속에 간직하고 있었다는 고백이었기 때문이다.

『말들』을 쓴 이후 그는 공산당과도 결별하고(마르크시즘과의 결별은 아니다) 일체의 문학에서 손을 뗀 채, 자신의 표현에 의하면 "상아탑 속에 들어앉아" 플로베르 연구에 몰두했다.[30] 자신이 격렬하게 반대 투쟁을 했던 드골이 집권했고, 공산당과 불편한 관계에 들어갔으며, 문학에 대한 믿음도 상실함으로써 사르트르는 극도의 의기소침에 빠진 상태였다.

이런 그에게 68년 5월 혁명은 새로운 활력을 공급해 준 의외의 사건이었다. 노동자의 생활 수준이 높은 서구 선진국에서는 결코 혁명이 일어나지 못할 것이라는 마르크스주의 학자들의 예상을 깨

---

29 Philippe Gavi, Jean-Paul Sartre and Pierre Victor, *On a raison de se révolter* (nrf Gallimard, 1974), p. 41. 책 제목 '저항하는 것이 옳다'는 당시 유행하던 마오이즘의 구호 '조반유리(造反有理, 저항하는 데는 이유가 있다)'의 불어 번역이다.

30 Ibid., p. 69.

고 학생들에 의한 문화혁명이 일어났기 때문이다. 사르트르는 이미 60세가 넘은 나이임에도 소르본 대학으로 달려가 학생들 앞에서 연설을 하고, 르노 자동차 공장에서는 노동자들에게 선동적인 연설을 했다. 물론 젊은이들이 그를 전적으로 받아들인 것은 아니다.[31] 혁명은 다 그렇지만, 특히 문화혁명은 일체의 권위를 부정하는 것이어서, 엄청난 권위의 소유자인 사르트르는 젊은이들에게 별 환영을 받지 못했다. "저 사람 뭐하자고 온 거야? 우리는 스타를 원치 않아(Qu'est-ce quil a à faire ici celui-là? C'est une vedette, on n'a pas besoin de vedettes)"라는 게 소르본 학생들 사이에서 튀어나온 고함이었다. 고령의 몸으로 트럭 속에 숨어 공장에 들어가는 것도 젊은이들에게 부담이 되고 눈치가 보이는 일이었다.[32]

여하튼 그는 마오이스트로 변신하여 다시 젊은이들의 사상적 지도자의 자리를 굳히게 되었다. 파칼리는 사르트르의 이러한 행동을 "삶과 소유와 성숙과 노화에 대한 공포(l'horreur d'habiter, de posséder, de mûrir, de vieillir)"(Miroir, 452) 등으로 해석하기도 했다. 그녀는 사르트르가 '잊혀진 채 살아가는 삶'을 매우 두려워했고, 늙지 않으려고 발버둥 치는 화류계 여인처럼 젊음에의 집착을 보였다고 했다. 말년에 시몬 드 보부아르(Simone de Beauvoir)를 제외하고는 동년배의 친구가 하나도 없었고 40여 년 연하의 젊은 친구들하고만 어울렸던 것이 그 증거라고 했다. 사르트르는 어디서 정착해 산다

---

31   Ibid., p. 65.
32   Ibid., p. 75.

는 것과 물건을 소유하는 것, 그리고 성숙하고 늙어 간다는 것에 두려움을 느꼈다고 파칼리는 말한다.

그러나 그의 새로운 친구인 젊은 마오이스트 투사들도 그로 하여금 플로베르를 포기하고 그 대신 민중소설을 하나 쓰게 하지는 못했다. 당시 그의 생활은, 낮에는 공장에 가 노동자들을 선동하는 연설을 하고 밤에는 집에서 조용히 순수예술의 작가에 몰두하는 모순적인 인생이었다. 그는 이것을 '다기능적 지식인'과 '고전적 지식인'의 구분으로 변명했다. 즉 공장에 들어가 노동자들과 함께 일하는 것과 독서 및 이론화 작업을 병행하는 것은 다기능적 지식인이고, 책과 이론에만 매달려 실천적 행동이라고는 고작 성명서 날인이나 하는 사람은 고전적 지식인이라는 것이었다. 자신은 머리가 깨지며 트럭 속에 숨어 공장에 잠입해 들어갈 때는 다기능적 지식인에 가깝고, 집에 와 집필할 때는 고전적 지식인이라고 했다. 이러한 모순은 자신의 나이 때문에 어쩔 수 없는 것이며, 다기능적 지식인을 수행할 수 있는 것도 고전적 지식인의 밑받침이 있기 때문에 가능한 것이라고도 말했다.[33]

여하튼 이 혁명의 와중에 모든 현실 문제를 외면하고 조용히 백년 전의 순수문학가의 연구에 몰두하는 것은 현실 도피가 아닌가? 이런 비난에 대해 그는 방법의 문제를 들고 나왔다. 즉 마르크시즘의 방법을 적용했으므로 이것은 결코 현실 도피가 아니라 가장 시

---

33 Ibid., p. 105.

의적절한 연구라는 주장이다(*Situations X*, 114-15).

드디어 플로베르 연구서인 『집안의 백치』가 나왔다. 그의 일생의 주제들이 확대되거나 증폭되고, 또는 역사성이 가미된 채 다시 언급되어 있어, 가히 '사르트르의 본질(essential Sartre)'[34]이라 할 만한 책이었다. 플로베르를 연구 대상으로 삼았다는 것 자체만으로 그를 비난했던 좌파 독자들은 책이 출간되자 그 내용을 보고 경악하지 않을 수 없었다. 그가 『말들』에서 다 청산한 것으로 보였던 순수문학과 절대예술의 개념이 더욱 더 심화되어 나타났기 때문이다. 그런 점에서 파칼리의 다음과 같은 말은 정곡을 찌르는 것이다.

> 『말들』과 함께 사르트르는 문학에 이별을 고했고, 플로베르와 함께 그는 다시 거기에 빠져들었다. (*Miroir*, 442)

문학은 신성한 것이고, 문학에 의한 인간 구원이 가능하며, 미의 본질은 비실재성이고, 형식에만 모든 가치가 있다는 사르트르의 초기 예술 개념들이 모두 체계적으로 확대되고 심화되어 다시 나타난 것이다. 미적 오브제를 시각적으로 보여 주는 물질적 매개체로서 아날로공 개념도 명칭만 바뀌어 다시 나타났고, 자신의 비실재화와 세계의 탈실재화라는 미적 태도도 다시 강조되었다.

부르주아 반동이므로 일고의 가치도 없다고 몰아붙였던 작가에

---

34 Collins, *Sartre as Biographer*, p. 183.

게 자기 인생 말년의 20여 년을 바쳤다는 것만으로 플로베르에 대한 사르트르의 복합적인 심리를 짐작할 수 있다. 물론 한 작가를 주제로 다루었다고 해서 반드시 그 작가에게 호감을 갖고 있다고 말할 수는 없다. 절대예술에 대한 세밀한 이론 개진은 플로베르를 선명하게 드러내기 위한 자유간접화법이라고 생각할 수도 있다.

그러나 좌파 독자들의 그 마지막 기대는 이 책에 대한 사르트르 자신의 설명을 여러 인터뷰에서 접하고 난 후 완전히 깨지게 된다.

우선 책이 나오기 1년 전인 1970년에 〈뉴 레프트〉지와 가진 회견에서 그는 『집안의 백치』가 초기 저서 『상상계』의 속편이라고 말했다. 우리가 잘 알듯이 사르트르는 『상상계』에서 실재는 결코 아름답지 않고 미는 상상에만 적용할 수 있는 가치라고 주장했으며, 자신의 비실재화와 세계의 탈실재화라는 미적 태도를 제시했고, 예술작품의 물질적 매개물로서 아날로공의 개념을 체계화했다. 『상상계』는 사르트르의 주요 철학서 『존재와 무』의 초안과도 같은 책이다. 『존재와 무』는 무를 존재 구조의 한 중요한 요소로 정립하고 있는데, 이 무 개념을 처음으로 제시하고 그것을 체계적인 미학으로 승화시킨 것이 『상상계』이기 때문이다. 참여문학을 주장하며 플로베르를 형편없이 깎아내렸던 『문학이란 무엇인가』의 시기에 사르트르는 『상상계』의 미학 개념을 암묵적으로 부정하였다. 그랬던 그가 『집안의 백치』를 『상상계』의 속편이라고 말한 것이다. 게다가 작가는 상상을 선택한 사람이어서 마치 약물을 복용하듯 늘 얼만큼의 허구를 복용해야만 하는 사람이라고 덧붙이기까지 했다.

—왜 소설을 쓰지 않으십니까?

"더 이상 그 필요성을 느끼지 않기 때문이오. 작가란 언제나, 정도의
차이는 있을지언정, 얼마간의 상상을 선택한 사람입니다. 그는 약을
복용하듯 매일같이 얼마간의 허구를 복용해야 해요. 내 경우에, 나
는 지금 그것을 플로베르 저술에서 충족시킵니다. 그러니까 이 책은
한 권의 소설로도 생각할 수 있어요." (*Situations IX*, 123)

작가는 피억압자의 편에 서야 하고, 작가에게는 사회적 책임이
있으며, 글은 이러한 일들을 실현시키기 위한 수단일 뿐이라고 기염
을 토하던 『문학이란 무엇인가』의 사르트르와, 문학은 상상의 선택
이라고 말하는 지금의 사르트르 사이에서 독자들은 당혹감을 느끼
지 않을 수 없었다. 그러나 그 모순은 『집안의 백치』의 발간과 동시
에 노정된 것이 아니고 이미 1960년대부터 눈에 띄기 시작했던 것
이다. 다만 좌파 독자들의 기대가 애써 그것을 인정하지 않으려 했
을 뿐이다. 1960년 쥘리아르 출판사가 주선한 회견에서 마들렌 샤
프살(Madeleine Chapsal)은 사르트르의 이와 같은 모순을 다음과 같
이 예리하게 지적했다.

—『문학이란 무엇인가』에서 당신은 산문이 팔이나 손의 연장 같은 단
순한 하나의 도구에 불과하다고 말했었다. 그러나 당신이 관심을 갖
고 있는 작가들은 플로베르, 주네, 말라르메 등 글쓰기 그 자체가 목
적인 그러한 사람들이다. (*Situations IX*, 13-14)

이에 대해 사르트르는, "현실에 관심이 없었던 것도 일종의 현실 참여"라는 말로 자신의 모순적인 관심을 합리화했다.

"세 사람의 경우는 각기 다르다. 플로베르의 경우는 자신의 유일한 규칙을 문학의 본질에서만 끌어내는 순수문학이 사실은 사회와 정치를 망라한 모든 분야에 대한 완강한(farouche) 입장을 숨기고 있다는 것을 보여 주는 아주 적합한 예라 하겠다." (14)

현대 작가 중에서 누구에게 가장 관심이 있느냐는 샤프살의 질문에, 뷔토르(Butor)와 베케트(Beckett)는 재능이 뛰어난 작가들이고, 자신은 로브그리예와 나탈리 사로트(Nathalie Sarraute)에 관심이 많다고 대답했는데, 이 역시 놀라운 일이었다.

『집안의 백치』에 관한 사르트르의 마지막 인터뷰[35] 역시 그의 순수예술 경향을 다시 확인해 주었다. 그는 플로베르와 말라르메를 침묵과 무의 작가로 규정한 질문자의 말을 그대로 시인하면서, 글이란 침묵에 형태를 부여하는 것이라고 말했다.

―로베스피에르는 당신이 깊이 연구했던, 그리고 침묵과 무의 작가인 플로베르와 말라르메만큼 글을 많이 쓴 사람은 아니죠.

"주네 또한 그런 작가지요. 나는, 어느 작가가 말했듯이, 글은 침묵

---

35 Michel Sicard, "Sartre parle de Flaubert," entretien avec Sartre (*Magazine Littéraire*, n° 118, novembre 1976), pp. 94-106.

을 표현하는 것이라고 생각합니다. 그래서 나는 글 뒤에 침묵이 감추어져 있다는 것을 느낄 수 있는 작가들을 특별히 찾아 읽었습니다. 글이란 그런 것입니다. 침묵에 형태를 부여하는 것. 아주 충만한 침묵 말입니다."[36]

이 말은 산문의 효용성을 주장한 『문학이란 무엇인가』의 다음 구절과 정면으로 배치된다.

산문은 본질적으로 실용적이다. 산문가는 말을 도구로 사용하는 사람이라고 나는 기꺼이 정의하련다. 주르댕 씨는 실내화를 청하기 위해 산문을 지었고, 히틀러는 폴란드에 선전포고를 하기 위해 산문을 지었다. 작가는 산문가이다. 그는 지시하고, 제시하고, 명령하고, 거절하고, 질문하고, 간청하고, 욕하고, 설득하고, 암시한다. 공허한 산문을 쓴다고 해서 시가 되지 않는다. 그럴 때 그는 기껏해야 아무 말도 하지 않는 산문가일 뿐이다. 우리는 이때까지 언어를 너무 뒤쪽에서만 보아 왔다. 이제는 그것을 앞에서 바라보는 것이 좋겠다. (*Situations II*, 70)

그는 또 이 책에서 "말이 곧 행동(Parler c'est agir. La parole est action)"(72, 73)이라고도 했다. 산문은 결코 공허한 것을 말하는 것이

---

36 Ibid., p. 99.

아니라 반드시 어떤 구체적 생각을 말하는 것이며, 그러한 말은 현실을 개조하는 행동과 똑같다는 것이 그의 참여문학의 출발이었다. 그런데 글의 뒤에는 본질적으로 침묵밖에 없다는 그의 말년의 말은 앞서의 주장과 얼마나 모순되는가! 동일한 인물이 한 말이라고 생각조차 할 수 없다. 그는 시카르와의 회견에서 또 『감정 교육』의 문체가 『보바리 부인』의 문체보다 훨씬 뒤떨어진다고 말하고, 『보바리 부인』이야말로 진정한 걸작이라고 평가했다.

> 나는 『보바리 부인』에 매료되었었고 지금도 그러하다. 이 소설이야말로 그 어떤 것과도 비교할 수 없는 진정한 걸작이다.[37]

사르트르는 상상과 실재의 긴장 관계에 집착한 나머지 플로베르의 상상적인 측면만을 너무 부각시킨 감이 없지 않다. 그리고 문체의 우수성만을 들어 『보바리 부인』을 최대의 걸작으로 평하고 『감정 교육』은 형편없는 작품으로 깎아내렸다. 그러나 『폭력론』의 저자 조르주 소렐(Georges Sorel)이 쿠데타(1852년 12월) 이전의 프랑스 사회를 알려면 『감정 교육』의 연구가 필수적이라고 말했듯이, 사실주의자로서 플로베르의 측면도 결코 간과할 수 없을 것이다. 『감정 교육』은 1848년 2월 혁명에서 1852년 12월의 쿠데타에 이르기까지의 상황을 자세히 묘사한 사실주의적 작품이고, 『보바리 부인』은 형식

---

37 Ibid., p. 100.

미의 추구와 언어의 물질성이 두드러지는 작품이다. 여하튼 1976년에 『보바리 부인』을 걸작이라고 평가한 것은 1940년대 말 『문학이란 무엇인가』의 다음 구절과 상충한다.

한마디로 말해서, 무엇에 관해 쓰고 싶은지를 아는 것이 중요하다. 나비에 대해서인가, 유태인의 조건에 대해서인가? 쓸 내용을 알고 나면, 그것을 어떻게 쓰는가를 결정해야 한다. 가끔 그 두 가지는 동일한 일이기 십상이다. 그렇지만 좋은 작가에게는 결코 형식에 대한 관심이 내용에 대한 관심보다 앞서지 않는다. (*Situations II*, 76)

사르트르가 『집안의 백치』에서 "미학적 사고는 문체 속에서만, 그리고 문체에 의해서만 존재한다"(*L'Idiot II*, 1619)라고 말한 부분이 단순히 플로베르의 생각을 묘사하는 것이 아니라 사르트르 자신의 생각임을 알 수 있다.

사르트르는 전쟁이 자기 인생을 선명하게 둘로 갈라놓았다고 자주 말했다. 시대의 불행과 역사의 소용돌이가 그로 하여금 사회현실에 눈뜨게 했고 청년 시절의 순수예술적 문학 개념을 소멸시켰다고 했다. 그러나 플로베르의 전기, 그리고 그에 관한 일련의 인터뷰들은 그의 변화가 표면적인 것일 뿐 그의 깊은 심리구조는 초기 상태 그대로임을 보여 주고 있다. 파칼리는 70대의 사르트르에게서 30대의 사르트르와 꼭 마찬가지의 이율배반적 존재양식을 볼 수 있다고 말하고, 그의 변화는 의식의 표면에서만 일어났을 뿐, 무의식의 차원에서는 아무것도 변한 것이 없다고 했다(*Miroir*, 60).

전쟁은, 모든 것이 되고 싶다는 그의 욕망에 새로운 형태를 주었을
뿐이다. 그것은 무의식의 관점에서는 아무런 근본적인 변화도 가져
다주지 않았다. (197)

가에탕 피콩(Gaëtan Picon)도 『집안의 백치』를 쓰던 당시의 사르
트르는 그의 정신 심층부에서, 아직 『구토』를 쓸 당시와 똑같은 방
식으로 세계를 보고 있었던 것 같다고 말했다.[38] 그렇다면 마르크시
즘은 그의 진실이 아니라 단순히 의무였던가? 어쩌면 그것은 그가
진정으로 믿은 이념이 아니라 믿기를 원하는 이념이었는지 모른다.

2. 구원으로서의 문학

『구토』를 쓸 당시와 똑같다는 것은 무엇을 뜻하는가? 혹자는 사르
트르가 초기의 사고방식으로 되돌아갔다고 하고, 또 혹자는 그의
깊은 곳에서는 아무런 변화가 없이 평생 일관된 생각을 유지하고
있었다고 말한다. 그렇다면 사르트르 초기의 생각은 무엇이었을까?
사르트르는 문학을 절대시했고, 무가 미의 본질이라고 생각

---

38   Gaëtan Picon, *Panorama de la nouvelle littérature française* (Gallimard, 1960),
     p. 114.

했다. 그는 문학을 종교적인 구원으로 생각할 만큼 그것을 절대
시했으며, 인생의 모든 것을 희생시키면 문학으로 보상 받는다는
'패자승(지는 자가 이기리라)'의 도식을 굳게 믿었다. 언어의 소통성보
다는 물질성에 더 이끌렸으며, 책을 하나의 물신으로 신성시하기
에 이르렀다. 역시 마들렌 샤프살의 인터뷰에서 사르트르는 자기
가 문학을 선택한 이유가 구원에 대한 열망이었다고 다음과 같이
말했다.

> 나는 죽음에 대항하여 문학을 선택했다. [⋯] 글 쓰는 취미 속에 나의
> 영생의 욕망을 쏟아 부었다. [⋯] 기독교 신자는 원칙적으로 죽음을
> 두려워하지 않는다. 진정한 삶을 시작하기 위해서는 우선 죽어야 하
> 기 때문이다. 지상의 삶은 천상의 영광을 얻기 위한 시련기일 뿐이다.
> [⋯] 나는 이 모든 개념들을 취해서 그것을 문학 속에 대입했다. [⋯]
> 작가로서 나의 영광은 내가 죽는 날부터 시작될 것이다. [⋯] 나의 글
> 을 다듬는 데 내 모든 시간을 바치기 위해 수도승처럼 살아야 할까?
> [⋯] 여하튼 나는 나의 구원을 이루는 일 이외에는 아무런 관심도 없
> 었다. (*Situations IX*, 159)

문학의 비유로서 든 '천상의 영광'이니 '영생' 같은 말들은 그가
문학을 얼마나 신성하게 여기고, 문학에 얼마나 절대적인 가치를 부
여하는지를 잘 보여 준다. 기독교 신자들이 하늘나라의 진정한 삶
을 얻기 위해 현세적인 삶을 희생시키듯이 작가도 진정으로 아름다

운 문학작품을 얻기 위해 속세적인 삶에서 패배해야만 한다는 것이다. 이것이 바로 사르트르가 평생 동안 일종의 강박관념처럼 갖고 있던 '지는 자가 이기리라'의 좌우명이었다. 그는 『성 주네』에서도 장 주네의 문학병(病)을 설명하기 위해 이 종교적 금언을 기본 프레임으로 삼았다.

> 그에게는 실패를 원하는 것과 시인이 되는 것이 똑같은 일이었다. […]
> 그리고 그가 성공했다면 그것은, 그가 끊임없이 '지는 자가 이기리라'
> 를 실천했기 때문이다.[39]

'지는 자가 이기리라'의 도식에 따라 속세적인 삶을 포기하지 않고 그대로 살았다면, 다시 말해 시인이 아니라 그냥 인간으로 남아 있었다면 주네의 인생은 어떤 것이었을까? 한갓 오물, 또는 벌레에 불과했을 것이라고 사르트르는 말한다.

> 글을 쓰기 전에 그는 무엇이었는가? 하찮은 작은 오물 덩어리, 마룻
> 바닥 틈새 사이로 보이지도 않게 기어 다니는 벌레였다.[40]

『집안의 백치』에서 사르트르가 플로베르의 간질을 카프카의 『변신』과 비교한 것을 제1장에서 보았다. 가족을 부양하는 책임이 너

---

39 Sartre, *Saint Genet, comédien ou martyr*, p. 523.
40 Ibid., p. 450.

무나 버겁고 괴로운 나머지 출장영업사원인 그레고르 잠자는 어느 날 아침 흉측한 벌레로 변신한다. 이 변신을 통해 그는 무거운 책임 감에서 벗어나 자유의 몸이 되었다. 마찬가지로 플로베르도 가족의 기대에 부응할 자신이 없자 차라리 부끄러운 병으로 쓰러져 가정의 수치가 됨으로써 자유를 얻었다.

그러나 플로베르 혹은 장 주네의 패자승 도식은 카프카의 변신 을 역으로 거슬러 올라간 변신이다. 그레고르 잠자의 변신은 인생 의 종말이었지만, 주네나 플로베르의 변신은 새로운 인생의 출발점 이었다. 주네도, 『구토』의 주인공 로캉탱도 만일 작가가 되지 않았 다면 벌레 같은 운명에서 벗어나지 못했을 것이다. 그러므로 문학은 구원이다. 이 절대적인 구원을 위해 작가는 자신의 모든 인생을 희 생시킨다. 이때 작가 자신은 문학작품을 만들어 내기 위한 수단에 불과하게 된다. 문학에 대한 작가의 소외인 것이다. 『집안의 백치』의 다음 구절이 그것이다.

이제 귀스타브는 자기 자신을 제거했다. 그의 비정상성은 정당화되었 다. 왜냐하면 그 비정상성 때문에 그가 작품의 본질적인 수단이 되었 기 때문이다. (*L'Idiot II*, 1597)

사르트르에게 이처럼 '지는 자가 이기리라'의 도식은 "펜을 잡 기 위해서는 이 세상에서 죽어야 한다는 절대적 당위성(l'impérieuse nécessité d'être mort au monde pour tenir une plume)"(*Miroir*, 432)이다. 그

것은 또 구원으로서의 문학과 불가분의 관계에 있는 개념이다. 이러한 의미를 지닌 금언이 그의 평생의 모든 글에 지속적으로 나타난다는 것은, 겉으로 표방한 이념이 어떠한 것이든 간에 절대문학에 대한 그의 집념이 일관된 것이었음을 보여 주는 것이라 하겠다.

3. 팔레트에서 색깔을 고르듯

문학의 절대시는 당연히 문학작품의 독립성과 언어의 물질성으로 귀결된다. 『상상계』에서는 특별히 언어 문제를 따로 떼어 언급하지 않았지만, 문학과 조각, 음악, 미술 등을 모두 함께 아날로공 개념으로 설명하고 있어, 언어 역시 하나의 미적 질료로 생각하고 있음을 미루어 짐작할 수 있었다. 언어의 물질성에 대한 사르트르의 생각은 『문학이란 무엇인가』, 그리고 1965년 「작가와 그의 언어」라는 제목으로 피에르 베르스트레텐(Pierre Verstraeten)과 가진 회견[41] 등이 중요한 이정표가 되고 있다.

　『문학이란 무엇인가』에서는 언어 중에서도 산문의 언어와 시의 언어를 구분하여, 시의 언어만이 다른 예술 장르의 물질적 질료와 마찬가지의 질료라고 말했다.

41　"L'Ecrivain et sa langue" (interview); *Situations IX*에 전재.

또한 이것을 구분해야만 한다. 기호의 왕국, 그것은 산문이다. 시는 미술, 조각, 음악 들과 같은편이다. [...] 시인은 언어를 도구로 사용하기를 거부하는 사람들이다. [...] 사실상, 시인은 단숨에 도구로서의 언어에서 몸을 빼내, 언어를 기호로서가 아니라 사물로서 간주하는 시적 자세를 결정적으로 취한다. (*Situations II*, 63-64)

그러나 「작가와 그의 언어」에서 사르트르는 둘 다 '작가'라는 뜻의 '에크리뱅(écrivain)'과 '에크리방(écrivant)'의 개념을 활용하면서 시와 산문의 적당한 혼합을 주장했다. 그 당시 롤랑 바르트(Roland Barthes)를 위시하여 주로 〈텔 켈(Tel Qeul)〉지를 중심으로 한 평론가들이 구분한 에크리뱅과 에크리방의 개념은 다음과 같다.

우선, 어떤 일을 설명하고 제시하면서 단지 대상의 지시만을 위해 글을 쓰는 사람은 에크리방이다. 이번에는 언어를 그 모순과 수사의 측면에서, 그리고 그 자체의 구조 속에서 드러나도록 하기 위해 글을 쓰는 사람이 에크리뱅이다. 그러니까 순전히 어떤 사실을 묘사하기 위해 언어를 도구로 사용하는 사람은 에크리방이고, 언어의 아름다움을 드러내고자 글을 다듬는 사람은 에크리뱅이다. 에크리방은 언어 자체의 아름다움에는 아무 관심이 없고 언어의 소통성과 기호성만을 이용하는 사람이고, 에크리뱅은 언어의 의미 전달 기능보다는 언어 자체의 구조적 아름다움에 매료되어 단어들을 보석처럼 다듬는 사람이다. 『문학이란 무엇인가』에서 산문과 시의 구분과 비슷하다. 에크리방은 산문가, 에크리뱅은 시인이라 할 수도 있지만 반드시 그렇지만도 않다. 산문을 쓰면서도 문장의 아름다움에 신경 쓸 수 있기 때문이다. 여하튼 사르트르는 이 두 관점을 지양, 통합해야 한다고 말한다. 에트리뱅과 에크리방 중 어느 한 요소가 없어도 글은 되지 않는다고 했다. 그래서 그가 통합시킨 작가의 모습은 다음과 같다.

> 작가는 언어가 완전한 의사소통의 대상인 동시에 수단이라고 생각하는 사람, 그리고 언어의 난점—한 단어가 여러 뜻이 있다든가, 구문이 매우 모호하다든가 하는 사실—에도 불구하고가 아니라 바로 그 난점 때문에 그렇게 생각하는 사람이다. (*Situations IX*, 46)

완전한 의사소통이라는 것은 언어가 지시적 기능을 가진 기호라는 뜻이다. 그러나 언어는 매우 다의적이어서 산문은 근원적으로 애매할 수밖에 없다. 이러한 모호성이 언어의 물질성에 빌미를 제공한다. 그런데 이러한 언어의 난점 '때문에' 언어를 의사소통의 수단으로 삼는다는 것은 언어의 그러한 애매성이 작가에게 오히려 즐거움을 준다는 뜻이다. 언어가 가진 지시적 기능은 언어를 수단으로 생각하게 하고, 언어의 태생적 모호성은 언어를 목적으로 생각하게 한다. 결국 언어를 목적으로 생각하느냐, 수단으로 생각하느냐에 따라서 순수문학과 참여문학이 갈리게 된다. 사르트르는 『문학이란 무엇인가』에서 언어를 완전히 도구로 간주했다. 그러나 「작가와 언어」에 이르러서는, 언어의 물질성이 작가에게 가장 큰 기쁨을 안겨 준다는 것을 인정했다. 그러면서도 여하튼 언어는 수단이어야 한다는 과거의 참여문학적 도식은 버리지 않았다.

> 작가에게 가장 흥미로운 것은 이 수단이 그 자체로 목적이 되는 순간이다. 즉 당신이 마치 팔레트 위에서 색깔을 고르듯이, 적당한 말을 고르는, 그 중간의 순간 말이다. 이것이야말로 당신에게 가장 큰 즐거움을 주는 순간이다. 그러나 분명코 이것은 수단, 다시 말해서 중개적 활동에만 그쳐야 한다. (82)

이와 같은 절충적인 태도는 『집안의 백치』에 이르러 완전히 언어의 물질성으로 돌아선다. 그리고 1976년의 회견에서는 『보바리 부인』이 최고의 걸작이라고 거리낌 없이 표명한다. 그는 분명 언어 자체의 아름다움을 추구하는 초기의 미학 개념으로 되돌아왔다. 미의 본질은 상상이고, 예술이란 비실재, 비존재, 무를 추구하는 것이라고 단언한다.

그러나 그가 되찾은 미학 개념은 『상상계』에서 개진된 초기의 그 모습 그대로일까? 물론 그렇지는 않다. 그 중간에 획득한 마르크시즘과 정신분석, 언어학, 기호학 등의 지식, 그리고 좌익 투사로서의 현실 참여 경험이 덧붙여져 초기의 빈약한 구조 대신 풍요로운 거대한 체계가 세워졌다.

4. 소외와 역사성

(1) 인간은 일차적으로 가정에 의해 소외된다

초기의 미학에 덧붙여진 부분은 소외 개념과 역사성이다. 더글러스 콜린스(Douglas Collins)도 『집안의 백치』를 "사르트르 만년의 소외의 서사시(Sartre's latest epic of alienation)"[42]라고 불렀다. 사르트르는 플로베르가 가정에서의 소외를 벗어나기 위해 다른 또 하나의 소외, 즉 예술에 의한 소외 속으로 빠져들었다고 말했다. 이것은 다시 말하면, 사르트르가 플로베르의 인생과 예술을 소외라는 프레임 속에서 바라보고 있음을 뜻하는 것이다.

소외란 원래 포이어바흐(Feuerbach)가 인간과 종교의 관계를 설명하기 위해 만들었던 개념이고, 마르크스가 이것을 '자기 산물에 의해 소외되는' 노동자의 상황에 대입했다. 그러나 소외는 노동자에게만 있는 것이 아니라 모든 계층의 인간에게 적용되는 전면적인 것이다. 마르크스는 자신의 소속 계급에 의해 소외되어 있는 개인들의 상황을 『독일 이데올로기』에서 다음과 같이 묘사했다.

> 계급은 그 소속원인 개인들에 대해 독립적이 된다. 그래서 개인들은 자신들의 삶의 조건이 계급에 의해 미리 결정되어 있음을 발견하게 된다. 개인적 발전이나 삶의 자세 등 모든 개별적인 것들이 실은 계급

---

42 Collins, *Sartre as Biographer*, p. 111.

에 의해 이미 그려진 노선을 따라가는 것일 뿐이다.[43]

노동자는 자기 산물에서 소외되어 있고, 예술가는 자기 작품에서 소외되어 있으며, 귀족은 자기 가문의 이름에서, 그리고 부르주아는 자기 가정과 직책에서 소외되어 있다. 부르주아의 소외를 다루는 사르트르의 묘사도 마르크스의 그것과 별로 다르지 않다.

부르주아는 소외되어 있다. 왜냐하면 부르주아는 피지배 사회계층 위에 군림하는, 그리고 다른 사람들을 억압하고 소외시키는 위치에서의 생산관계 속에서만 자신의 모습을 발견하기 때문이다.[44]

그러나 가장 일차적으로 모든 인간은 자기 가정에 의해 소외되어 있다. 가정은 어린이에게 계급의식을 견습시키는 매개적 제도이고, 따라서 그것은 억압적인 사회를 재생산하는 이데올로기 장치이기 때문이다.[45] 이미 『공산당 선언』에서 마르크스와 엥겔스는 부르주아 가정이 비인간화의 중심이라고 비난했으며, 엥겔스는 『가족, 사유재산 및 국가의 기원』에서 가족이라는 말의 어원인 familia가 '한 사람에게 지속적으로 예속되어 있는 노예'를 의미한다는 사실

---

43 Karl Marx and Friedrich Engels, *L'Idéologie allemande*, introduction by Jacques Milhlaud, tr. Gilbert Badia (Editions sociales, 1977), pp. 135, 137.

44 Gavi, Sartre and Victor, *On a raison de se révolter*, p. 343.

45 Louis Althusser, *Positions* (Editions sociales, 1976), pp. 96–97.

을 들어 가족관계가 본질적 예속 관계임을 주장했다.[46] 그는 또 19
세기의 아버지 중심의 가정이 자본주의 사회의 축소판이라고도 말
했다.

『집안의 백치』제1권의 첫 부분은 집안의 가족 구성원 전체가 플
로베르가의 사회적 상승을 위해 얼마나 치열하게 자기희생을 하고
있는지 잘 보여 준다. 여기서 가족 구성원 전체를 노예처럼 부리며
자기 뜻을 펴고 있는 주인(가부장)은 루앙의 시립병원장인 아실클레
오파스 플로베르이다. 더글러스 콜린스의 말마따나 그야말로 "과학
의 왕자, 또는 플로베르 종교의 계율을 만든 모세(law-giving Moses
of the Flaubert family religion, prince of science)"[47]이다. 사르트르 자신
도 『집안의 백치』는 플로베르의 가정만이 아니라 모든 부르주아 가
정을 공격하기 위해 쓴 것이며, 플로베르의 가정은 그 전형적인 예
일 뿐이라고 밝혔다(Situations X, 97). 『변증법적 이성 비판』에는 플로
베르의 예를 통한 부르주아 가정의 소외 현상을 보여 주는 다음과
같은 대목이 있다.

> 플로베르를 부르주아로 만든 것은 토지에서 나오는 연금도 아니고,
> 그가 하는 일의 지적인 성격도 아니다. 그가 부르주아지에 속하게 된
> 것은 다만 그가 부르주아적인 가정의 한가운데에 태어났기 때문이

---

46 Friedrich Engels, *L'Origine de la famille, de la propriété privée et de l'Etat*, tr.
    Henri Rave (Carre, 1893), p. 65.
47 Collins, *Sartre as Biographer*, p. 111.

다. 그러니까 귀스타브 플로베르가 자기 계급을 실습한 것은 한 역사의 특수성(particularité d'une histoire)인 이 가정 고유의 모순을 통해서이다.[48]

그러나 사르트르가 부르주아를 공격하기 위해 부르주아 가정에서의 소외를 언급한 것은 그가 마르크시즘을 알기 훨씬 전부터이다. 『지도자의 어린 시절』의 뤼시앵이 그렇고, 『구토』의 부빌 시립박물관 방문 장면이 그러하다. 플로베르가 그랬듯이 사르트르도 평생 자기 출신계급인 부르주아지를 증오했다.

한편 보수적 부르주아 지식인인 르낭(Renan)은, "천재 혹은 예술적 걸작이란 오래 축적된 가정적 덕성의 폭발(un génie, un chef-d'oeuvre, c'est l'explosion de vertus familiales longtemps accumulées)"[49]이라고 말했다. 19세기 이래 가정의 옹호나 혐오는 진보와 보수를 판가름하는 바로미터가 된 셈이다.

사르트르는 플로베르의 절대예술 또한 소외의 관점에서 보았다. 인생의 모든 것을 희생시키고 예술작품의 창조에만 몰두하는 것은 작품에 대한 작가의 소외인 동시에 미에 대한 인간의 소외이기도 하기 때문이다.

플로베르는 자기 목적에서 소외되기에 이르렀다. 즉 그 목적이 모든

---

48 Sartre, *Critique de la raison dialectique*, p. 45.
49 François George, *Sur Sartre* (Christian Bourgois Editeur, 1976), p. 263에서 재인용.

것의 희생을 요구하는 정언적 명령으로서 다가오는 것을 보게 되었다. (*L'Idiot I*, 975)

(2) 역사성을 더한 상상 이론

사르트르 초기의 미학이 말년에 다시 나타났다고는 하나, 그것은 청년 시절의 단순하고 추상적인 개념이 아니라 역사성이 가미된 상상의 미학이다. '상상의 세계를 다루는 것이 곧 예술이다'라는 개념은 『상상계』의 시절과 똑같았으나, 초기의 상상이 초역사적인 것이라면 말년의 상상은 역사적 의미가 부여된 상상이다. 그런 의미에서 플로베르의 문체도 단순한 문체 그 자체가 아니라 플로베르의 인생관을 나타내는 것으로 해석된다.

> 플로베르는 문체를 중시한 작가였다. 그건 틀림없는 사실이다. 그러
> 나 내가 플로베르와 그의 문체와의 관계를 연구한다면 그건 틀림없
> 이 플로베르와 그의 인생과의 관계를 보여 주기 위해서일 것이다. 작
> 가와 문체의 관계는 결코 문체주의자(styliste)와 문체 사이의 관계가
> 아니라, 자기 인생을 사는 사람과 인생과의 우회적인 관계인 것이다.[50]

상상의 문제에도 약간의 수정이 있다. 『상상계』에서는 우리가 의식 앞에 정립하는 허상을 '비존재', '부재', '다른 곳에 존재', '완전중

---

50 Sicard, "Sartre parle de Flaubert," pp. 100-01.

립성' 등의 네 가지로 분류하여, 예컨대 비존재는 상상의 동물인 켄타우로스의 경우처럼 현실과 전혀 관계가 없는 상상 작용으로 가정했다. 그러나 1976년의 인터뷰에서는 모든 상상이 사실적 의미를 함축하고 있다고 주장한다.

> 상상은 사실적인 의미를 지니고 있을 때만 우리에게 이해된다는 것이 틀림없는 사실이다. 다시 말하면, 완전히 허구적인 상상이 물론 있지만, 이처럼 허구적인 상상조차 상당한 진실의 요소를 이미 그 안에 포함하고 있다는 뜻이다.[51]

얼핏 데카르트의 『성찰』에 나오는 꿈의 이론을 떠올릴 수도 있다. 데카르트는 제아무리 허황된 꿈속의 대상이라도 그것은 실재의 사물들로 조립된 것이라는 이론을 폈다. 예컨대 세이렌처럼 반은 여자, 반은 물고기인 상상의 동물도 실은 여자와 물고기라는 실재의 대상을 조합한 것이듯, 모든 상상은 '가장 단순하고 가장 보편적인 사물'의 무한한 조합이라고 했다.

사르트르는 데카르트의 상상 이론에서 한 걸음 더 나아가 여기에 어떤 역사성을 가미한다. 예컨대 켄타우로스라는 반인반수의 존재는 물론 현실에 없는 것이다. 그러나 내가 이 짐승을 상상할 때 나는 그것을 고대 희랍인들이 상상하던 것과 똑같은 방법으로 상

---

51 Ibid., p. 98.

상한다. 비실재의 상상을 창조해 낸 것은 내가 아니고, 나는 다만 나의 안에 있는, 따라서 객관적인 상상을 다시 취했을 뿐이다. 이 상상에는 그리스-로마적 개념이라는 사실성의 차원이 부여된다. 이런 식으로 상상은, 비록 그 자체는 허구적이라 하더라도 어떤 진실을 드러내 주는 역할을 한다. "상상은 일종의 진실 실현(une sorte de mise en oeuvre de vérités)이다."[52] 그렇다면 상상도 사회적 산물이며 또한 역사적 산물이다. 이와 같은 상상의 역사성이 사르트르로 하여금 플로베르의 문학을 19세기 부르주아 이데올로기의 한 전형으로 보게 했을 것이다.

---

52 Ibid.

Epilogue

Qui perd, qui gagne

진 자와 이긴 자

일생을 거치며 플로베르에 대한 사르트르의 생각은 '동일시, 부정, 그리고 재차 동일시'의 세 단계를 거쳤음을 우리는 확인했다. 사르트르가 플로베르의 미학 개념으로 되돌아간 것은 『집안의 백치』를 통해서이다. 물론 어떤 평자들은 이것을, 그가 억눌러 없애려 했으나 완전히 억누르지 못하고 되살아난, 그의 일관된 문학관이라고 주장한다.

『집안의 백치』는 세 권으로 되어 있는데, 제1권과 2권이 플로베르 미학으로의 회귀라면, 제3권은 조금 다른 뉘앙스를 풍긴다. 이것을 사르트르의 문학 인생에서 네 번째의 단계로 보고자 한다. 제1, 2권의 '재차 동일시'를 거쳐 제3권에서 그는 다시 한 번 플로베르를 부정하고 있기 때문이다. 그것은 상상에 대한 현실의 우위를 통해서이다.

『집안의 백치』 제3권의 마지막 장 '플로베르의 신경증과 프로그래밍: 제2제정(Névrose et programmation chez Flaubert: Le Second Empire)'은 플로베르의 처참한 패배를 알리는 비관적인 말들로 가득 차 있다. 제2제정의 몰락과 오버랩되는 플로베르의 좌절을 묘사하면서 사르트르는 상상에 대한 현실의 복수, 아들에 대한 아버지의 승리, 인문주의에 대한 과학의 우월성을 냉정하게 확인하고 있다. '지는 자가 이기리라'라는 금언과 함께 회심의 미소를 지으며 현실의 모든 것을 버리고 상상을 선택했던 플로베르는 최종적으로 승리하기는 커녕 현실에 처참하게 패배했다. 지는 자가 이기는 것이 아니라 지는 자는 그냥 지고 말았다.

플로베르는 '제2제정의 가장 위대한 작가'라는 칭호를 받을 만큼 제2제정기에 문학적인 성공을 거두었고 또 그 시대의 지배층과 밀착되어 있었다. 고향인 크루아세에 칩거해 살면서도 일 년에 석 달은 파리에 와서 나폴레옹 3세의 궁정이라든가 마틸드 공주의 살롱에서 고급 사교생활을 즐겼다. 귀족을 선망하던 어린 시절의 꿈이 이루어졌다고도 볼 수 있다. 그가 제2제정의 작가였다는 것은, 1867년 박람회 때의 에피소드가 잘 증명해 주고 있다. 러시아 황제, 프로이센 왕, 이탈리아 왕이 모두 초청된 튈르리 궁의 무도회에 플로베르는 초대 받았고, 각 나라 왕들은 제2제정의 가장 값비싼 골동품인 양 다투어 플로베르를 보고 싶어 했다.[53]

---

53 플로베르는 카로(Caro)에게 보낸 편지에 다음과 같이 썼다. "군주들은 이 체제의 가장 값비싼 골동품인 양 나를 만나 보고 싶어 한다"(*L'Idiot III*, 530에서 재인용).

비극은 1870년 9월 2일 스당(Sedan) 전투[54]에서 비롯되었다. 프랑스가 프로이센에 패배함에 따라(보불전쟁) 제2제정이 몰락하고 제3공화정이 들어서게 되었다. 자신과 밀착되어 있던, 그리고 영원히 존속할 것이라고 믿었던 체제의 붕괴 앞에서 플로베르의 충격과 절망감이 어떠했으리라는 것을 우리는 쉽게 짐작할 수 있다. 지난 20년간의 호사스러운 영광이 한갓 꿈이거나 아니면 '긴 거짓말(long mensonge)'로 보이고, 그 시대의 모든 것이 가짜였다고 생각되었다. 1870년 9월 29일 막심 뒤캉에게 보낸 편지에서 그는 다음과 같이 말했다.

모든 것이 가짜였다. 가짜 군대, 가짜 정치, 가짜 문학, 가짜 은행, 하다못해 창녀들까지도 가짜였다.[55]

나폴레옹 3세가 감행한 승산 없는 멕시코 원정, 멕시코 황제로 책봉된 막시밀리앙의 비참한 최후, 그 외 나폴레옹 3세의 이상한 외교정책들이 모두 가짜, 몽상 또는 신기루로 보였다. 『집안의 백치』 제3권에서 사르트르가 제2제정을 묘사하는 말들은 하나같이 비현실성을 나타내는 단어들이다. 나폴레옹 3세는 '거의 몽상적인 비현

54　나폴레옹 3세가 직접 출전한 이 전투에서 프랑스가 패하자 황제는 백기를 올리고 포로가 되었다. 이 패배 이틀 후 혁명이 일어났고 공화정이 선포됨으로써 제2제정은 완전히 붕괴되었다.

55　*Correspondance* (*L'Idiot III*, 616 재인용).

실성(l'irréalité presque onirique)'(*L'Idiot III*, 471)이고, 그 시대는 '환상이라는 사회(une société-mirage)'(475)였고, 지난 20년간은 '가짜 과거(faux passé)'(531)였다는 것이다.[56]

나폴레옹 3세는 나폴레옹 1세(보나파르트)의 조카였는데, 숙부의 위대한 원정들을 흉내 내기 위해 온 유럽을 쓸데없는 싸움 속에 몰아넣었다. 사르트르는 플로베르의 어조를 흉내 내어 '가짜 조카, 가짜 황제, 가짜 궁정, 가짜 귀족'이라고 말하고, 전쟁에서 흘려진 피만 진짜 피였다고 말했다(532)(가짜 조카란, 나폴레옹 3세 당시에 그가 나폴레옹 1세의 조카가 아닐지도 모른다는 소문이 있었기 때문이다).

사르트르는 제2제정기를 환상의 시대로 규정하고, 그 시대의 우두머리 몽상가는 나폴레옹 3세, 가장 몽상적인 작가는 플로베르라고 말했다. 프랑스 사회 전체가 나폴레옹 3세와 함께 몽상 속에 잠겨서 꿈꾸고 있는 동안 프로이센의 비스마르크는 정확하고 엄격하고 과학적으로, 그리고 냉정하게 힘을 키워서 겉껍데기만의 가짜 제국인 프랑스를 무너뜨렸다. 프랑스가 비현실적 환상으로 묘사된 반면, 프로이센은 현실주의, 현실, 또는 과학과 동일시된다.

스당의 패배로 온 프랑스인들이, 특히 '제2제정의 작가'인 플로베르가 꿈에서 깨어났다. 달콤한 꿈에 잠겨 있다가 깨어나 맑은 정신으로 바라본 현실은 참기 어려운 것이었다. 보불전쟁에서의 패배,

---

56 Douglas Collins는 사르트르가 제2제정을 비현실성으로 보는 것이 마르크스의 「루이 보나파르트의 브뤼메르 18일」(1852)의 영향이라는 것을 지적한다(*Sartre as Biographer*, p. 166).

그리고 잇달아 터진 코뮌 사태와 제3공화정의 선포는 플로베르로 하여금 자신이 화석으로 변했다는 느낌을 갖게 했다. 그는 위암이 아닐까 생각될 정도로 오랫동안 구토증에 시달리기도 했다.

그때로부터 실제로 죽음을 맞기까지의 10년 동안이 플로베르에게는 '오랜 임종 기간(une longue agonie)'(447)이었다고 사르트르는 말한다. 그 10년 동안은 살아 있어도 죽은 것과 마찬가지의 시기였다는 것이다. 스당의 항복은 그대로 플로베르의 항복이었으며, 제정의 몰락은 그대로 플로베르의 몰락이었다. 플로베르가 제2제정의 붕괴에서 이토록 타격을 받은 것은 단순히 그를 총애하던 군주가 실각했다는 것 때문만은 아니다. 그에게 있어서 프로이센의 승리는 '상상에 대한 현실의 승리(la réalité triomphe de l'image)'(511) 또는 '상상에 대한 과학의 승리'로 받아들여졌다.

플로베르는 스물두 살 나이에 간질 발작으로 자신의 인생을 죽이고 동시에 아버지를 죽였으며, 아버지가 상징하는 과학을 죽였다. 그리고 절대예술에 몰입하여, 마침내 상상이 과학을 이긴 것으로 생각했다. '지는 자가 이기리라'라는 금언이 적중한 것으로 생각했다. 그러나 스당의 패배 이후 자신의 영광으로 생각되던 과거의 20년이 한꺼번에 와르르 무너지며 자신의 삶이 완전히 환상, 신기루, 꿈에 불과했다는 것을 알게 되었다. 현실에서 도망칠 수 있다고 생각했고, 상상을, 다시 말해서 불가능을 선택할 수 있다고 생각했었는데, 모든 것은 틀렸다. 아버지와 과학이, 그리고 현실이 최종적으로 승리한 것이다.

사르트르는 플로베르와 그의 희곡 속 킨을 자주 비교하며, 배우란 자신의 비실재화를 언제나 중도에서 포기하고 다시 현실로 되돌아오는 사람이라는 것을 강조했다. 플로베르는 자기암시적 부재주의니 고공의식이니 하는 방법들로 자신의 환상을 유지하려 애썼다. 그러나 현실 속에서 사는 것이 인간이므로 모든 인간은, 제아무리 환상에 빠지려 노력해도, 끈질기게 현실의 침입을 받게 마련이며, 또 언젠가 환상에서 깨어나는 순간이 있게 마련이다. 그 결정적인 각성이 플로베르에게는 스당의 패배였다.

앞서 퐁 레베크에서의 패배는 좀 더 큰 것을 얻기 위한 전략으로서의 패배였다. 즉 패자승의 도식을 숨긴 겉모습만의 실패였다. 그러나 이번의 패배는 아무런 희망도 없는 완전무결한 패배이다. 현실은 결코 떠날 수 없다는 것, 죽음을 빼놓고는 이 세상에서 도피란 없다는 것을 깨우친 패배였다.

> 이 상상의 아이는 태어난 지 반세기가 지난 후에야, 현실은 결코 떠날
> 수 없는 충만성이라는 것, […] 그리고 죽음을 제외한 모든 도피는 불
> 가능하다는 것을 알게 되었다. (*L'Idiot III*, 581)

사르트르는 플로베르의 상황을, 불이 난 방에 비유한다(517). 아주 보기 흉한 방에 불이 나서 질식할 정도라고 상상해 보자. 문이 하나 있는데, 그것이 옆방으로 통하는지 아니면 허공 속에 뚫렸는지, 연기에 가려서 보이지 않는다. 불길 속을 달려 문지방을 넘어섰

는데 여전히 같은 방이다. 깜짝 놀라 뒤돌아서서 이번에는 반대 방향으로 돌진했는데 역시 똑같은 방이다. 플로베르에게 상상적인 것은 바로 이 문과 같은 것이었다고 사르트르는 말한다. 끔찍한 세상에서 벗어나도록 그를 유인하지만 그것은 헛된 희망일 뿐, 그는 여전히 추악한 현실 속에 더욱 더 깊이 잠겨 든다. 그러니까 "자신을 비실재화하는 것은 실재에서 벗어나는 것이 아니었고, 오히려 실재에 몸을 내맡기는 것이었을 뿐이다(s'irréaliser n'est pas s'arracher au réel, mais s'y abandonner)"(511).

플로베르는 마침내 문학의 무위성(無爲性)을 실감하게 되었다. 제2제정의 모든 것이 가짜였듯이 자신의 문학도 또 하나의 환상일 뿐이었다. 패자승의 도식에서 잃은 것은 인생이고 얻은 것은 예술이라고 생각했으나 그것은 한갓 신기루일 뿐, 얻은 것은 아무것도 없고 영원히 보상 없이 오로지 잃기만 했다. 1844년의 전락이 씻어 주었던 그의 치욕이 스당을 통해 되살아났다. 플로베르의 철저한 패배를 그리는『집안의 백치』제3권의 마지막 장은 매우 비관적이고 음울하기까지 하다. 이것은, 현실에 등 돌렸던 플로베르를 벌주기 위한 사르트르의 응징인가? 그리하여 순수문학을 매도하고 다시 한번 문학의 실용성을 주장하기 위한 것인가? 그러나 앞에서도 보았듯이, 책을 출간한 이후 가진 회견들에서 사르트르는 상상에 대한 강한 집착을 조금도 감추지 않았다.

그렇다면 이 마지막 부정을 어떻게 해석해야 할까? 부자관계 및 친부살해의 도식에 강하게 집착하는 사르트르의 태도에 어떤 열쇠가 있는 것 같다. 그는 『집안의 백치』에서 플로베르가의 부자관계에 엄청난 페이지를 할애했고, 플로베르 성년기 이후 작품 중에서는 유일하게 『수도사 성 쥘리앵의 전설』을 집중적으로 연구했는데, 이 작품은 친부살해의 주제가 담긴 것이었다. 희곡 『알토나의 유폐자들』을 위시하여 사르트르의 많은 문학작품 속에는, 아버지를 극복해야 한다는 강박관념이 도처에 모습을 드러낸다. 그는 『말들』에서 아버지가 일찍 죽었기 때문에 자신이 행운아였다고 말했다. 아들을 억압하는 아버지가 일찍이 제거되었기 때문에 자신에게는 완전히 자유가 주어졌기 때문이다. 그에게는 정신분석에서 말하는 오이디푸스 삼각형이 아예 형성되지 않았다. 근원에서부터 문제가 해결된 것 같기도 하지만, 또 한편으로는 인간의 어떤 원초적 갈등이 해소되지 않은 채 앙금으로 가라앉아 있었다고도 볼 수 있다.

프로이트의 정신분석에 따르면, 인간은 오이디푸스 삼각형의 갈등을 원만히 해소하고 아버지에 대한 동일시와 극복의 단계를 거쳐야만 성숙한 인간으로 성장한다. 사르트르에게는 이러한 단계를 밟을 기회가 주어지지 않았다. 다시 말하면 사춘기쯤에 일어났어야 할 상징적 친부살해가 없었으므로 친부살해의 욕구가 일생을 지배하게 되었다. 여기서 우리는 그의 정신적인 아버지가 플로베르임을 직감하게 된다. 6~7세 때부터 친숙하게 느껴졌던 플로베르가 알게 모르게 사르트르의 머릿속에서 아버지의 자리를 차지하게 되었을 것이다. 프로이트가 말하는 소위 전이(轉移) 현상이다. 플로베르는 프랑스의 가장 위대한 작가이고, 그의 아름다운 문체는 시대가 흘러도 빛바랠 줄을 모른다. 소년 시절에 이미 작가가 되기로 결심했던 사르트르가 플로베르를 자신의 모델로 삼고 동경했던 것은 당연한 일이었다. 따라서 플로베르는 그의 아버지일 뿐만 아니라 그의 문학을 지켜주는 수호성자(saint patron de la littérature)[57]였다. 이 아버지에 대한 동일시가 소설 『구토』, 철학서 『상상계』 등으로 이루어졌을 것이다.

그러나 정신적인 아버지에 대해서도 친부살해는 필연적이다. 사르트르에게 그것은 마르크시즘과의 만남이 계기가 되었다. 마르크시스트가 된 후 마르크시즘의 관점으로 바라본 플로베르는 일고의 가치도 없는 부르주아 반동 작가일 뿐이었다. 『문학이란 무엇인가』를 비롯해서 그의 일련의 정치적 에세이들은 정신적인 아버지 플로베르에 대한 첫 번째 친부살해로 보아도 무방할 것이다. 그는 아버지를 죽이고 스스로 땅을 딛고 일어선 영웅적인 아들의 자부심을 가질 수 있었다. 그러나 그에 의해 억눌리고 패배한 플로베르가 여전히 그의 마음을 사로잡고 있는 것은 무슨 연고인가? 그래서 그는 마지막 확인을 하기 위해 자서전 『말들』을 쓴다. 이를테면 『말들』은 사르트르가 플로베르와 마지막 한판 승부를 하기 위해 쓴 책이었다. 그러나 그것이 성공하지 못했음은 『집안의 백치』를 보고 알 수 있다. 르카름도 사르트르가 쫓기듯 서둘러서 이 거대한 작품을 쓴 이유는 바로 친부살해의 의도였다고 말한다.[58]

---

57   Lecarme, "Sartre et son double," p. 88.
58   Ibid.

친부살해를 감행하기 전에 그는 우선 철저한 동일시를 수행한다. 『집안의 백치』 제1, 2권이 그것이다. 마치 데카르트가 확고부동한 진실을 끌어내기 위해 우선 방법적인 회의를 하듯이, 사르트르는 확실한 친부살해를 위해 철저하고 조직적으로 동일시를 시도한다.

그렇다면 이러한 친부살해로 사르트르는 무엇을 얻었는가? 제2장에서 플로베르 박사와 장남, 그리고 『알토나의 유폐자들』의 프란츠 부자의 경우를 통해 보았듯이, 아버지와 아들이 완전히 동일시를 이루면 그들은 몸만 다를 뿐 정신은 하나인(un seul en deux) 동일인이 된다. 이때 그 둘 중의 어느 하나만 죽으면 나머지 하나는 자동적으로 죽게 되어, 그는 살았어도 죽은 목숨, 즉 화석으로 여생을 보내게 된다. 이것이 부자 동일시에 대한 사르트르적 개념이다.

『집안의 백치』 제3권에서 사르트르는 스당의 전투와 함께 플로베르는 죽었다고 말한다. 그 후 10년을 더 살았지만 그 10년간은 완전히 화석 상태였고, 긴 임종 기간이었다고 단정한다. 그렇다면, 두 사람이 철저한 동일시를 거쳐 동일인이 되었으므로, 그중 하나인 플로베르를 죽이는 것은 그 정신적 아들인 사르트르 자신을 죽이는 것과 같은 이야기가 된다. 파칼리가 말했듯이 그것은 이중의 죽음(double mort)(Miroir, 416)이다. 친부살해, 그리고 이중의 죽음을 통해 사르트르는, 현실에 대한 상상의 우위를 믿었던 자신의 일부분을 죽였다.

그러나 여기서 우리는 플로베르 박사의 장남, 그리고 『알토나의 유폐자들』의 프란츠가 최후의 친부살해 기도마저 박탈 당했다고 한 사르트르의 말을 상기할 필요가 있다. 만일 그 이중 죽음의 주도권을 아들이 잡았다면 아들은 최소한 죽는 순간에나마 친부살해에 성공했다고 할 수 있다. 그런데 플로베르 박사는 자신의 몸을 아들이 수술하도록 함으로써 엄밀한 의미의 자살을 감행했고, 프란츠는 아버지가 먼저 동반자살을 제의함으로써 죽음의 주도권을 빼앗겼다. 사르트르는 어떠한가? 쏟아붓는 듯한 언어의 분출 속에서 자신과 플로베르를 완전히 동일시한 후, 플로베르의 처절한 실패를 가혹할 만큼 냉정하게 분석했다. 마치 아버지의 몸에 예리한 메스를 들이대는 아들 외과의사와도 같다. 죽음의 주도권은 아들이 잡았다. 따라서 아들은 최후의 순간에 친부살해를 성사시켰다.

플로베르와 달리 사르트르 자신은 상상이 얼마나 허약한 것이며 현실은 얼마나 단단하고 피할 수 없는 것인가를 잘 알고 있었다. 왜냐하면 상상은 끊임없이 실재의 침입을 받고, 조그마한 틈새로도 각성의 위협이 있으며, 단단한 실재에 비해 볼 때 한갓 신기루일 뿐이기 때문이다. 플로베르는 그것을 모르고 상상 속에 깊이 빠졌다가 제2제정의 몰락으로 갑작스럽게 잠에서 깨어나, 평생을 쌓아올린 자신의 인생이 일순간 와르르 무너지는 절망감을 겪어야 했다. 그리고 그 후 10년간을 화석으로 살아야 했다.

그러나 사르트르는 플로베르의 그러한 실패를 냉철히 분석하고 있으므로 결코 플로베르와 같은 인물은 아니다. 따라서 자신은 플로베르와는 달리 끝내 실패한 인생이 아니다. 결국 이 방대한 책은 그의 '지는 자가 이기리라' 도식의 최후의 안간힘이었던 것 같다. 그렇지 않고는 사르트르가 독자도 무시하고, 현대의 중요한 시사적 관심사도 완전히 묵살한 채, 자기만족적이고 몽상적인 성격의 이 방대한 분량의 책에 말년의 15년간을 매달렸다는 것을 우리는 도저히 납득할 수 없을 것이다.

그는 과연 승리했는가? 이 책을 읽으며 당신이 어느 부분에선가 언뜻 자기연민의 눈시울을 붉혔다면, 그가 승리한 것이다.

참고문헌

1. 약어로 표기한 문헌

Correspondance	Flaubert, *Correspondance*
L'Idiot	Sartre, *L'Idiot de la famille*, I-III
Lire	Burgelin, "Lire *l'Idiot de la famille*?"
L'Imaginaire	Sartre, *L'Imaginaire*
Miroir	Pacaly, *Sartre au miroir*
Préface	Flaubert, *Extraits de la Correspondance ou Préface ...*
Situations	Sartre, *Situations*, II-IV, VIII-X

2. 언급된 사르트르의 저술

Sartre, Jean-Paul

    Baudelaire. idées nrf Gallimard, 1963[1947].

    Critique de la raison dialetique. nrf Gallimard, 1974[1960].

    "L'Ecrivain et sa langue," interview with Pierre Verstraeten, *Revue d'esthétique*, n° 3-4, juillet-décembre 1965, pp. 306-34.

    L'Enfance d'un chef → *La Mur, ...*

    L'Etre et le néant. nrf Gallimard, 1973[1943].

    L'Existentialisme est un humanisme. Nagel, 1970[1946].

    L'Idiot de la famille: Gustave Flaubert de 1821 à 1857, I-III. Gallimard, 1971(I, II), 1972(III).

    L'Imaginaire. idées nrf, 1971; 윤정임 옮김, 『사르트르의 상상계』. 에크리, 2010.

    L'Imagination [1937]; 지영래 옮김, 『사르트르의 상상력』. 에크리, 2008.

L'Intimité → *La Mur, ...*

Kean. nrf Gallimard, 1983[1954].

Les Mains sales. folio Gallimard, 1971[1948].

Les Mots. nrf Gallimard, 1967[1964].

La Mur, L'Intimité, L'Enfance d'un chef. folio Gallimard, 1972[1939].

La Nausée. folio Gallimard, 1972[1938].

Nekrassov. folio Gallimard, 1980[1956].

On a raison de se révolter → Gavi *et al*.

Plaidoyer pour les intellectuels, in *Situation VIII*.

Qu'est-ce que la littérature? idées nrf, 1966[1948].

Saint Genet, comédien et martyr. nrf Gallimard, 1969[1952].

Les Séquestrés d'Altona. folio Gallimard, 1976[1960].

Situations. Gallimard, 1948(II), 1949(III), 1964(IV), 1972(VIII), 1972(IX), 1976(X).

Le Sursis. folio Gallimard, 1972[1945].

3. 언급된 플로베르의 저술

Flaubert, Gustave

Les Agonies: Pensées sceptiques.

Correspondance, I-V, édition présentée, établie et annotée par Jean Bruneau. Gallimard, 1973-2007.

L'Education sentimentale. Garnier, 1968

Extraits de la Correspondance ou Préface à la vie d'écrivain, présentation et choix de Geneviève Bollème. Editions du Seuil, 1963.

La Légende de Saint Julien l'hospitalier. Pléiade Gallimard, 1975.

Madame Bovary. Garnier, 1971.

Les Mémoires d'un fou [1838].

Les Notes de voyage en Orient [1851].

Novembre [1840-42].

Passions et vertu [1837].

Quidquid volueris [1837].

Smarh [1839].

Souvenirs [1841].

La Tentation de Saint Antoine. Garnier, 1968.

Voyage en Orient.

4. 기타 인용 문헌

Alberti, 김보경 옮김(2011). 『회화론』 에크리.

Althusser, Louis (1976). *Positions*. Editions sociales.

Aristoteles, 박정자 옮김(2013). 『아리스토텔레스의 시학 완역』. 인문서재.

Barnes, Hazel E. (1981). *Satre and Flaubert*. Chicago: University of Chicago Press.

Baudelair, Charles, 박기현 옮김(2013). 『현대 생활의 화가』. 인문서재.

_____ (1961). *Oeuvres completes*. Pléiade.

Bourget, Paul (1920). *Essais de psychologie contemporaine*. Plon-Nourrit.

Burgelin, Claude (1972). "Lire *l'Idiot de la famille*?" *Littérature*, n° 6, mai 1972, pp. 111-20.

_____ (1981). "De Sartre à Flaubert ou la Genèse d'un roman vrai," in *Revue d'Histoire Littéraire de la France*, LXXXI, pp. 688-701.

Casey, Edward (1981). "Sartre on Imagination," in *The Philosophy of Jean-Paul Sartre*, The Library of Living Philosophers, vol. XVI. La Salle, Ill.: Open Court.

Collins, Douglas (1980). *Sartre as Biographer*. Cambridge, Mass.: Harvard University Press.

Contat, Michel, and Michel Rybalka (1970). *Les Ecrits de Sartre: Chronologie, bibliographie, commentée*. Gallimard.

Doubrovsky, Serge (1971). "Une étrange toupie," *Le Monde des livres*, 2 juillet 1971.

Durand, Gilbert (1981). *Les Structures anthropologique de l'imaginaire*. Bordas.

Engels, Friedrich (1893). *L'Origine de la famille, de la propriété privée et de l'Etat*, tr. Henri Rave. Carre.

Fabre-Luce, Alfred (1972). "Sartre par Flaubert," *Revue des Deux Mondes*, octobre-décembre 1972, pp. 44-61.

Freud, Sigmund (1948). *Moïse et le monothéisme*, tr. Anne Berman. Gallimard.

_____ (1959) "Dostoevsky and Parricide," in Ernest Jones, ed., *Collected Papers*, pp. 222-42. New York: Basic Books.

Gavi, Philippe, Jean-Paul Sartre and Pierre Victor (1974). *On a raison de se révolter*. Gallimard.

George, François (1976). *Sur Sartre*. Christian Bourgois Editeur.

Halpern, Joseph (1976). "Critical Fictions," in *The Literary Criticism of Jean-Paul Sartre*. New Haven and London: Yale University Press.

Lecarme, Jacques (1972). "Sartre et son double," *Nouvelle Revue Francaise*, n° 232, avril 1972, pp. 84-88.

Marcuse, Herbert (1969). *An Essay on Liberation*. London: Penguin Press

Marx, Karl (1976). *The Eighteenth Brumaire of Louis Bonaparte*, in David Fernbach, ed., *Political Writings*, vol. 2. New York: Random House.

Marx, Karl, and Friedrich Engels (1977). *L'Idéologie allemande*, introduction by Jacques Milhlaud, tr. Gilbert Badia. Editions sociales.

Mesnard, Jean (1976). *Les Pensées de Pascal*. Société d'édition d'enseignement supérieur.

Pacaly, Josette (1980). *Sartre au miroir: Une lecture psychanalytique de ses écrits biographiques*. Librairie Klincksieck.

Piatier, Jacqueline (1964). "Jean-Paul Sartre s'explique sur *Les Mots*," interview, *Le Monde*, 18 avril 1964.

Picon, Gaëtan (1960). *Panorama de la nouvelle litérature française*. Gallimard.

Rybalka, Michel (1976). "Sartre et Flaubert," in *Langages de Flaubert*. Actes de colloque de London (Canada), pp. 213-25. Minard.

Sicard, Michel (1975). "Flaubert avec Satre," in *La Production du sens chez Flaubert: Colloque de Cerisy* (Paris, 10/18, 1975), pp. 175-89. Union générale d'éditions.

_____ (1976). "Sartre parle de Flaubert," entretien avec Sartre, *Magazine Littéraire*, n° 118, novembre 1976, pp. 94-106.

Tenney, Charles D. (1981). "Aesthetics in the Philosophy of Jean-Paul Sartre", in Paul Schilpp, ed., *The Philosophy of Jean-Paul Sartre*, The Library of Living Philosophers, vol. XVI. La Salle, Ill.: Open Court.

Verstraeten, Pierre (1981). *Autour de Jean-Paul Sartre: Littérature et Philosophie*. Gallimard.

5. 『집안의 백치』에 대한 최근의 연구 상황

Pierre Bourdieu, *Les Règles de l'Art* (예술의 규칙들), Seuil, 1998.

Pierre-Mare de Biasi, *Gustave Flaubert: Une manière spéciale de vivre* (귀스타브 플로베르: 특이한 삶의 방식), Grasset, 2009.

Julie Anselmini et Julie Aucagne, L'Idiot de la famille *de Jean-Paul Sartre* (장폴 사르트르의 『집안의 백치』), revue *Recherche & Travaux*, n° 71, Université Stendhal-Grenoble, 2007, p. 187.

Dénis Saint-Amand, *Quand Sartre (s')explique (par) Flaubert* (플로베르를 설명하며 스스로를 설명하는 사르트르), Acta Fabula.

지영래, 『집안의 천치』, 고려대 출판부, 2013.